에듀윌과 함께 시작하면,
당신도 합격할 수 있습니다!

집안 사정으로 인해
오랫동안 학업을 중단했던 늦깎이 수험생

외국 생활을 앞두고
한국 학력 인정이 필요한 유학생

학교를 그만두고
미래를 스스로 준비하는 학교 밖 청소년

누구나 합격할 수 있습니다.
해내겠다는 '열정' 하나면 충분합니다.

마지막 페이지를 덮으면,

**에듀윌과 함께
검정고시 합격이 시작됩니다.**

85만 권 판매 돌파
177개월 베스트셀러 1위!

에듀윌이 만든 검정고시 BEST 교재로
합격의 차이를 직접 경험해 보세요

중·고졸 검정고시 기본서

중·고졸 검정고시 5개년 기출문제집
(24년 9월 출간 예정)

중·고졸 검정고시 핵심총정리
(24년 9월 출간 예정)

중·고졸 검정고시 모의고사
(24년 12월 출간 예정)

에듀윌 검정고시 합격 스토리

박○주 합격생

에듀윌 교재로 학습하면 고득점 합격 가능!

핵심총정리와 기출문제집 위주로 학습하면서, 취약했던 한국사는 기본서도 함께 보았습니다. 암기가 필요한 개념은 노트 정리도 하였고, 기출은 맞힌 문제와 틀린 문제 모두 꼼꼼히 살폈습니다. 저는 만점이 목표였는데, 사회 한 문제 를 제외하고 모두 100점을 맞았답니다!

김○늘 합격생

노베이스에서 평균 96점으로 합격!

에듀윌 핵심총정리에 수록된 요약본을 토대로 나만의 요약노트를 만들고 반복해서 살펴보았습니다. 시험이 2주가 량 남았을 때는 D-7 모의고사를 풀었는데, 실제 시험장처럼 OMR 답안카드 작성을 연습할 수 있었습니다. 검정고시 를 준비하는 수험생이라면 이 두 책은 꼭 보기를 추천합니다~

노○지 합격생

에듀윌 기출문제집은 합격으로 가는 필수템!

저는 먼저 부족한 과목의 개념을 집중 학습한 후 기출문제를 반복해 풀었습니다. 기출문제집에는 시험 범위에 해당 하지 않는 문제가 무엇인지 안내되어 있고, 출제 경향이 제시되어 있어 유용했습니다. 시험 일주일 전부터 전날까지 거의 매일 기출문제를 풀었어요. 제가 합격하는 데는 기출문제집의 역할이 컸습니다.

박○르 합격생

2주 만에 평균 95점으로 합격!

유학을 위해 검정고시를 준비했습니다. 핵심총정리를 통해 어떤 주제와 유형이 자주 출제되는지 알 수 있어 쉽게 공 부했습니다. 모의고사는 회차별·과목별로 출제의도가 제시되어 있어 좋았습니다. 다들 각자의 목표가 있으실 텐데, 모두 원하는 결과를 얻고 새로운 출발을 하시길 응원할게요!

다음 합격의 주인공은 당신입니다!

더 많은
합격 스토리

1위 에듀윌만의
체계적인 합격 커리큘럼

쉽고 빠른 합격의 첫걸음
고졸 검정고시 핵심개념서 무료 신청

원하는 시간과 장소에서, 합격 필수 콘텐츠까지
온라인 강의

① 전 과목 최신 교재 제공
② 과목별 업계 최강 교수진과 함께
③ 검정고시 합격부터 대입까지 가능한 학습플랜 제시

고졸 검정고시
핵심개념서
무료 신청

더 많은 혜택이 궁금하다면 1600-6700
* 위 내용은 서비스 개선을 위해 예고 없이 변경될 수 있습니다.

제2교시 | 수학

01	④	02	②	03	③	04	③	05	①
06	④	07	①	08	③	09	②	10	③
11	①	12	④	13	②	14	①	15	②
16	②	17	①	18	③	19	①	20	④

01 정답 ④

$A+B=(3x^2+x)+(x^2+3x)=(3x^2+x^2)+(x+3x)=4x^2+4x$

02 정답 ②

항등식의 성질에 따르면 양변의 동류항의 계수가 같으므로 $a=1, b=3$

∴ $a+b=1+3=4$

03 정답 ③

주어진 다항식을 $f(x)$라 하면 $f(x)=x^3+2x^2+2$

나머지정리에 의하여 $f(x)$를 $x-1$로 나눈 나머지는 $f(1)$이다.

∴ $f(1)=1^3+2\times1^2+2=5$

04 정답 ③

인수분해 공식에 의하여 $x^3+3x^2+3x+1=(x+1)^3$

∴ $a=1$

05 정답 ①

복소수 $4+3i$의 켤레복소수는 $4-3i$이므로 $a=4, b=-3$

∴ $a+b=4+(-3)=1$

06 정답 ④

두 수 $1, 3$을 근으로 하고 x^2의 계수가 1인 이차방정식 x의 계수는 두 근의 합으로 구할 수 있다.

∴ $a=1+3=4$

07 정답 ①

주어진 방정식 $x^4+2x-a=0$에 $x=1$을 대입하면

$1^4+2\times1-a=0$, $1+2-a=0$

∴ $a=3$

08 정답 ③

이차함수 $y=x^2+4x+1$의 최솟값은 -2이다.

이차함수 $y=x^2+4x+1$의 그래프에서 $x=-1$일 때 최솟값은 -2, $x=1$일 때 최솟값은 6이므로.

09 정답 ②

$\begin{cases} 2x+y=8 & \cdots \ \text{㉠} \\ x^2-y^2=a & \cdots \ \text{㉡} \end{cases}$

$x=3, y=b$를 ㉠에 대입하면

$2\times3+b=8$ ∴ $b=2$

$x=3, y=2$를 ㉡에 대입하면

$x^2-y^2=3^2-2^2=5$ ∴ $a=5$

∴ $a+b=5+2=7$

10 정답 ③

이차부등식 $(x-2)(x-4)\leq0$의 그래프를 그리면

∴ $2\leq x\leq4$

11 정답 ①

수직선 위의 두 점 AB를 $2:3$으로 내분하는 점 P의 좌표는

$\left(\dfrac{2\times6+3\times1}{2+3}\right)=\left(\dfrac{15}{5}\right)=3$

12 정답 ④

$y=x-3$과 평행하므로 기울기는 같고 y절편의 값은 다르다.

따라서 기울기는 1이고 점 $(0, 4)$에서 y절편의 값은 4이다.

∴ $y=x+4$

13 정답 ②

x축과 y축에 동시에 접하므로 반지름의 길이는 2이다.

따라서 중심이 $(-2, 2)$이고 반지름의 길이가 2인 원의 방정식은 $(x+2)^2+(y-2)^2=4$이다.

14 정답 ①

좌표평면 위의 점을 원점에 대하여 대칭이동하면 x좌표와 y좌표의 부호가 반대가 된다.

따라서 점 $(3, -2)$를 원점에 대하여 대칭이동한 점의 좌표는 $(-3, 2)$이다.

15 정답 ②

$A=\{1, 2, 3, 4\}, B=\{3, 4\}$이므로 $A-B=\{1, 2\}$

16 정답 ②

전체집합은 짝이 되게 하는 원소 전체의 집합을 뜻한다.

$U=\{1, 2, 3, 4, 5, 6, 7, 8, 9\}$에서 3의 배수인 원소는 $3, 6, 9$이므로

조건 'x는 3의 배수이다'의 진리집합은 $\{3, 6, 9\}$이다.

17 정답 ①

주어진 함수 합성함수의 대응에서 $f(2)=c, g(c)=5$ ∴ $(g\circ f)(2)=g(f(2))=g(c)=5$

18 정답 ③

유리함수 $y=-\dfrac{1}{x-2}+3$의 그래프는 유리함수 $y=\dfrac{1}{x}$의 그래프를 x축의 방향으로 2만큼, y축의 방향으로 3만큼 평행이동한 그래프이므로 $a=2, b=3$ ∴ $a+b=2+3=5$

19 정답 ①

4개의 포스터 중에서 2개를 뽑아 다른 2곳에 붙이는 경우의 수는 선택한 포스터를 나열하는 경우의 수와 같다.

따라서 구하는 경우의 수는 $_4P_2=4\times3=12$

20 정답 ④

4종류의 수학 수행 과제 중에서 다른 3종류를 선택하는 경우의 수는 순서를 생각하지 않고 뽑하는 조합의 수와 같다.

따라서 구하는 경우의 수는 $_4C_3=\dfrac{4\times3\times2}{3\times2\times1}=4$

14. 좌표평면 위의 점 $(3, -2)$를 원점에 대하여 대칭이동한 점의 좌표는?

① $(-3, 2)$　　② $(-2, 3)$

③ $(2, -3)$　　④ $(3, 2)$

15. 두 집합 $A=\{1, 2, 3, 4\}$, $B=\{3, 4\}$에 대하여 $A-B$는?

① $\{1\}$　② $\{1, 2\}$　③ $\{3, 4\}$　④ $\{1, 2, 3\}$

16. 전체집합이 $U=\{x \mid x$는 9 이하의 자연수$\}$일 때, 다음 조건의 진리집합은?

$$x는 3의 배수이다.$$

① $\{1, 3, 5\}$　　② $\{3, 6, 9\}$

③ $\{1, 3, 5, 7\}$　　④ $\{2, 4, 6, 8\}$

17. 두 함수 $f: X \to Y$, $g: Y \to Z$가 그림과 같을 때, $(g \circ f)(2)$의 값은?

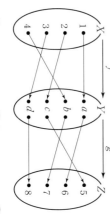

① 5　　② 6　　③ 7　　④ 8

18. 유리함수 $y = \dfrac{1}{x-2} + 3$의 그래프는 유리함수 $y = \dfrac{1}{x}$의 그래프를 x축의 방향으로 a만큼, y축의 방향으로 b만큼 평행이동한 것이다. 두 실수 a, b에 대하여 $a+b$의 값은?

① 3　　② 4　　③ 5　　④ 6

19. 그림과 같이 입체도형을 그린 4개의 포스터가 있다. 이 중에서 서로 다른 2개의 포스터를 택하여 줄임문의 상단과 하단에 각각 붙이는 경우의 수는?

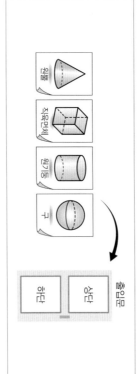

① 12　　② 13　　③ 14　　④ 15

20. 그림과 같이 4종류의 수학 수행 과제가 있다. 이 중에서 서로 다른 3종류의 수학 수행 과제를 선택하는 경우의 수는?

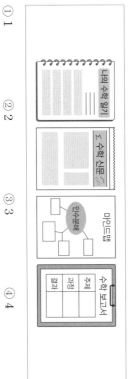

① 1　　② 2　　③ 3　　④ 4

7. $-1 \le x \le 1$일 때, 이차함수 $y=x^2+4x+1$의 최솟값은?

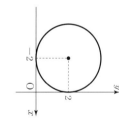

① -2 ② -1 ③ 0 ④ 1

8. 사차방정식 $x^4+2x-a=0$의 한 근이 1일 때, 상수 a의 값은?

① -1 ② 1 ③ 3 ④ 5

9. 연립방정식 $\begin{cases} 2x+y=8 \\ x^2-y^2=a \end{cases}$ 의 해가 $x=3$, $y=b$일 때, 두 상수 a, b에 대하여 $a+b$의 값은?

① 5 ② 7 ③ 9 ④ 11

10. 이차부등식 $(x-2)(x-4) \le 0$의 해는?

① $x \le 2$ ② $x \ge 4$
③ $2 \le x \le 4$ ④ $x \le 2$ 또는 $x \ge 4$

11. 수직선 위의 두 점 A(1), B(6)에 대하여 선분 AB를 $2:3$으로 내분하는 점 P의 좌표는?

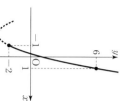

① 3 ② $\dfrac{7}{2}$ ③ 4 ④ $\dfrac{9}{2}$

12. 직선 $y=x-3$에 평행하고, 점 $(0, 4)$를 지나는 직선의 방정식은?

① $y=-x+2$ ② $y=-x+4$
③ $y=x+2$ ④ $y=x+4$

13. 중심의 좌표가 $(-2, 2)$이고 x축과 y축에 동시에 접하는 원의 방정식은?

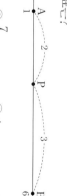

① $(x-2)^2+(y-2)^2=4$
② $(x+2)^2+(y-2)^2=4$
③ $(x-2)^2+(y+2)^2=4$
④ $(x+2)^2+(y+2)^2=4$

2024년도 제1회 고등학교 졸업학력 검정고시

제 ② 교시 수 학

자동채점 서비스

1. 두 다항식 $A = 3x^2 + x$, $B = x^2 + 3x$에 대하여 $A + B$는?

① $4x^2 - 4x$ ② $4x^2 - 2x$

③ $4x^2 + 2x$ ④ $4x^2 + 4x$

2. 등식 $x^2 + x + 3 = x^2 + ax + b$가 x에 대한 항등식일 때, 두 상수 a, b에 대하여 $a + b$의 값은?

① 2   ② 4

③ 6   ④ 8

3. 다항식 $x^3 + 2x^2 + 2$를 $x - 1$로 나누었을 때, 나머지는?

① 1   ② 3

③ 5   ④ 7

4. 다항식 $x^3 + 3x^2 + 3x + 1$을 인수분해한 식이 $(x + a)^3$일 때, 상수 a의 값은?

① -2 ② -1

③ 1   ④ 2

5. 복소수 $4 + 3i$의 켤레복소수가 $a + bi$일 때, 두 실수 a, b에 대하여 $a + b$의 값은? (단, $i = \sqrt{-1}$)

① 1   ② 2

③ 3   ④ 4

6. 두 수 1, 3을 근으로 하고 x^2의 계수가 1인 이차방정식이 $x^2 - ax + 3 = 0$일 때, 상수 a의 값은?

① 1   ② 2

③ 3   ④ 4

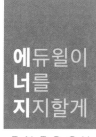

세상을 움직이려면
먼저 나 자신을 움직여야 한다.

– 소크라테스(Socrates)

에듀윌 고졸 검정고시
기본서 수학

eduwill

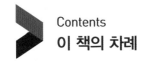

Contents
이 책의 차례

- 이 책의 구성
- 시험 정보
- 선생님이 알려 주는 합격 전략

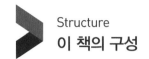

Structure
이 책의 구성

누구나 한 번에 합격할 수 있다!
기초부터 고득점까지 해답은 기본서!

단원별로 이론을 학습하고 ▶ 문제로 개념을 점검하고 ▶ 모의고사로 수학을 완벽 정복!

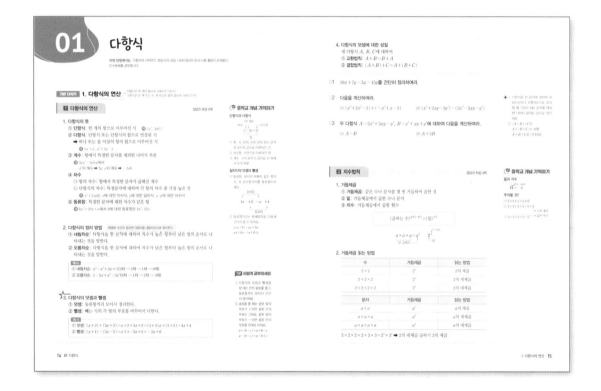

믿고 보는 단원별 이론

- 출제 범위에 해당하는 2015 개정 교육과정을 철저하게 반영하였습니다.
- 기초가 부족해도 충분히 이해할 수 있도록 내용을 쉽게 서술하였습니다.

이해를 돕는 보충 설명

- 이론과 연관된 보충 개념을 보조단에 수록하여 바로바로 확인할 수 있습니다.
- '중학교 개념 기억하기' 코너를 통해 정확한 개념의 이해를 돕습니다.

앞선 시험에 나온, 앞으로 시험에 나올!

쏙딱 TEST

기출문제 및 예상문제를 주제별로 수록하여
앞서 학습한 이론을 문제에 적용해 봅니다.

만점을 만드는 한 수, 이것으로 모두 끝!

엔드노트

해당 단원에서 꼭 알고 넘어가야 할
중요 개념을 한 번 더 정리합니다.

BONUS STAGE

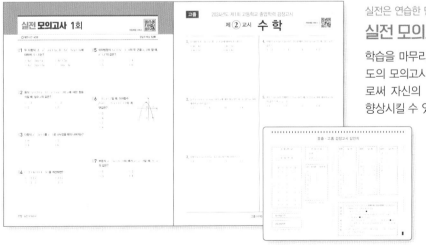

실전은 연습한 만큼 노련해지는 것!

실전 모의고사 ➕ 최신 기출문제

학습을 마무리하며 실제 시험과 비슷한 난이
도의 모의고사와 최신 기출문제를 풀어 봄으
로써 자신의 실력을 가늠하고 실전 감각을
향상시킬 수 있습니다.

함께 수록한 OMR 답안카드
를 활용하여 실제 시험처럼
답안지 작성 연습을 할 수
있습니다.

❚ 고졸 검정고시란

부득이한 이유로 정규 고등학교 과정을 마치지 못한 사람들을 대상으로 실시하는 국가 자격 시험입니다.
고졸 검정고시에 합격한 사람은 고등학교를 졸업한 사람과 동등한 자격을 인정받습니다.

시험 주관 기관

- 시·도 교육청: 시행 공고, 원서 교부 및 접수, 시험 실시, 채점, 합격자 발표를 담당합니다.
- 한국교육과정평가원: 기본 계획, 문제 출제, 인쇄 및 배포를 담당합니다.

출제 범위

2015 개정 교육과정에서 출제됩니다.

시험 일정

구분	공고일	접수일	시험일	합격자 발표일	공고 방법
제1회	2월 초순	2월 중순	4월 초·중순	5월 초·중순	시·도 교육청 홈페이지
제2회	6월 초순	6월 중순	8월 초·중순	8월 하순	

🖑 시험 일정은 시·도 교육청 협의에 따라 변경될 수 있어요.

출제 방향

고등학교 졸업 정도의 지식과 그 응용 능력을 측정할 수 있는 수준으로 출제됩니다.

응시 자격

- 중학교 졸업자 및 이와 같은 수준 이상의 학력이 있다고 인정된 사람
  ※ 3년제 고등기술학교 졸업(예정)자의 경우에도 중학교 졸업자 및 이와 같은 수준 이상의 학력이 있다고 인정된 사람이
  어야 합니다.
- 고등학교에 준하는 각종 학교의 졸업자 또는 졸업예정자와 중학교 또는 이와 같은 수준 이상의 학력이 있는
  사람을 대상으로 하는 3년제 직업훈련과정의 수료자
  ※ 졸업예정자라 함은 최종 학년에 재학 중인 사람을 말합니다.
- 「초·중등교육법시행령」 제97조, 제101조, 제102조에 해당하는 사람
- 「보호소년 등의 처우에 관한 법률 시행령」 제69조 제3호에 해당하는 사람

🖑 상기 자료는 2024년 서울시 교육청 공고문 기준이에요. 2025년 시험 응시 예정자는 최신 공고문을 꼭 확인하세요.

┃ 시험 접수부터 합격까지

시험 접수 방법

각 시·도 교육청 공고를 참조하여 접수 기간 내에 현장 혹은 온라인으로 접수합니다.

👆 접수 기간 내에 접수하지 못하면 시험을 응시할 수 없으니 주의가 필요해요!

시험 당일 준비물

• 수험표 및 신분증(만17세 미만의 응시자는 청소년증, 주민등록번호가 포함된 여권 혹은 여권정보증명서)

• 샤프 또는 연필, 펜, 지우개와 같은 필기도구와 답안지 작성을 위한 컴퓨터용 수성사인펜,
   답안 수정을 위한 수정테이프, 아날로그 손목시계  디지털 손목시계는 금지되어 있어요!

• 소화가 잘 되는 점심 도시락

입실 시간

• 1교시 응시자는 시험 당일 오전 8시 40분까지 지정 시험실에 입실합니다.

• 2~7교시 응시자는 해당 과목의 시험 시간 10분 전까지 시험실에 입실합니다.

시험 진행

🚩 이제부터 실력 발휘를 할 시간!

구분	1교시	2교시	3교시	4교시	점심	5교시	6교시	7교시
시간	09:00 ~ 09:40 (40분)	10:00 ~ 10:40 (40분)	11:00 ~ 11:40 (40분)	12:00 ~ 12:30 (30분)	12:30 ~ 13:30	13:40 ~ 14:10 (30분)	14:30 ~ 15:00 (30분)	15:20 ~ 15:50 (30분)
과목	국어	수학	영어	사회		과학	한국사	선택*

＊선택 과목에는 도덕, 기술·가정, 체육, 음악, 미술이 있습니다.

유의 사항

• 수험생은 고사 시간에 휴대 전화 등의 통신기기를 일절 소지할 수 없습니다. 만약 반입 금지 물품을 소지할 경우 사용 여부를 불문하고 부정행위로 간주됩니다.

• 수험생은 시험 중 시험 시간이 끝날 때까지 퇴실할 수 없습니다. 다만, 불가피한 사유로 퇴실할 경우 퇴실 후 재입실이 불가능하며 별도의 지정 장소에서 시험 종료 시까지 대기하여야 합니다.

합격자 발표

• 시·도 교육청 홈페이지에서 발표합니다.

• 100점 만점 기준으로 전과목 평균 60점 이상을 취득해야 합니다.

• 평균 60점을 넘지 못했을 경우 60점 이상 취득한 과목은 과목 합격으로 간주되어, 이후 시험에서 본인이 원한다면 해당 과목의 시험은 치르지 않을 수 있습니다.

👆 모두 목표했던 결과를 얻을 수 있도록 응원할게요!

선생님이 알려 주는 합격 전략

Q 2015 개정 교육과정이 적용된 출제 범위를 알고 싶어요.

미지수가 3개인 연립일차방정식, 부등식의 영역, 분할 등이 제외되는 대신 중학교 2학년 과정이었던 연립일차부등식과 중학교 3학년 과정이었던 이차함수의 최대·최소 내용이 포함되었어요. 전체적으로 학습량이 줄어든 것처럼 보이지만 학습 내용이 조금씩 달라졌기 때문에 철저히 대비해야 해요.

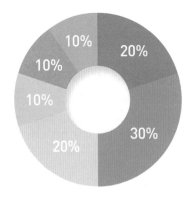

검정고시는 정상적으로 학교를 다니기 어려운 분들에게 추가적인 교육의 기회를 제공하기 위하여 실시하는 시험이에요. 따라서 가능하면 쉽게 출제하여 어려운 여건에서 공부하시는 분들이 학업의 기회를 가질 수 있도록 하고 있답니다. 이러한 출제 방침은 앞으로도 계속될 거예요.

Q 출제 난이도가 궁금해요. 공부를 놓은 지 오래되었는데 합격할 수 있을까요?

Q 그렇다면, 지난 시험에서는 어떻게 출제되었나요?

2024년 1회 수학 시험에서는
수학 상 부분에서 14문제, 수학 하 부분에서 6문제가 출제되었어요.

10% 20%
10%
10% 30%
20%

01 다항식
02 방정식과 부등식
03 도형의 방정식
04 집합과 명제
05 함수와 그래프
06 순열과 조합

작년과 마찬가지로 올해에도 방정식과 부등식 단원의 출제율이 가장 높았어요. 매해 단골로 출제되던 문제들, 즉 빈출개념 위주의 문제들이 출제되었기 때문에 그동안 꾸준히 학습했다면 문제 풀이에 큰 어려움이 없었을 거예요.

수학은 단기간에 정복하기 어려운 과목이에요.
그렇기 때문에 장기적으로 계획을 세우고 매일매일 조금씩이라도 공부한다는 생각을 가지고 준비하면 된답니다!

Q 저는 기초가 부족한데, 어떻게 공부해야 할까요?

🅣🅘🅟 이렇게 공부해요!

수학은 기본개념에 대한 올바른 이해와 공식을 적용하는 능력, 정확한 계산력이 잘 어우러질 수 있도록 반복해서 학습하는 과정과 시간이 반드시 필요해요. 기초가 없다면 기초부터 마스터하고 빈출 개념들을 하나하나 습득하면 돼요. 자신감을 가지고 단원별로 개념을 정확히 이해하고, 빈출유형을 하나하나 정복해가면서 성취감을 느껴보세요.

Q 대학 진학을 위해 고득점을 받아야 하는데, 어떻게 공부해야 할까요?

'다항식', '방정식과 부등식', '도형의 방정식'은 다른 단원에 비해 학습량도 많고 시험에도 자주 출제되는 단원이니 좀 더 집중해서 학습하면 좋아요. 고득점을 위해서는 조급한 마음보다는 차근차근 꾸준히 학습하며 제대로 이해하는 것이 더 효과적이에요.

🅣🅘🅟 이렇게 공부해요!

① 다항식
  곱셈 공식과 인수분해 공식은 반드시 외워야 해요. 항등식도 자주 출제되는 부분이니 항등식의 성질을 반드시 이해하고 있어야 해요.
② 방정식과 부등식
  학습 분량이 많은 단원인 만큼 외워야 할 공식도 많아요. 특히 이차방정식의 근과 계수의 관계, 이차방정식의 근의 공식은 반드시 외워 두어야 해요.
③ 도형의 방정식
  본격적으로 그래프가 등장하는 단원이에요. 앞의 단원들과는 다르게 단순히 공식을 외우기보다는 그래프를 그려 가면서 이해하는 것이 중요해요.

100점을 목표로 한다면 에듀윌 기출문제집, 핵심총정리, 모의고사를 추가로 공부하세요. 목표에 더 가까이 갈 수 있을 거예요!

다항식

대규모의 계산을
초고속으로 처리하는
슈퍼컴퓨터의 처리 속도를
높여주는 데 이용되는 것이
바로 인수분해라고!

멍!

01 다항식

이번 단원에서는 다항식의 사칙연산, 항등식의 성질, 나머지정리의 뜻과 이를 활용한 문제풀이, 인수분해를 공부합니다.

기본 다지기 **1. 다항식의 연산** ┌ 단항식은 한 개의 항으로 이루어진 식이고
└ 다항식은 한 개 또는 두 개 이상의 항의 합으로 이루어진 식

1 다항식의 연산

정답과 해설 2쪽

1. 다항식의 뜻
① **단항식**: 한 개의 항으로 이루어진 식 **예** $2x^2$, $3ab^2c^3$
② **다항식**: 단항식 또는 단항식의 합으로 연결된 식
  ➡ 하나 또는 둘 이상의 항의 합으로 이루어진 식
    예 $5x+y^2$, a^2+3a-2
③ **계수**: 항에서 특정한 문자를 제외한 나머지 부분
    예 $3yx^2-2abx$에서
    x^2의 계수 ➡ $3y$, x의 계수 ➡ $-2ab$
④ **차수**
  ㉠ 항의 차수: 항에서 특정한 문자가 곱해진 개수
  ㉡ 다항식의 차수: 특정문자에 대하여 각 항의 차수 중 가장 높은 것
    예 x^2+2xy는 x에 대한 이차식, y에 대한 일차식, x, y에 대한 이차식
⑤ **동류항**: 특정한 문자에 대한 차수가 같은 항
    예 $bx^2+2bx+a$에서 b에 대한 동류항은 bx^2, $2bx$

2. 다항식의 정리 방법   【특별한 조건이 없으면 다항식을 내림차순으로 정리한다.】
① **내림차순**: 다항식을 한 문자에 대하여 차수가 높은 항부터 낮은 항의 순서로 나타내는 것을 말한다.
② **오름차순**: 다항식을 한 문자에 대하여 차수가 낮은 항부터 높은 항의 순서로 나타내는 것을 말한다.

> **예시**
> ① 내림차순: x^3-x^2+2x+1(3차 → 2차 → 1차 → 0차)
> ② 오름차순: $1-5x+x^2-3x^3$(0차 → 1차 → 2차 → 3차)

★ 3. 다항식의 덧셈과 뺄셈
① **덧셈**: 동류항끼리 모아서 정리한다.
② **뺄셈**: 빼는 식의 각 항의 부호를 바꾸어서 더한다.

> **예시**
> ① 덧셈: $(x+2)+(3x+2)=x+2+3x+2=(1+3)x+(2+2)=4x+4$
> ② 뺄셈: $(x+1)-(3x-5)=x+1-3x+5=-2x+6$

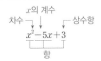

🧠 중학교 개념 기억하기

단항식과 다항식

$$\underbrace{x^2-5x+3}$$
(차수 / x의 계수 / 상수항 / 항)

① 항: 수, 문자, 수와 문자 또는 문자와 문자의 곱으로 이루어진 것
② 상수항: 수만으로 이루어진 항
③ 계수: 수와 문자의 곱으로 된 항에서 수의 부분

일차식의 덧셈과 뺄셈

① 동류항: 문자의 부분이 같은 항끼리, 또 상수항끼리를 동류항이라 해요.

$$2x \quad +3 \quad -x \quad +4$$
(동류항 / 동류항)

② 동류항끼리는 분배법칙을 이용해 간단히 할 수 있어요.
$x(a+b)=ax+bx$
$ax+bx=(a+b)x$

TIP 이렇게 공부하세요

① 다항식의 덧셈과 뺄셈을 할 때는 먼저 괄호를 풀고, 동류항끼리 모아서 간단히 정리해요.
② 괄호를 풀 때는 괄호 앞의 부호가 ＋이면 괄호 안의 부호는 그대로, 괄호 앞의 부호가 －이면 괄호 안의 부호를 반대로 바꿔요.
$a+(b-c)=a+b-c$
$a-(b-c)=a-b+c$

4. 다항식의 덧셈에 대한 성질

세 다항식 A, B, C에 대하여
① **교환법칙**: $A+B=B+A$
② **결합법칙**: $(A+B)+C=A+(B+C)$

---

01 $10x+7y-3x-15y$를 간단히 정리하여라.

02 다음을 계산하여라.

(1) $(x^3+2x^2-1)+(-x^2+x-3)$ (2) $(x^2+2xy-3y^2)-(2x^2-5xy-y^2)$

03 두 다항식 $A=2x^2+3xy-y^2$, $B=x^2+xy+y^2$에 대하여 다음을 계산하여라.

(1) $A-B$ (2) $A+3B$

✚ ① 다항식을 한 문자에 대하여 내림차순이나 오름차순으로 정리할 때 기준이 되는 문자를 제외한 나머지 문자는 상수로 생각해요.
② $(A+B)+C$와 $A+(B+C)$는 보통 $A+B+C$로 나타내요.

---

2 지수법칙

정답과 해설 2쪽

1. 거듭제곱

① **거듭제곱**: 같은 수나 문자를 몇 번 거듭하여 곱한 것
② **밑**: 거듭제곱에서 곱한 수나 문자
③ **지수**: 거듭제곱에서 곱한 횟수

$$(\text{곱하는 수})^{\text{곱하는 횟수}}=(\text{밑})^{\text{지수}}$$

$$\underbrace{a\times a\times a}_{3\text{번 곱해서}}=a^3 \qquad 2^{\overset{\text{지수}}{4}}_{\text{밑}}$$

2. 거듭제곱 읽는 방법

수	거듭제곱	읽는 방법
2×2	2^2	2의 제곱
$2\times2\times2$	2^3	2의 세제곱
$2\times2\times2\times2$	2^4	2의 네제곱

문자	거듭제곱	읽는 방법
$a\times a$	a^2	a의 제곱
$a\times a\times a$	a^3	a의 세제곱
$a\times a\times a\times a$	a^4	a의 네제곱

$2\times2\times2\times2\times3\times3=2^4\times3^2$ ➡ 2의 네제곱 곱하기 3의 제곱

🍀 **중학교 개념 기억하기**

밑과 지수

a^{x} 지수 ← x, 밑 ← a

주의할 것!!

① $5+5+5+5\neq5^4$
② $5+5+5+5=5\times4$ ← 더한 횟수
③ $5\times5\times5\times5=5^4$ ← 곱한 횟수

⭐ 3. 지수법칙

$a \neq 0$이고, m, n이 자연수일 때

① 밑이 같을 때의 곱은 지수끼리 더한다.

$$a^m \times a^n = a^{m+n}$$

② 거듭제곱의 지수는 지수끼리 곱한다.

- $(a^m)^n = a^{mn}$

- $(-a)^n = \begin{cases} n\text{이 짝수: } a^n \\ n\text{이 홀수: } -a^n \end{cases}$

③ 밑이 같을 때의 나눗셈은 지수끼리 뺀다.

$$a^m \div a^n = \begin{cases} a^{m-n} & (m > n) \\ 1 & (m = n) \\ \dfrac{1}{a^{n-m}} & (m < n) \end{cases}$$

④ 괄호 안의 모든 문자나 숫자에 각각 분배하듯이 거듭제곱해준다.

$$(ab)^n = a^n b^n, \ \{(a^l)^m\}^n = a^{lmn}, \ \left(\frac{b}{a}\right)^n = \frac{b^n}{a^n}$$

---

04 다음 식을 간단히 하여라.

(1) $x^2 \times y \times x \times y^3$

(2) $(a^2 b^3)^5$

(3) $(-2x^2)^3$

(4) $\dfrac{(x^3)^5}{(x^2)^3 x^5}$

(5) $\left\{\dfrac{-x^3}{2y^2}\right\}^4$

(6) $\left\{\left(\dfrac{-3x}{5}\right)^2\right\}^3$

③ 다항식의 곱셈

정답과 해설 2쪽

1. 다항식의 곱셈: 분배법칙을 이용하여 전개한 다음 동류항끼리 모아서 정리한다.

$$(a+b)(c+d)=\underset{①}{ac}+\underset{②}{ad}+\underset{③}{bc}+\underset{④}{bd}$$

예시

$$(7a+b)(-a+3b)=-7a^2+21ab-ab+3b^2=-7a^2+20ab+3b^2$$

2. 다항식의 곱셈에 대한 성질

세 다항식 A, B, C에 대하여

① **교환법칙:** $AB=BA$

② **결합법칙:** $(AB)C=A(BC)$

③ **분배법칙:** $A(B+C)=AB+AC$, $(A+B)C=AC+BC$

예 $2x(x-2)=2x^2-4x$, $3x^2(2x-5)=6x^3-15x^2$

⭐ **3. 곱셈 공식**

(곱셈 공식 유도과정)

① $(a+b)^2=(a+b)(a+b)=a^2+ab+ab+b^2=a^2+2ab+b^2$ ⎤
　 $(a-b)^2=(a-b)(a-b)=a^2-ab-ab+b^2=a^2-2ab+b^2$ ⎦ ◀ 완전제곱식

② $(a+b)(a-b)=a^2-ab+ab-b^2=a^2-b^2$ ◀ 합차 공식

③ $(x+a)(x+b)=x^2+ax+bx+ab=x^2+(a+b)x+ab$

④ $(ax+b)(cx+d)=acx^2+adx+bcx+bd=acx^2+(ad+bc)x+bd$

⑤ $(a+b+c)^2=\{(a+b)+c\}^2$
　　　　　　 $=(a+b)^2+2(a+b)c+c^2$
　　　　　　 $=a^2+2ab+b^2+2ac+2bc+c^2$
　　　　　　 $=a^2+b^2+c^2+2ab+2bc+2ca$

⑥ $(a+b)^3=(a+b)(a+b)^2$
　　　　　 $=(a+b)(a^2+2ab+b^2)$
　　　　　 $=a(a^2+2ab+b^2)+b(a^2+2ab+b^2)$
　　　　　 $=a^3+2a^2b+ab^2+a^2b+2ab^2+b^3$
　　　　　 $=a^3+3a^2b+3ab^2+b^3$

05 다음 식을 간단히 하여라.

(1) $3ab(a^3-2a^2b^2-3b^3)$

(2) $(x-3)(2x^2-3x+4)$

(3) $(2a+3b)^2$

(4) $(3a+2b)(3a-2b)$

(5) $(x-8)(x+2)$

(6) $(3x-1)(2x-3)$

(7) $(a-b-c)^2$

(8) $(x+1)^3$

✅ 중학교 개념 기억하기

단항식과 수의 곱셈에서는 교환법칙과 결합법칙을 이용해요.

예 $4x \times (-2)$
　 $=4 \times x \times (-2)$ ⎤ 교환법칙
　 $=4 \times (-2) \times x$ ⎦ 결합법칙
　 $=\{4 \times (-2)\} \times x$
　 $=-8x$

(수)×(단항식): 단항식에 수를 곱할 때, 계수와 수의 곱에 문자를 곱한다.

예 $2 \times 5x=2 \times 5 \times x=10x$

분배법칙

$a(x+y)=ax+ay$,
$(x+y)a=ax+ay$

아래 그림은 한 모서리의 길이가 $a+b$인 정육면체를 분해한 것이다.

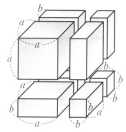

$(a+b)^3=a^3+3a^2b+3ab^2+b^3$

TIP 이렇게 공부하세요

주의사항!

- $(a+b)^2 \neq a^2+b^2$
- $(a-b)^2 \neq a^2-b^2$

서로 같은 완전제곱식

- $(a+b)^2=(-a-b)^2$
- $(a-b)^2=(-a+b)^2$

TIP 이렇게 공부하세요

(다항식)×(다항식)
$(a+b)(c+d)$
$=ac+ad+bc+bd$
위의 식을 그림으로 표현하면

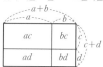

➡ (전체 넓이)
　 $=(a+b)(c+d)$
➡ (나뉜 넓이)
　 $=ac+ad+bc+bd$

4 곱셈 공식의 변형

① $a^2+b^2=(a+b)^2-2ab=(a-b)^2+2ab$

② $a^3+b^3=(a+b)^3-3ab(a+b)$

   $a^3-b^3=(a-b)^3+3ab(a-b)$

③ $(a+b)^2=(a-b)^2+4ab$

   $(a-b)^2=(a+b)^2-4ab$

④ $a^2+b^2+c^2=(a+b+c)^2-2(ab+bc+ca)$

⑤ $a^3+b^3+c^3=(a+b+c)(a^2+b^2+c^2-ab-bc-ca)+3abc$

⑥ $\left(x+\dfrac{1}{x}\right)^2=x^2+\dfrac{1}{x^2}+2$ 　　　 $\left(x-\dfrac{1}{x}\right)^2=x^2+\dfrac{1}{x^2}-2$

⑦ $x^2+\dfrac{1}{x^2}=\left(x+\dfrac{1}{x}\right)^2-2$ 　　　 $x^2+\dfrac{1}{x^2}=\left(x-\dfrac{1}{x}\right)^2+2$

TIP 이렇게 공부하세요

함께 외우면 더 쉬워요.

$\begin{bmatrix} (a-b)^2=(a+b)^2-4ab \\ \left(x-\dfrac{1}{x}\right)^2=\left(x+\dfrac{1}{x}\right)^2-4 \end{bmatrix}$

$\begin{bmatrix} a^3+b^3 \\ \quad =(a+b)^3-3ab(a+b) \\ x^3+\dfrac{1}{x^3} \\ \quad =\left(x+\dfrac{1}{x}\right)^3-3\left(x+\dfrac{1}{x}\right) \end{bmatrix}$

---

06 $a+b=3$, $ab=-1$일 때, 다음 식의 값을 구하여라.

(1) a^2+b^2

(2) $(a-b)^2$

(3) a^3+b^3

07 $a^2+b^2+c^2=8$, $a+b+c=2$일 때, $ab+bc+ca$의 값을 구하여라.

08 $x+\dfrac{1}{x}=-2$일 때, 다음 식의 값을 구하여라.

(1) $x^2+\dfrac{1}{x^2}$

(2) $x-\dfrac{1}{x}$

1. 다항식의 나눗셈: 각 다항식을 내림차순으로 정리한 다음 자연수의 나눗셈과 같은 방법으로 계산한다.

2. 다항식의 나눗셈에 대한 등식

다항식 A를 다항식 $B(B \neq 0)$로 나누었을 때의 몫을 Q, 나머지를 R이라 하면

$$A = BQ + R$$

(단, R은 상수이거나 (R의 차수)<(B의 차수)이다.)

특히 $R=0$이면 A는 B로 나누어떨어진다고 한다.

$$\begin{array}{r} Q \\ B{\overline{)A}} \\ \underline{BQ} \\ A-BQ=R \end{array}$$

> **예시**
>
> 다항식 $A = 2x^3 + 7x^2 - 6x + 3$, $B = x^2 + 2x + 2$에 대하여 $A \div B$를 하면 다음과 같다.
>
> • 다항식의 나눗셈
>
> $$\begin{array}{r} 2x+3 \quad \leftarrow 몫 \\ x^2+2x+2{\overline{)2x^3+7x^2-\ 6x+3}} \\ \underline{2x^3+4x^2+\ \ 4x} \quad \cdots\cdots (x^2+2x+2)\times 2x \\ 3x^2-10x+3 \\ \underline{3x^2+\ 6x+6} \quad \cdots\cdots (x^2+2x+2)\times 3 \\ -16x-3 \quad \leftarrow 나머지 \end{array}$$
>
> $$\Rightarrow \underset{A}{\underline{2x^3+7x^2-6x+3}}$$
> $$= \underset{B}{\underline{(x^2+2x+2)}}\underset{몫}{\underline{(2x+3)}}\underset{나머지}{\underline{-16x-3}}$$
>
> • 자연수의 나눗셈
>
> 자연수 $A=297$, $B=4$에 대하여 $A \div B$를 하면
>
> $$\begin{array}{r} 74 \quad \leftarrow 몫 \\ 4{\overline{)297}} \\ \underline{28} \quad \cdots\cdots 4\times 7 \\ 17 \\ \underline{16} \quad \cdots\cdots 4\times 4 \\ 1 \quad \leftarrow 나머지 \end{array}$$
>
> $$\Rightarrow \underset{A}{\underline{297}}=\underset{B}{\underline{4}}\times\underset{몫}{\underline{74}}+\underset{나머지}{\underline{1}}$$

중학교 개념 기억하기

나눗셈을 곱셈으로 바꾼 후 분배법칙을 이용해요.

① (다항식)÷(수)

예 $(2x-1) \div 3$
$$= (2x-1) \times \frac{1}{3} = \frac{2x}{3} - \frac{1}{3}$$

② (다항식)÷(단항식)

예 $(2x^3 - 4x^2 + 6x) \div 2x$
$$= (2x^3 - 4x^2 + 6x) \times \frac{1}{2x}$$
$$= \frac{2x^3}{2x} - \frac{4x^2}{2x} + \frac{6x}{2x}$$
$$= x^2 - 2x + 3$$

09 다음 나눗셈의 몫과 나머지를 구하여라.

(1) $(2x^2 + 7x + 8) \div (x+2)$

(2) $(x^3 - 2x^2 + 5) \div (x-3)$

(3) $(2x^3 + 3x^2 + 4) \div (x^2 + x + 2)$

(4) $(2x^3 - 3x^2 + 1) \div (x^2 - 2x - 1)$

10 다음 조건을 만족시키는 다항식 $P(x)$를 구하여라.

(1) 다항식 $P(x)$를 $2x+3$으로 나누었을 때의 몫이 $x^2 + 3x - 2$, 나머지가 -3이다.

(2) 다항식 $P(x)$를 $x^2 + 2x - 1$로 나누었을 때의 몫이 $2x-1$, 나머지가 $-x+4$이다.

11 다항식 A를 $x^2 - 2x + 3$으로 나누었을 때의 몫은 $x-1$이고 나머지는 $3x-2$이다. 이때 다항식 A를 구하여라.

TIP 이렇게 공부하세요

① (다항식)÷(다항식)
  두 다항식을 내림차순으로 정리한 후 직접 나눗셈을 해요.

② 나누는 수와 나머지의 차수 관계
  (R의 차수)<(B의 차수)
  ㉠ 나누는 식이 1차
    ➡ 나머지는 상수(r)
  ㉡ 나누는 식이 2차
    ➡ 나머지는 1차 이하 ($ax+b$)
  ㉢ 나누는 식이 3차
    ➡ 나머지는 2차 이하 (ax^2+bx+c)

1. **조립제법:** 다항식 $p(x)$를 x에 대한 일차식으로 나눌 때, 계수만을 사용하여 몫과 나머지를 구하는 방법을 말한다.

⭐2. 조립제법의 사용

> **예시**
>
> 다항식 x^3+2x^2-4를 일차식 $x-2$로 나눌 때를 살펴보자.
>
> ① 다항식의 계수를 첫째 줄에 차례로 적는다. 이때 항이 없는 차수의 항은 계수가 0인 항으로 생각하여 그 자리에 0을 적는다.
>
> ② (나누는 식)$=0$이 되는 x의 값, 즉, $x-2=0$인 x의 값 2를 맨 왼쪽에 적는다.
>
> ③ 다항식의 최고차항의 계수 1을 셋째 줄에 내려 적는다.
>
> ④ ②에서 적은 수 2와 ③에서 적은 수 1의 곱 2를 두 번째 항의 계수 2 아래에 적고, 2와 2의 합 4를 2 아래에 적는다.
>
> ⑤ ②에서 적은 수 2와 4의 곱 8을 세 번째 항의 계수 0 아래에 적고, 0과 8의 합 8을 8 아래에 적는다.
>
> ⑥ ②에서 적은 수 2와 8의 곱 16을 네 번째 항의 계수 -4 아래에 적고, -4와 16의 합 12를 16 아래에 적는다.
>
>  즉, 다항식 x^3+2x^2-4를 일차식 $x-2$로 나눌 때, 조립제법을 이용하면 몫은 x^2+4x+8, 나머지는 12이다.

---

12 조립제법을 이용하여 다음 나눗셈의 몫과 나머지를 구하여라.

(1) $(x^3-2x+3) \div (x-2)$

(2) $(2x^4+3x^2-4) \div (x+1)$

13 조립제법을 이용하여 다음 나눗셈의 몫과 나머지를 구하여라.

(1) $(x^3+x^2-3x+3) \div (x-2)$

(2) $(x^3+x+4) \div (x+1)$

7 다항식 $f(x)$를 $x+\dfrac{b}{a}$와 $ax+b\,(a\neq0)$로 나누었을 때의 몫과 나머지의 관계

정답과 해설 2쪽

다항식 $f(x)$를 $x+\dfrac{b}{a}\,(a\neq0)$로 나누었을 때의 몫을 $Q(x)$, 나머지를 R이라 하면

$$f(x)=\left(x+\frac{b}{a}\right)Q(x)+R$$
$$=\frac{1}{a}(ax+b)Q(x)+R$$
$$=(ax+b)\cdot\frac{1}{a}Q(x)+R$$

따라서 다항식 $f(x)$를 $ax+b$로 나누었을 때의 몫을 $Q'(x)$, 나머지를 R'이라 하면

$$Q'(x)=\frac{1}{a}Q(x),\ R'=R$$

예 $(2x^3-x^2+6x-4)\div(2x-1)$를 조립제법을 이용하여 다음 나눗셈의 몫과 나머지를 구해보자.

$2x-1=2\left(x-\dfrac{1}{2}\right)$이므로 조립제법을 이용하여

다항식 $2x^3-x^2+6x-4$를 $x-\dfrac{1}{2}$로 나누면

　몫은 $2x^2+6$
　나머지는 -1
그러므로

$$2x^3-x^2+6x-4=\left(x-\frac{1}{2}\right)(2x^2+6)-1$$
$$=2\left(x-\frac{1}{2}\right)(x^2+3)-1$$
$$=(2x-1)(x^2+3)-1$$

$\dfrac{1}{2}$	2	-1	6	-4
		1	0	3
	2	0	6	-1

따라서 다항식 $2x^3-x^2+6x-4$를 $2x-1$로 나누었을 때의 몫은 x^2+3이고 나머지는 -1이다.

---

14 다항식 $f(x)$를 $x-\dfrac{1}{4}$로 나누었을 때의 몫과 나머지를 각각 $Q(x)$, R라고 할 때, 다음 중 다항식 $f(x)$를 $4x-1$로 나누었을 때의 몫과 나머지를 바르게 나타낸 것은?

　　　몫　　　　　나머지　　　　　　　　몫　　　　　나머지
① $Q(x)$　　　　R　　　　　　② $Q(x)$　　　　$\dfrac{1}{4}R$

③ $Q\left(\dfrac{1}{4}x\right)$　　　R　　　　　　④ $\dfrac{1}{4}Q(x)$　　　R

15 다항식 $2x^3-7x^2+5x+1$을 $2x-1$로 나눈 몫과 나머지를 각각 구하여라.

16 조립제법을 이용하여 다항식 $3x^3+5x^2+7x+1$을 $3x-1$로 나눈 몫과 나머지를 구하여라.

TIP 이렇게 공부하세요

1 항등식의 뜻과 성질

정답과 해설 5쪽

1. 항등식: 문자를 포함하는 등식에서 그 문자에 어떤 값을 대입해도 항상 성립하는 등식을 말한다.

> **예시**
>
> $3x+4x=7x$, $2(x-1)=2x-2$ ➡ 등식에서 (좌변)=(우변)이면 항등식

★2. 항등식의 성질

a, b, c가 상수일 때

① $ax+b=0$이 x에 대한 항등식이면 $a=b=0$이다.

② $ax+b=cx+d$가 x에 대한 항등식이면 $a=c$, $b=d$이다.

③ $ax^2+bx+c=0$이 x에 대한 항등식이면 $a=b=c=0$이다.

④ $ax^2+bx+c=a'x^2+b'x+c'$이 x에 대한 항등식이면 $a=a'$, $b=b'$, $c=c'$이다.

⑤ $ax+by+c=0$이 x, y에 대한 항등식이면 $a=b=c=0$이다.

01 다음 〈보기〉 중 항등식을 모두 골라라.

> **보기**
>
> ㉠ $2-3x=5$ ㉡ $3(x+2)=3x+6$
>
> ㉢ $2x+3x=5$ ㉣ $-3(x+1)+2=-3x-1$

➕ 등식

① 등식: 두 수나 두 식이 같음을 등호(=)를 사용하여 나타낸 식

등식 $\begin{cases} \text{방정식} \\ \text{항등식} \end{cases}$

② 방정식: 미지수의 값에 따라 참이 되기도 하고 거짓이 되기도 하는 등식

🧠 중학교 개념 기억하기

등식에서 등호의 왼쪽 부분을 좌변, 오른쪽 부분을 우변이라 하고, 좌변과 우변을 통틀어 양변이라 해요.

등식

$2x-3=5$

좌변   우변

└ 양변 ┘

➕ 항등식의 여러 가지 표현

① x의 값에 관계없이 항상 성립하는 등식

② 모든 x에 대하여 항상 성립하는 등식

③ 임의의 x에 대하여 성립하는 등식

④ 어떤 x의 값에 대하여도 항상 성립하는 등식

2 미정계수법

정답과 해설 5쪽

항등식의 성질을 이용하여 주어진 등식에서 미지의 계수를 구하는 방법을 미정계수법이라 한다. 이때 미정계수법에는 다음과 같이 계수비교법과 수치대입법이 있다.

원리	방법
항등식은 양변의 식이 같은 등식이므로 양변의 동류항의 계수는 같다.	항등식의 양변의 계수를 비교하여 미정계수를 구하는 방법 ➡ 계수비교법
항등식은 등식에 포함된 문자에 어떤 값을 대입하여도 항상 성립한다.	항등식의 문자에 특정한 값을 대입하여 미정계수를 구하는 방법 ➡ 수치대입법

예 다음 등식이 임의의 실수 x에 대한 항등식일 때, 상수 a, b, c의 값을 정하여라.
$$x^2 = a(x-1)^2 + b(x-1) + c$$

　i) 수치대입법 이용

　　$x=0$, $x=1$, $x=2$를 각각 항등식의 양변에 대입하면

　　$a-b+c=0$, $c=1$, $a+b+c=4$

　　이 세 식을 연립해서 풀면　　$a=1$, $b=2$, $c=1$

　ii) 계수비교법 이용

　　$x^2 = a(x-1)^2 + b(x-1) + c$

　　우변을 전개하여 x에 대하여 정리하면

　　$x^2 = ax^2 - (2a-b)x + a - b + c$

　　양변의 차수가 같은 항의 계수를 비교하면

　　$a=1$, $-(2a-b)=0$, $a-b+c=0$

　　이 세 식을 연립해서 풀면　　$a=1$, $b=2$, $c=1$

성납 $a=1$, $b=2$, $c=1$

---

02 다음 등식이 x에 대한 항등식일 때, 상수 a, b, c의 값을 구하여라.

(1) $(a+3)x^2 - (b-1)x + c + 2 = 0$

(2) $ax^2 + 2x - 4 = 3x^2 - bx + c$

03 x의 값에 관계없이 등식 $x^2 + x + 1 = a(x-1)^2 + b(x-1) + c$가 항상 성립할 때, 상수 a, b, c의 값을 구하여라.

TIP 이렇게 공부하세요

① k의 값에 관계없이
　➡ k에 관한 항등식
　➡ $(\ )k + (\ ) = 0$의 꼴로 정리

② x, y의 값에 관계없이
　➡ x, y에 관한 항등식
　➡ $(\ )x + (\ )y + (\ ) = 0$의 꼴로 정리

3 나머지정리와 인수정리

☆1. 나머지정리

다항식 $P(x)$를 일차식 $x-a$로 나누었을 때의 나머지를 R이라 하면

$$P(x)=(x-a)Q(x)+R \ (R은 \ 상수)$$

이다. 이 등식은 x에 대한 항등식이므로 양변에 $x=a$를 대입하면

$$P(a)=(a-a)Q(a)+R=0\times Q(a)+R=R$$

이다. 즉, $R=P(a)$이다. 이 내용을 정리하면 나머지정리를 얻는다.

> 다항식 $P(x)$를 일차식 $x-a$로 나누었을 때의 나머지를 R이라 하면
> $$R=P(a)$$

> 다항식 $P(x)$를 일차식 $ax+b$로 나누었을 때의 나머지는 $P\left(-\dfrac{b}{a}\right)$이다. (단, a, b는 상수)

> **예시**
> 다항식 $P(x)=x^3-4x^2-2x+8$을 일차식 $x-1$로 나누었을 때의 나머지는
> $$P(1)=1^3-4\cdot1^2-2\cdot1+8=1-4-2+8=3$$

➕ 다항식을 일차식으로 나누었을 때의 나머지는 상수예요.

☆2. 인수정리

다항식 $P(x)$에 대하여

① $P(a)=0$이면 $P(x)$는 일차식 $x-a$로 나누어떨어진다.
② $P(x)$가 일차식 $x-a$로 나누어떨어지면 $P(a)=0$이다.

> **예시**
> 다항식 $P(x)=3x^3-4x^2+2ax+3$이 $x+1$로 나누어떨어지면 인수정리에 따라
> $P(-1)=0$이므로
> $$P(-1)=-3-4-2a+3=0, \ 따라서 \ a=-2$$

TIP **이렇게 공부하세요**

인수정리를 이용하면 나눗셈을 직접 하지 않아도 다항식이 어떤 일차식으로 나누어떨어지는지 알 수 있어요.

---

04 다항식 $P(x)=x^3-2x^2+3x+4$를 다음 일차식으로 나누었을 때의 나머지를 구하여라.

(1) $x-1$ 　　　　　　　　　　　(2) $x+2$

05 다항식 $p(x)=x^3-2x+a$가 $x-1$을 인수로 가질 때, 상수 a의 값을 구하여라.

06 다항식 $2x^3+ax^2+bx-12$는 $x-2$로 나누어떨어지고, $x-3$으로 나누면 나머지가 12이다. 이때 상수 a, b의 값을 구하여라.

1 인수분해

정답과 해설 6쪽

1. 인수분해

$$x^2+3x+2 \xrightarrow[\text{전개}]{\text{인수분해}} (x+1)(x+2)$$

인수

① 하나의 다항식을 2개 이상의 다항식의 곱으로 나타내는 것을 인수분해라고 한다.
② 다항식을 인수분해했을 때 곱해져 있는 각각의 식을 인수라고 한다.
③ 다항식의 각 항에 공통으로 들어 있는 인수를 공통인수라고 한다.
예 $ma+mb=\textcircled{m}(a+b)$ ➚ 공통인수
④ 인수분해할 때 특별한 조건이 없으면 일반적으로 계수가 유리수인 범위까지 인수분해한다.

2. 인수분해 공식

① $a^2+2ab+b^2=(a+b)^2$, $a^2-2ab+b^2=(a-b)^2$
② $a^2-b^2=(a+b)(a-b)$
③ $x^2+(a+b)x+ab=(x+a)(x+b)$
④ $acx^2+(ad+bc)x+bd=(ax+b)(cx+d)$
⑤ $a^3+3a^2b+3ab^2+b^3=(a+b)^3$, $a^3-3a^2b+3ab^2-b^3=(a-b)^3$
⑥ $a^3+b^3=(a+b)(a^2-ab+b^2)$, $a^3-b^3=(a-b)(a^2+ab+b^2)$

01 다음 식을 인수분해하여라.

(1) $2ab^2+6b$

(2) $a(x-y)-b(y-x)$

02 다음 식을 인수분해하여라.

(1) $9x^2+6x+1$

(2) $16a^2-24ab+9b^2$

(3) $x^2+10x+21$

(4) $6a^2-13a-5$

03 다음 식을 인수분해하여라.

(1) a^3+8

(2) $27a^3-64b^3$

중학교 개념 기억하기

멜빵공식

$9x^2-4x-5$

$$\begin{array}{ccc} 1 & \diagdown & -1 \longrightarrow & -9 \\ 9 & \diagup & +5 \longrightarrow & +5 \\ & & & \overline{-4} \end{array} \bigoplus$$

$\therefore 9x^2-4x-5$
$= (x-1)(9x+5)$

TIP 이렇게 공부하세요

항이 두 개일 때
① 제곱 형태이면
$a^2-b^2=(a+b)(a-b)$
이용
② 세제곱 형태이면
$a^3 \pm b^3$
$= (a \pm b)(a^2 \mp ab+b^2)$
(복호동순) 이용

중학교 개념 기억하기

복이차식에서 완전제곱식 꼴을 만들 때, 사차항과 상수항을 고정시키고 x^2 항을 더하거나 빼요.

1. 공통부분이 있는 다항식의 인수분해

① 공통부분을 하나의 문자로 바꾸어 인수분해한다.

② 공통부분이 생기도록 주어진 식을 변형한 후 하나의 문자로 바꾸어 인수분해한다.

> **예시**
>
> $(x^2+2x+4)(x^2+2x-7)+24$에서 $x^2+2x=A$로 바꾸면
>
> $$\begin{aligned}(x^2+2x+4)(x^2+2x-7)+24&=(A+4)(A-7)+24\\&=A^2-3A-28+24\\&=A^2-3A-4=(A+1)(A-4)\\&=(x^2+2x+1)(x^2+2x-4)\\&=(x+1)^2(x^2+2x-4)\end{aligned}$$

2. x^4+ax^2+b 꼴의 다항식의 인수분해

① $x^2=X$로 바꾸어 X^2+aX+b를 인수분해한다.

　예 x^4-3x^2-4에서

　$$\begin{aligned}x^2=X로\ 놓으면\ x^4-3x^2-4&=X^2-3X-4\\&=(X-4)(X+1)\\&=(x^2-4)(x^2+1)\\&=(x+2)(x-2)(x^2+1)\end{aligned}$$

② ①에 해당되지 않으면

　㉠ 사차항과 상수항으로 완전제곱식을 만든다.

　㉡ A^2-B^2의 형태이므로 인수분해한다.

　예 $$\begin{aligned}x^4+x^2+1&=(x^4+2x^2+1)-x^2\\&=(x^2+1)^2-x^2=(x^2+x+1)(x^2-x+1)\end{aligned}$$

---

04 다음 식을 인수분해하여라.

(1) $(x+1)^2-(x+1)-12$

(2) $(x^2-3x)(x^2-3x+5)+6$

(3) x^4-10x^2+9

(4) x^4+2x^2+9

TIP 이렇게 공부하세요

복이차식의 인수분해는

方법 1

$x^2=X$로 바꾸어 인수분해해요.

方법 2

사차항과 상수항을 중심으로 이차항의 계수를 변형하여 완전제곱 꼴로 고쳐 A^2-B^2 꼴로 변형하여 인수분해해요. 복이차식 꼴은 (사차항)+(이차항)+(상수항) 꼴, (사차항)+(상수항) 꼴이에요.

3 복잡한 식의 인수분해 (2)

✚ 계수가 모두 정수인 다항식 $p(x)$
에서 $p(a)=0$을 만족시키는 x의 값은

$$\pm\frac{p(x)\text{의 상수항의 약수}}{p(x)\text{의 최고차항의 계수의 약수}}$$

중에서 찾을 수 있어요.

1. 인수정리를 이용한 다항식의 인수분해

$p(x)$가 삼차 이상의 다항식이면 인수정리와 조립제법을 이용하여 다음 순서로 인수분해한다.

① $p(a)=0$을 만족시키는 상수 a의 값을 찾는다.

② 조립제법을 이용하여 $p(x)$를 $x-a$로 나누었을 때의 몫 $Q(x)$를 구한다.

③ $p(x)=(x-a)Q(x)$ 꼴로 인수분해한 후 몫 $Q(x)$가 더 이상 인수분해되지 않을 때까지 인수분해한다.

예 $x^3+x^2-5x+3 \Rightarrow x=1$일 때, 식의 값은 0이다.

$$\therefore\ x^3+x^2-5x+3=(x-1)(x^2+2x-3)$$
$$=(x-1)(x+3)(x-1)$$
$$=(x-1)^2(x+3)$$

$$\begin{array}{r|rrrr} 1 & 1 & 1 & -5 & 3 \\ & & 1 & 2 & -3 \\ \hline & 1 & 2 & -3 & 0 \end{array}$$

TIP 이렇게 공부하세요

복잡한 식을 인수분해할 때
① 공통인수가 있으면
➡ 공통인수로 묶어 내고 인수분해해요.
② 상수항이 길면
➡ 상수항만 따로 인수분해하고 나서 전체를 인수분해해요.

2. 인수분해 방법

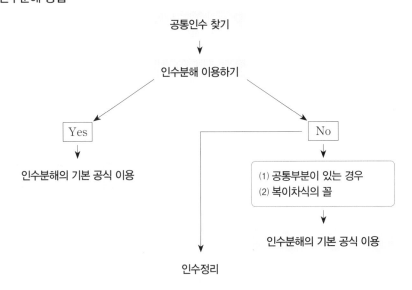

05 다음 식을 인수분해하여라.

(1) x^3-4x^2+x+6 (2) x^3-7x-6

06 다음 중 인수분해가 옳게 된 것은?

① $16x^2-36y^2=2(2x+3y)(2x-3y)$ ② $x^4-16=(x^2+4)(x^2+2)(x-2)$

③ $2x^2-5x-3=(x-1)(2x+3)$ ④ $x^3+8=(x+2)(x^2-2x+4)$

07 $x^2-y^2+2yz-z^2$을 인수분해하여라.

08 x^3-2x^2+3x-2를 인수분해하여라.

이론 쏙! 핵심 딱!

쏙딱 TEST

01

정답과 해설 **32쪽**

다항식

1. 다항식의 연산

2. 항등식과 나머지정리

3. 인수분해

📢 선생님이 알려 주는 **출제 경향**

다항식의 연산에 대한 문제가 많이 출제되고 있습니다. 곱셈 공식과 인수분해 공식은 필수적으로 외우고 있어야 문제를 쉽게 풀 수 있습니다.

---

01 두 다항식 $A=x^2-x+2$, $B=2x^2$에 대하여
$2A-B$는?   2020년 1회

① $-2x-4$ ② $-2x-2$

③ $-2x+2$ ④ $-2x+4$

02 두 다항식 $A=x^2+2$, $B=x-1$에 대하여
$A+2B$는?   2019년 1회

① x^2-x+1 ② x^2+x+1

③ x^2+2x ④ x^2+2x+4

03 두 다항식 $A=x^2-x+1$, $B=x^2+x$에 대하여
$A-B$는?   2018년 2회

① $-2x-1$ ② $-2x+1$

③ $2x-1$ ④ $2x+1$

> **주목**

04 두 다항식 $A=2x^2-x+2$, $B=2x^2-x+3$에 대하여
$A+2B$는?

① $6x^2-3x+2$ ② $6x^2-3x+8$

③ $6x^2-3x+1$ ④ $6x^2-3x+7$

05 두 다항식 $A=x$, $B=x-3$의 곱 AB는? 　2016년 2회

① x^2-3x 　　　　② x^2-x
③ x^2+x 　　　　④ x^2+3x

주목

06 $(-x+1)(-x-1)$을 전개하면?

① x^2+2x+1 　　② x^2-2x+1
③ $-x^2-1$ 　　　　④ x^2-1

07 $x^8=50$일 때, $(x-1)(x+1)(x^2+1)(x^4+1)$의 값은?

① 49 　　　　　② 200
③ 2400 　　　　④ 2499

08 $x+\dfrac{1}{x}=2$일 때, $x^2+\dfrac{1}{x^2}$의 값은? 　2016년 1회

① 1 　　　　　② 2
③ 3 　　　　　④ 4

09 $x+y=1$, $x^2+y^2=5$일 때, x^3+y^3의 값은?

① 5 　　　　　② 6
③ 7 　　　　　④ 8

10 $x+y=4$, $xy=3$일 때, x^2-xy+y^2의 값은?

① 3 　　　　　② 7
③ 11 　　　　　④ 15

빠른 정답 체크

01 ④ 　　02 ③ 　　03 ② 　　04 ② 　　05 ① 　　06 ④ 　　07 ①
08 ② 　　09 ③ 　　10 ②

11 다음은 다항식 $2x^2+x-3$을 일차식 $x+1$로 나누어 몫과 나머지를 구하는 과정이다. (가)에 알맞은 식은?

2020년 1회

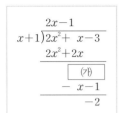

① $-x-3$
② $-x-2$
③ $x-3$
④ $x-2$

12 다음은 조립제법을 이용하여 다항식 x^3+x^2-x+1을 일차식 $x-2$로 나누었을 때, 몫과 나머지를 구하는 과정이다. 나머지 R의 값은?

2019년 1회

2	1	1	-1	1
		2	6	10
	1	3	5	R

① 2
② 5
③ 8
④ 11

13 다음은 조립제법을 이용하여 x에 대한 다항식 $2x^2-x-3$을 일차식 $x-1$로 나눌 때의 몫과 나머지를 구하는 과정이다. 이때 몫은?

2016년 2회

1	2	-1	-3
		2	1
	2	1	-2

① x
② $x+2$
③ $2x-1$
④ $2x+1$

14 다음은 조립제법을 이용하여 x^3-x+5를 $x+2$로 나누었을 때, 몫과 나머지를 구하는 과정이다. 상수 a, b, c, d의 값으로 옳지 <u>않은</u> 것은?

a	1	b	-1	5
		-2	d	-6
	1	c	3	-1

① $a=-2$
② $b=0$
③ $c=2$
④ $d=4$

15 등식 $x^2+2x-1=(x-1)^2+4x+a$가 x에 대한 항등식일 때, 상수 a의 값은?

① -2
② -1
③ 0
④ 1

16 등식 $2(x^2+x+2)=ax^2+2x+b$가 x에 대한 항등식일 때, 두 상수 a, b에 대하여 $a+b$의 값은? 2019년 2회

① 2
② 4
③ 6
④ 8

주목
17 등식 $(x-1)^2+a(x-1)+b=x^2-x+2$는 x에 대한 항등식이다. 두 상수 a, b에 대하여 $a+b$의 값은?

① -3
② -1
③ 1
④ 3

18 다음 등식 중 x에 대한 항등식은? 2020년 2회

① $x=5$
② $x+2=0$
③ $(x+1)^2=x+1$
④ $x^2-1=(x+1)(x-1)$

주제 6	나머지정리

19 다항식 x^3+2x^2-x+1을 $x-1$로 나누었을 때, 나머지는? 2018년 2회

① 1　　　　② 2
③ 3　　　　④ 4

20 다항식 x^2-x+5를 $x-2$로 나누었을 때, 나머지는? 2017년 2회

① 3　　　　② 5
③ 7　　　　④ 9

주제 7	인수정리

21 다항식 x^3-3x^2+ax+5가 $x-1$로 나누어떨어질 때, 상수 a의 값은? 2019년 2회

① -4　　　　② -3
③ -2　　　　④ -1

22 다항식 x^2+ax+3이 $x+1$로 나누어떨어질 때, 상수 a의 값은? 2018년 1회

① -4　　　　② -2
③ 2　　　　④ 4

23 다항식 $2x^2+x+a$가 $x-1$로 나누어떨어질 때, 상수 a의 값은? 2015년 2회

① -3　　　　② -1
③ 1　　　　④ 3

주제 8	인수분해

24 다항식 x^3-2^3을 인수분해한 식이 $(x-a)(x^2+2x+4)$일 때, 상수 a의 값은? 2021년 1회

① 2　　　　② 4
③ 6　　　　④ 8

25 다항식 x^3+3x^2+3x+1을 인수분해한 식이 $(x+a)^3$일 때, 상수 a의 값은?

① -3　　　　② -1
③ 1　　　　④ 3

빠른 정답 체크

11 ①	12 ④	13 ④	14 ③	15 ①	16 ③	17 ④
18 ④	19 ③	20 ③	21 ②	22 ④	23 ①	24 ①
25 ③						

01 다항식의 연산

(1) 다항식의 덧셈에 대한 성질

세 다항식 A, B, C에 대하여

① 교환법칙: $A+B=B+A$

② 결합법칙: $(A+B)+C=A+(B+C)$

(2) 곱셈 공식

① $(a+b)^2=a^2+2ab+b^2$

$\quad (a-b)^2=a^2-2ab+b^2$

② $(a+b)(a-b)=\boxed{^1}$

③ $(x+a)(x+b)=x^2+(a+b)x+ab$

④ $(ax+b)(cx+d)=acx^2+(\boxed{^2})x+bd$

⑤ $(a+b+c)^2=\boxed{^3}+2ab+2bc+2ca$

(3) 곱셈 공식의 변형

① $\boxed{^4}=(a+b)^2-2ab=(a-b)^2+2ab$

② $a^3+b^3=(a+b)^3-3ab(a+b)$

$\quad a^3-b^3=(a-b)^3+3ab(a-b)$

③ $(a-b)^2=(a+b)^2-4ab$

$\quad (a+b)^2=(a-b)^2+4ab$

④ $a^2+b^2+c^2=\boxed{^5}-2(ab+bc+ca)$

⑤ $x^2+\dfrac{1}{x^2}=\left(x+\dfrac{1}{x}\right)^2-2$

⑥ $\left(x+\dfrac{1}{x}\right)^2=x^2+\dfrac{1}{x^2}+2$

(4) 다항식의 나눗셈

다항식 A를 다항식 B $(B\neq0)$로 나누었을 때의 몫을 Q, 나머지를 R이라 하면

$$A=\boxed{^6}$$

(단, R은 상수이거나 (R의 차수)<(B의 차수)이다.)

특히 $R=0$이면 A는 B로 나누어떨어진다고 한다.

02 항등식과 나머지정리

(1) 항등식의 성질

① $ax^2+bx+c=0$이 x에 대한 항등식이면

$$a=b=c=0$$

② $ax^2+bx+c=a'x^2+b'x+c'$이 x에 대한 항등식이면

$$a=a',\ b=b',\ c=c'$$

(2) 나머지정리

다항식 $P(x)$를 일차식 $x-\alpha$로 나누었을 때의 나머지를 R이라 하면

$$R=\boxed{^7}$$

(3) 인수정리

다항식 $P(x)$에 대하여

① $P(\alpha)=0$이면 다항식 $P(x)$는 일차식 $x-\alpha$로 나누어떨어진다.

② $P(x)$가 일차식 $x-\alpha$로 나누어떨어지면 $P(\alpha)=\boxed{^8}$이다.

03 인수분해

(1) 인수분해 공식

① $a^2+2ab+b^2=(a+b)^2$, $a^2-2ab+b^2=(a-b)^2$

② $\boxed{^9}=(a+b)(a-b)$

③ $x^2+(a+b)x+ab=\boxed{^{10}}$

④ $acx^2+(ad+bc)x+bd=(ax+b)(cx+d)$

(2) 공통부분이 있는 다항식의 인수분해

① 공통부분을 하나의 문자로 바꾸어 인수분해한다.

② 공통부분이 생기도록 주어진 식을 변형한 후 치환하여 인수분해한다.

정답　**1** a^2-b^2　**2** $ad+bc$　**3** $a^2+b^2+c^2$　**4** a^2+b^2　**5** $(a+b+c)^2$　**6** $BQ+R$　**7** $P(\alpha)$　**8** 0　**9** a^2-b^2

10 $(x+a)(x+b)$

정답과 해설 34쪽

01 $A=3x+2y$, $B=x-3y$일 때, $A-2B$를 간단히 하면?

① $5x-4y$ ② $5x+8y$

③ $x-4y$ ④ $x+8y$

04 $(x+2y)(Ax+5y)=2x^2+Bxy+10y^2$일 때, 상수 A, B의 합 $A+B$의 값은?

① 9   ② 10

③ 11   ④ 12

02 두 다항식 $A=x^3+5x^2-3x-8$, $B=x+1$에 대하여 다항식 A를 다항식 B로 나눈 몫과 나머지를 각각 Q, R이라 할 때, $A=BQ+R$의 꼴로 나타내어라.

05 임의의 실수 x, y에 대하여 다음 등식이 성립하도록 상수 a, b의 값을 구하여라.

$$(2x-y)a+(x-y)b=3x-2y$$

03 조립제법을 이용하여 다음 나눗셈의 몫과 나머지를 구하여라.

$$(3x^3+2x^2+8)\div(x+1)$$

06 다항식 $P(x)=x^3+ax^2-5x+6$이 일차식 $x+2$로 나누어떨어지도록 상수 a의 값을 정하여라.

단원을 닫으며 곱셈 공식, 인수분해 공식 등 문제를 풀기 위해 외워야 하는 공식이 많은 단원이에요. 한 번에 모든 공식을 암기하기보다는 기출문제 위주로 공식을 암기하고 점차 범위를 넓혀가며 외워 보세요.

02

방정식과 부등식

02 방정식과 부등식

이번 단원에서는 복소수와 이차방정식의 풀이, 이차방정식과 이차함수의 관계, 이차함수의 최대·최소, 여러 가지 방정식과 부등식을 공부합니다.

기본 다지기 **1. 복소수**

1 복소수

정답과 해설 7쪽

1. 허수단위 i

① 제곱하여 -1이 되는 수를 기호 i로 나타내고, 이것을 허수단위라 한다.

즉 $i^2=-1$이며, 제곱하여 -1이 된다는 뜻에서 $i=\sqrt{-1}$로 나타내기로 한다.

② 양수 a에 대하여 $\sqrt{-a}=\sqrt{a}\,i$

③ 실수 a에 대하여 a의 제곱근은 $\pm\sqrt{a}$

예 $\sqrt{-9}=\sqrt{9}\,i=3i$, $-\sqrt{-8}=-\sqrt{8}\,i=-2\sqrt{2}\,i$, -4의 제곱근은 $\pm\sqrt{-4}=\pm\sqrt{4}\,i=\pm2i$

2. 복소수

① 실수 a, b에 대하여 $a+bi$ 꼴로 나타내는 수를 복소수라 하고, a를 이 복소수의 실수부분, b를 이 복소수의 허수부분이라 한다.

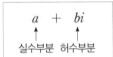

② 실수가 아닌 복소수 $a+bi$ $(b\neq0)$를 허수라 하고, 이 중 실수부분 $a=0$인 허수 bi $(b\neq0)$를 순허수라 한다.

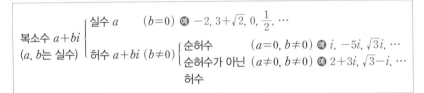

③ $z=a+bi$ (a, b는 실수)에서 z가

㉠ 실수가 되는 조건: $b=0$

㉡ 순허수가 되는 조건: $a=0$, $b\neq0$

➡ z^2이 음의 실수이면 z는 순허수이다.

예 두 실수 a, b에 대하여 복소수 $z_1=(a-b)+(a+b)i$가 순허수이고,

$z_2=a+(2a-b-2)i$가 실수일 때, a^2+b^2의 값은

z_1이 순허수이므로 실수부분 $a-b=0$이고, z_2가 실수이므로 허수부분 $2a-b-2=0$이다.

두 식을 연립하면 $a=b=2$이다. $\therefore a^2+b^2=8$

---

01 다음 복소수 중 실수의 개수, 허수의 개수, 순허수의 개수를 구하여라.

$$-2, \quad 1+i, \quad -3i, \quad \sqrt{10}, \quad -1+3i$$

2 복소수가 서로 같을 조건

정답과 해설 **7**쪽

두 복소수 $a+bi$, $c+di$ (a, b, c, d는 실수)에 대하여

① $a=c$, $b=d$이면 $a+bi=c+di$

  $a+bi=c+di$이면 $a=c$, $b=d$

② $a=0$, $b=0$이면 $a+bi=0$

  $a+bi=0$이면 $a=0$, $b=0$

➡ 실수는 실수끼리, 허수는 허수끼리 모은다. (실수부분)+(허수부분)i=0의 꼴로 만들기!

> $$\begin{array}{c}\overbrace{}^{같다}\\ a+bi=c+di\\ \underbrace{}_{같다}\end{array}$$

에 $x(1-i)+y(1+i)=2+4i$를 만족시키는 실수 x, y의 값은
$(x+y)+(-x+y)i=2+4i$에서 $x+y=2$, $-x+y=4$ $\therefore x=-1$, $y=3$

복소수가 서로 같을 조건
➡ 실수는 실수끼리, 허수는 허수끼리 모아요.
➡ (실수부분)+(허수부분)
  $=0$
$\therefore$ (실수부분)$=0$,
  (허수부분)$=0$

02 다음 등식을 만족시키는 실수 a, b의 값을 구하여라.

(1) $a+bi=1-2i$

(2) $(3a+b)+(a-b)i=5-i$

---

3 켤레복소수

정답과 해설 **7**쪽

복소수 $a+bi$ (a, b는 실수)에 대하여 허수부분의 부호를 바꾼 복소수 $a-bi$를 $a+bi$의 켤레복소수라 하고, 기호로 $\overline{a+bi}$와 같이 나타낸다.

> $$\overline{a+bi}=a-bi$$

에 $\overline{3+2i}=3-2i$, $\overline{-4i+1}=4i+1$, $\overline{-8}=-8$, $\overline{2i}=-2i$

+ ① 실수 a의 켤레복소수는 a
  ② 순허수 bi의 켤레복소수는 $-bi$

03 다음 복소수의 켤레복소수를 구하여라.

(1) $1+2i$

(2) $-3i+2$

(3) -6

---

4 복소수의 사칙연산

정답과 해설 **7**쪽

1. 복소수의 덧셈과 뺄셈: 허수단위 i를 문자처럼 생각하여 실수부분은 실수부분끼리, 허수부분은 허수부분끼리 계산한다.

a, b, c, d가 실수일 때,

① **덧셈:** $(a+bi)+(c+di)=(a+c)+(b+d)i$

② **뺄셈:** $(a+bi)-(c+di)=(a-c)+(b-d)i$

> **예시**
> ① **덧셈:** $(4-7i)+(3+2i)=(4+3)+(-7+2)i=7-5i$
> ② **뺄셈:** $(6+3i)-(7-5i)=(6-7)+(3+5)i=-1+8i$

2. **복소수의 곱셈:** 복소수의 곱셈은 분배법칙을 이용하여 전개한 다음 $i^2=-1$임을 이용하여 계산한다.

$$(a+bi)(c+di)=(ac-bd)+(ad+bc)i$$

예 $(2-3i)(3+4i)=6+8i-9i-12i^2=6+8i-9i+12=18-i$

3. **복소수의 나눗셈:** 분모의 켤레복소수를 분모, 분자에 곱하여 계산한다.

$$\frac{(a+bi)}{(c+di)}=\frac{(a+bi)(c-di)}{(c+di)(c-di)}=\frac{ac+bd}{c^2+d^2}+\frac{bc-ad}{c^2+d^2}i \ (단, \ c+di\neq0)$$

예 $\dfrac{1-2i}{2+3i}=\dfrac{(1-2i)(2-3i)}{(2+3i)(2-3i)}=\dfrac{2-3i-4i+6i^2}{2^2-(3i)^2}=\dfrac{2-3i-4i-6}{4+9}=-\dfrac{4}{13}-\dfrac{7}{13}i$

4. **켤레복소수의 성질**

두 복소수 z_1, z_2의 켤레복소수를 각각 $\overline{z_1}$, $\overline{z_2}$라 할 때,

① $\overline{(\overline{z_1})}=z_1$ ② $z_1+\overline{z_1}=(실수)$ ③ $z_1\overline{z_1}=(실수)$

④ $\overline{z_1\pm z_2}=\overline{z_1}\pm\overline{z_2}$ ⑤ $\overline{z_1z_2}=\overline{z_1}\cdot\overline{z_2}$ ⑥ $\overline{\left(\dfrac{z_1}{z_2}\right)}=\dfrac{\overline{z_1}}{\overline{z_2}}$ (단, $z_2\neq0$)

> **예시**
> $z_1=1+3i$, $z_2=2-i$일 때, $\overline{z_1}=1-3i$, $\overline{z_2}=2+i$이므로
> ① $\overline{(\overline{z_1})}=1+3i$ ② $z_1+\overline{z_1}=(1+3i)+(1-3i)=2$
> ③ $z_1\overline{z_1}=(1+3i)(1-3i)=1-9i^2=10$
> 따라서 복소수와 그 켤레복소수의 합과 곱은 항상 실수이다.
> ④ $\overline{z_1+z_2}=\overline{(1+3i)+(2-i)}=\overline{3+2i}=3-2i$
> $\quad\overline{z_1}+\overline{z_2}=(1-3i)+(2+i)=3-2i$, 즉, $\overline{z_1+z_2}=\overline{z_1}+\overline{z_2}$
> ⑤ $\overline{z_1z_2}=\overline{(1+3i)(2-i)}=\overline{5+5i}=5-5i$, $\overline{z_1}\cdot\overline{z_2}=(1-3i)(2+i)=5-5i$
> 즉, $\overline{z_1z_2}=\overline{z_1}\cdot\overline{z_2}$

5. **복소수의 연산에 대한 성질**

① 실수의 경우와 마찬가지로 복소수의 사칙연산의 결과는 모두 복소수이다.
➡ 복소수 전체는 0으로 나누는 것을 제외하면 사칙연산이 가능하다.

② 실수의 경우와 마찬가지로 복소수에서도 덧셈, 곱셈에 대하여 다음 성질이 성립한다.
복소수 z_1, z_2, z_3에 대하여
㉠ 교환법칙: $z_1+z_2=z_2+z_1$, $z_1z_2=z_2z_1$
㉡ 결합법칙: $(z_1+z_2)+z_3=z_1+(z_2+z_3)$, $(z_1z_2)z_3=z_1(z_2z_3)$
㉢ 분배법칙: $z_1(z_2+z_3)=z_1z_2+z_1z_3$, $(z_1+z_2)z_3=z_1z_3+z_2z_3$

예 $z_1=2+3i$, $z_2=1-2i$일 때,
$z_1z_2=(2+3i)(1-2i)=2-4i+3i-6i^2=8-i$
$z_2z_1=(1-2i)(2+3i)=2+3i-4i-6i^2=8-i$

중학교 개념 기억하기

분모의 유리화

분모가 무리수일 때, 분모를 유리수로 고치는 것을 유리화라 해요.
$a>0$, $b>0$일 때,

① $\dfrac{b}{\sqrt{a}}=\dfrac{b}{\sqrt{a}}\cdot\dfrac{\sqrt{a}}{\sqrt{a}}=\dfrac{b\sqrt{a}}{a}$

② $\dfrac{c}{\sqrt{a}-\sqrt{b}}$
$=\dfrac{c}{\sqrt{a}-\sqrt{b}}\cdot\dfrac{\sqrt{a}+\sqrt{b}}{\sqrt{a}+\sqrt{b}}$
$=\dfrac{c(\sqrt{a}+\sqrt{b})}{a-b}$

➕ 실수 a, b에 대하여
$z=a+bi$이면
➡ $\overline{z}=\overline{a+bi}=a-bi$

6. 등식을 만족시키는 복소수

① $z = a + bi$ (a, b는 실수)로 놓고 주어진 식을 대입한다.

② 실수 a, b에 대하여 $z = a + bi$이면 ➡ $\bar{z} = \overline{a+bi} = a - bi$

> **예시**
>
> 복소수 z와 그 켤레복소수 $\bar{z}$에 대하여 $(1+2i)\bar{z} + 3iz = -2 + 6i$가 성립할 때,
> 복소수 z를 구하여라.
>
> ⇨ $z = a + bi$ (a, b는 실수)로 놓으면 $\bar{z} = a - bi$
>
> 이것을 주어진 식에 대입하면
>
> $(1+2i)(a-bi) + 3i(a+bi) = -2 + 6i$, $a - bi + 2ai + 2b + 3ai - 3b = -2 + 6i$
>
> $(a-b) + (5a-b)i = -2 + 6i$
>
> 복소수가 서로 같을 조건에 의하여 $a - b = -2$, $5a - b = 6$
>
> 두 식을 연립하여 풀면 $a = 2$, $b = 4$ ∴ $z = 2 + 4i$

04 다음을 계산하여라.

(1) $(3-2i) - (-1+6i)$

(2) $(7-2i) - (i-5)$

(3) $(11+3i) - (7-4i) + 2i$

05 다음을 계산하여라.

(1) $(2-i)(4+3i)$

(2) $(3+i)^2$

(3) $(\sqrt{5}+3i)(\sqrt{5}-3i)$

06 다음을 $a + bi$ (a, b는 실수) 꼴로 나타내어라.

(1) $\dfrac{1-i}{1+i}$

(2) $\dfrac{3+i}{2+3i}$

① 자연수 n에 대하여 i^n은 i, -1, $-i$, 1, $\cdots$이 반복되어 나타나므로 다음과 같은 규칙을 찾을 수 있다.
$i^{4k}=1$, $i^{4k+1}=i$, $i^{4k+2}=-1$, $i^{4k+3}=-i$
(단, k는 자연수)

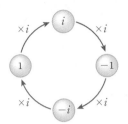

② i^n (n은 자연수)의 값은 n을 4로 나누었을 때의 나머지의 i의 거듭제곱과 같다.

> **예** $i^{98}=(i^4)^{24}i^2=i^2=-1$, $i^{73}=(i^4)^{18}i=i$, $i^{803}=(i^4)^{200}i^3=i^3=-i$
> $i^{20}+i^{32}=(i^4)^5+(i^4)^8=1+1=2$
> $i+i^3+i^5+i^7=i+i^3+i^4\cdot i+i^4\cdot i^3=i+(-i)+i+(-i)=0$
> $i^{25}-i^{35}=(i^4)^6\cdot i-(i^4)^8\cdot i^3=i-i^3=i-(-i)=2i$
> $i^{10}+i^{11}+i^{12}+i^{13}=(i^4)^2\cdot i^2+(i^4)^2\cdot i^3+(i^4)^3+(i^4)^3\cdot i$
> 　　　　　　　　　$=i^2+i^3+1+i=-1+(-i)+1+i=0$

07 다음 식을 간단히 하여라.

(1) i^{30}　　　　　　　　　　　　　　(2) i^{999}

(3) $1-i+i^2-i^3$　　　　　　　　　(4) $i^{97}\times i^{103}$

TIP 이렇게 공부하세요

① $i^2=-1$, $i^3=-i$, $i^4=1$
② $i+i^2+i^3+i^4=0$
③ $\dfrac{1}{i}+\dfrac{1}{i^2}+\dfrac{1}{i^3}+\dfrac{1}{i^4}=0$
④ $\dfrac{1+i}{1-i}=i$, $\dfrac{1-i}{1+i}=-i$

08 다음 식을 간단히 하여라.

(1) $\left(\dfrac{1+i}{1-i}\right)^{102}$　　　　　　　　(2) $1+i+i^2+\cdots+i^{10}$

1. $a>0$일 때
　　① $\sqrt{-a}=\sqrt{a}\,i$
　　② $-a$의 제곱근은 $\pm\sqrt{a}\,i$이다.

2. $a<0$, $b<0$일 때 $\sqrt{a}\sqrt{b}=-\sqrt{ab}$
　➡ $a<0$, $b<0$이면 $-a>0$, $-b>0$이므로
　　$\sqrt{a}\sqrt{b}=\sqrt{-a}\,i\cdot\sqrt{-b}\,i=\sqrt{(-a)(-b)}\,i^2=-\sqrt{ab}$

3. $a>0$, $b<0$일 때 $\dfrac{\sqrt{a}}{\sqrt{b}}=-\sqrt{\dfrac{a}{b}}$
　➡ $a>0$, $b<0$이면 $a>0$, $-b>0$이므로
　　$\dfrac{\sqrt{a}}{\sqrt{b}}=\dfrac{\sqrt{a}}{\sqrt{-b}\,i}=\dfrac{\sqrt{a}\,i}{\sqrt{-b}\,i^2}=-\sqrt{\dfrac{a}{b}}\,i=-\sqrt{-\dfrac{a}{b}}\cdot\sqrt{-1}=-\sqrt{\dfrac{a}{b}}$

4. 실수 a, b에 대하여

① $\sqrt{a}\sqrt{b} = -\sqrt{ab}$이면 $a<0$, $b<0$ 또는 $a=0$ 또는 $b=0$

② $\dfrac{\sqrt{a}}{\sqrt{b}} = -\sqrt{\dfrac{a}{b}}$이면 $a>0$, $b<0$ 또는 $a=0$, $b\neq0$

예시

- $\sqrt{-3}\sqrt{-2} = \sqrt{3}i \cdot \sqrt{2}i = \sqrt{6}i^2 = -\sqrt{6}$

  주의 $\sqrt{-3}\sqrt{-2} \neq \sqrt{(-3)(-2)}$

- $\dfrac{\sqrt{2}}{\sqrt{-5}} = \dfrac{\sqrt{2}}{\sqrt{5}i} = \dfrac{\sqrt{2}i}{\sqrt{5}i^2} = -\sqrt{\dfrac{2}{5}}i = -\sqrt{-\dfrac{2}{5}}$

- $\sqrt{-8}+\sqrt{-2} = \sqrt{8}i + \sqrt{2}i = 2\sqrt{2}i + \sqrt{2}i = 3\sqrt{2}i$

- $\sqrt{-20}-\sqrt{-45} = \sqrt{20}i - \sqrt{45}i = 2\sqrt{5}i - 3\sqrt{5}i = -\sqrt{5}i$

- $\sqrt{-3}\sqrt{-6} = \sqrt{3}i\sqrt{6}i = \sqrt{18}i^2 = -3\sqrt{2}$

- $\dfrac{\sqrt{-15}}{\sqrt{-5}} = \dfrac{\sqrt{15}i}{\sqrt{5}i} = \dfrac{\sqrt{15}}{\sqrt{5}} = \sqrt{3}$

---

09 다음 수를 허수단위 i를 사용하여 나타내어라.

(1) $\sqrt{-9}$ (2) $\sqrt{-12}$

(3) $-\sqrt{-8}$ (4) $-\sqrt{-\dfrac{9}{4}}$

TIP 이렇게 공부하세요

임의의 양수 a에 대하여
$\sqrt{-a} = \sqrt{a}i$, $-a$의 제곱근
은 $\pm\sqrt{a}i$라 해요.

10 다음 수의 제곱근을 구하여라.

(1) -3 (2) -25

(3) -18 (4) $-\dfrac{1}{16}$

11 다음을 $a+bi$ (a, b는 실수)의 꼴로 나타내어라.

(1) $\sqrt{-3}\times\sqrt{27}$ (2) $\sqrt{-4}\times\sqrt{-8}$

(3) $3\sqrt{-2}-5\sqrt{-8}$ (4) $\sqrt{-9}+\sqrt{-27}$

(5) $\sqrt{-2}+\sqrt{-16}+\sqrt{-32}$ (6) $\dfrac{\sqrt{-6}}{\sqrt{3}}$

(7) $\dfrac{\sqrt{5}}{\sqrt{-4}}$ (8) $\dfrac{\sqrt{-2}}{\sqrt{-3}}$

1 이차방정식의 풀이

정답과 해설 9쪽

1. 이차방정식: $ax^2+bx+c=0$ $(a\neq0,\ a,\ b,\ c$는 상수) 꼴로 변형할 수 있는 방정식을 x에 대한 이차방정식이라고 한다.
 ① '이차방정식 $ax^2+bx+c=0$'에서는 $a\neq0$이라는 뜻을 포함한다.

 ② '방정식 $ax^2+bx+c=0$'에서는 ➡ $\begin{matrix} a\neq0일\ 때 \\ a=0일\ 때 \end{matrix}$ 로 나누어 생각한다.

2. 이차방정식의 실근과 허근
 ① 계수가 실수인 이차방정식은 복소수의 범위에서 항상 2개의 근을 갖는다. 이때 실수인 근을 실근, 허수인 근을 허근이라 한다. 특히 두 근이 같을 때 이 근을 중근이라 한다.
 ② 특별한 언급이 없으면 이차방정식의 계수는 실수이고 근은 복소수의 범위에서 생각한다.
   예 $x^2=9$의 근은 $x=\pm3$이고, $x^2=-9$의 근은 $x=\pm3i$

3. 이차방정식의 풀이
 ① 인수분해를 이용한 풀이
   $(ax-b)(cx-d)=0$이면 $ax-b=0$ 또는 $cx-d=0$의 근은
   $x=\dfrac{b}{a}$ 또는 $x=\dfrac{d}{c}$
 ② 근의 공식을 이용한 풀이
   $ax^2+bx+c=0$의 근은 $x=\dfrac{-b\pm\sqrt{b^2-4ac}}{2a}$

   또, $ax^2+2b'x+c=0$의 근은 $x=\dfrac{-b'\pm\sqrt{b'^2-ac}}{a}$ (x의 계수가 짝수일 때)

예시
다음 이차방정식을 인수분해를 이용하여 풀면
(1) $2x^2-6x=0$ $2x(x-3)=0$ $\therefore x=0$ 또는 $x=3$
(2) $x^2-5x+6=0$ $(x-2)(x-3)=0$ $\therefore x=2$ 또는 $x=3$
(3) $3x^2+5x-2=0$ $(x+2)(3x-1)=0$ $\therefore x=-2$ 또는 $x=\dfrac{1}{3}$

예시
다음 이차방정식을 근의 공식을 이용하여 풀면
(1) $2x^2-7x+4=0$에서
   $x=\dfrac{-(-7)\pm\sqrt{(-7)^2-4\times2\times4}}{2\times2}=\dfrac{7\pm\sqrt{17}}{4}$
(2) $4x^2-5x-3=0$에서
   $x=\dfrac{-(-5)\pm\sqrt{(-5)^2-4\times4\times(-3)}}{2\times4}=\dfrac{5\pm\sqrt{73}}{8}$
(3) $2x^2+8x-7=0$에서
   $x=\dfrac{-4\pm\sqrt{4^2-2\times(-7)}}{2}=\dfrac{-4\pm\sqrt{30}}{2}$

중학교 개념 기억하기

일차방정식

모든 항을 좌변으로 이항하여 정리했을 때, (x에 대한 일차식)$=0$ 꼴로 나타내어지는 방정식을 x에 대한 일차방정식이라 해요.
방정식의 미지수로 보통 x를 사용하지만 다른 문자를 사용해도 된답니다.

TIP 이렇게 공부하세요

근의 공식의 유도

이차방정식 $ax^2+bx+c=0$에서 $a\neq0$이므로 양변을 a로 나눈 후 상수항을 이항하면
$x^2+\dfrac{b}{a}x=-\dfrac{c}{a}$
좌변을 완전제곱식으로 만들기 위해 양변에 $\left(\dfrac{x의\ 계수}{2}\right)^2$
을 더하면
$\left(x+\dfrac{b}{2a}\right)^2=\dfrac{b^2-4ac}{4a^2}$
$x=-\dfrac{b}{2a}\pm\dfrac{\sqrt{b^2-4ac}}{2a}$
$\therefore x=\dfrac{-b\pm\sqrt{b^2-4ac}}{2a}$
특히, x의 계수 b가 짝수일 때, 즉 $b=2b'$이면
$b^2-4ac=(2b')^2-4ac$
$=4(b'^2-ac)$
$\therefore x=\dfrac{-b\pm\sqrt{b^2-4ac}}{2a}$
$=\dfrac{-2b'\pm2\sqrt{b'^2-ac}}{2a}$
$=\dfrac{-b'\pm\sqrt{b'^2-ac}}{a}$

01 다음 방정식을 풀어라.

    (1) $2x^2-7x+5=0$ (2) $24=8x^2-16x$

    (3) $3x^2-6x+2=0$ (4) $(x+2)^2=x-1$

---

❷ 이차방정식의 근의 판별

정답과 해설 9쪽

➕ x의 계수가 짝수인 이차방정식 $ax^2+2b'x+c=0$에서는 판별식 D 대신 $\dfrac{D}{4}=b'^2-ac$를 이용할 수 있어요.

1. 판별식: 계수가 실수인 이차방정식 $ax^2+bx+c=0$의 근

    $x=\dfrac{-b\pm\sqrt{b^2-4ac}}{2a}$가 실근인지 허근인지는 근호 안의 식 b^2-4ac의 부호에 따라

판별할 수 있으므로 b^2-4ac를 이 방정식의 판별식이라 하고, 기호 D로 나타낸다.

즉, $D=b^2-4ac$이다.

2. 이차방정식의 근의 판별

계수가 실수인 이차방정식 $ax^2+bx+c=0$에서 $D=b^2-4ac$라 할 때

① $D>0$이면 서로 다른 두 실근   ⎫
② $D=0$이면 중근(서로 같은 두 실근)   ⎬ $D\geq0$이면 실근
③ $D<0$이면 서로 다른 두 허근   ⎭

    ➡ '서로 다르다'는 조건이 없는 한 '두 실근'은 중근과 서로 다른 두 실근을 통틀어서 의미한다. 따라서 서로 다른 두 실근을 가질 조건은 $D>0$이고 두 실근을 가질 조건은 $D\geq0$이다.

TIP 이렇게 공부하세요

① 두 실근을 가질 조건
    ➡ $D\geq0$
② 서로 다른 두 실근을 가질 조건 ➡ $D>0$

쏙쏙 이해 더하기 | **판별식의 부호에 따라 이차방정식의 근이 결정되는 까닭**

a, b, c가 실수인 이차방정식 $ax^2+bx+c=0$의 근을

$\alpha=\dfrac{-b+\sqrt{b^2-4ac}}{2a}$, $\beta=\dfrac{-b-\sqrt{b^2-4ac}}{2a}$

라 하면 $2a$, $-b$는 실수이므로 $\sqrt{b^2-4ac}$에 의하여 근이 실근인지 허근인지 결정된다.

즉, $D=b^2-4ac$라 하면

① $D>0$이면 $\sqrt{b^2-4ac}$는 0이 아닌 실수이므로 α, β는 서로 다른 두 실근이다.
② $D=0$이면 $\sqrt{b^2-4ac}=0$이므로 α, β는 서로 같은 두 실근이다. (중근)
③ $D<0$이면 $\sqrt{b^2-4ac}$는 허수이므로 α, β는 서로 다른 두 허근이다.

따라서 $D=b^2-4ac$의 부호에 따라 이차방정식의 근의 종류를 판별할 수 있다.

---

02 다음 이차방정식의 근을 판별하여라.

    (1) $x^2-5x+10=0$ (2) $4x^2-12x+9=0$ (3) $5x^2+3x-1=0$

03 이차방정식 $x^2-3x+k=0$이 다음과 같은 근을 가지도록 하는 실수 k의 값 또는 k의 값의 범위를 구하여라.

    (1) 서로 다른 두 실근   (2) 중근   (3) 서로 다른 두 허근

1. 이차방정식의 근과 계수의 관계

이차방정식의 근과 계수의 관계를 이용하면 두 근을 직접 구하지 않아도 두 근의 합과 곱을 구할 수 있다. 이차방정식 $ax^2+bx+c=0$의 두 근을 α, β라 하면

① **두 근의 합**: $\alpha+\beta=-\dfrac{b}{a}$

② **두 근의 곱**: $\alpha\beta=\dfrac{c}{a}$

③ **두 근의 차**: $|\alpha-\beta|=\dfrac{\sqrt{b^2-4ac}}{|a|}$ (단, a, α, β는 실수)

➡ 이차방정식의 근과 계수의 관계에서 ①, ②는 두 근이 실근인지 허근인지에 관계 없이 항상 성립하지만 ③은 두 근이 실근일 때에만 성립한다.

$$\begin{aligned}|\alpha-\beta|&=\sqrt{(\alpha-\beta)^2}\\&=\sqrt{(\alpha+\beta)^2-4\alpha\beta}\end{aligned}$$

예시

이차방정식 $2x^2+3x-5=0$의 두 근을 α, β라 할 때

(1) $\alpha+\beta=-\dfrac{3}{2}$ (2) $\alpha\beta=-\dfrac{5}{2}$

(3) $|\alpha-\beta|=\dfrac{\sqrt{3^2-4\cdot2\cdot(-5)}}{|2|}=\dfrac{\sqrt{49}}{2}=\dfrac{7}{2}$

쏙쏙 이해 더하기   이차방정식의 근과 계수의 관계 유도

이차방정식 $ax^2+bx+c=0$에서 근의 공식을 이용하여 두 근 α, β를
$\alpha=\dfrac{-b+\sqrt{b^2-4ac}}{2a}$, $\beta=\dfrac{-b-\sqrt{b^2-4ac}}{2a}$로 놓고 $\alpha+\beta$, $\alpha\beta$, $|\alpha-\beta|$를 계산하면

$\alpha+\beta=\dfrac{-b+\sqrt{b^2-4ac}}{2a}+\dfrac{-b-\sqrt{b^2-4ac}}{2a}=\dfrac{-2b}{2a}=-\dfrac{b}{a}$

$\alpha\beta=\dfrac{-b+\sqrt{b^2-4ac}}{2a}\times\dfrac{-b-\sqrt{b^2-4ac}}{2a}=\dfrac{4ac}{4a^2}=\dfrac{c}{a}$

$|\alpha-\beta|=\left|\dfrac{-b+\sqrt{b^2-4ac}}{2a}-\dfrac{-b-\sqrt{b^2-4ac}}{2a}\right|=\left|\dfrac{2\sqrt{b^2-4ac}}{2a}\right|=\dfrac{\sqrt{b^2-4ac}}{|a|}$ (단, a, α, β는 실수)

---

04 다음 이차방정식의 두 근의 합과 곱을 구하여라.

(1) $4x^2-2x-3=0$ (2) $2x^2+5=0$

05 이차방정식 $2x^2-3x-4=0$의 두 근을 α, β라 할 때, $\dfrac{1}{\alpha}+\dfrac{1}{\beta}$의 값을 구하여라.

06 이차방정식 $x^2-3x+4=0$의 두 근을 α, β라 할 때, $\alpha^2+\beta^2$의 값은?

① -2 ② -1 ③ 0 ④ 1

TIP 이렇게 공부하세요

$\dfrac{\alpha}{\beta}+\dfrac{\beta}{\alpha}$를 계산할 때는 분모 통분을 가장 먼저 해요.
$\dfrac{\alpha}{\beta}+\dfrac{\beta}{\alpha}=\dfrac{\alpha^2+\beta^2}{\alpha\beta}$
이때,
$\alpha^2+\beta^2=(\alpha+\beta)^2-2\alpha\beta$

정답과 해설 **9쪽**

4 두 수를 근으로 하는 이차방정식

두 수 α, β를 근으로 하고, x^2의 계수가 1인 이차방정식은
$$(x-\alpha)(x-\beta)=0, \text{ 즉 } x^2-(\alpha+\beta)x+\alpha\beta=0$$
└─두 근의 합   └─두 근의 곱

예시
두 수 $2+\sqrt{3}$, $2-\sqrt{3}$을 두 근으로 하고, x^2의 계수가 1인 이차방정식을 구하면
(두 근의 합)$=2+\sqrt{3}+2-\sqrt{3}=4$
(두 근의 곱)$=(2+\sqrt{3})(2-\sqrt{3})=1$
이므로 $x^2-4x+1=0$

참고 두 수 α, β를 근으로 하고 x^2의 계수가 a인 이차방정식은
$a(x-\alpha)(x-\beta)=0$에서 $a\{x^2-(\alpha+\beta)x+\alpha\beta\}=0$ (단, $a\neq0$)

07 다음 두 수를 두 근으로 하고, x^2의 계수가 1인 이차방정식을 구하여라.

(1) 2, 5

(2) $1+\sqrt{3}$, $1-\sqrt{3}$

(3) -3, 6

(4) $2+i$, $2-i$

5 이차식의 인수분해

정답과 해설 **9쪽**

이차방정식 $ax^2+bx+c=0$의 두 근을 α, β라 하면
$$ax^2+bx+c=a(x-\alpha)(x-\beta)$$

예시
이차방정식 $x^2+2x-4=0$의 근을 근의 공식을 이용하여 구하면
$$x=-1\pm\sqrt{5}$$
$$\therefore x^2+2x-4=\{x-(-1+\sqrt{5})\}\{x-(-1-\sqrt{5})\}$$
$$=(x+1-\sqrt{5})(x+1+\sqrt{5})$$

✚ 근의 공식을 이용하여 이차식을 인수분해하면 계수가 실수인 어떠한 이차식도 복소수의 범위에서 인수분해할 수 있어요.

쏙쏙 이해 더하기

이차방정식 $ax^2+bx+c=0$의 두 근을 α, β라 하면 근과 계수의 관계에 의하여
$$\alpha+\beta=-\frac{b}{a}, \alpha\beta=\frac{c}{a}$$
이므로 이를 이용하여 이차식 ax^2+bx+c를 다음과 같이 인수분해할 수 있다.
$$ax^2+bx+c=a\left(x^2+\frac{b}{a}x+\frac{c}{a}\right)=a\{x^2-(\alpha+\beta)x+\alpha\beta\}=a(x-\alpha)(x-\beta)$$
즉, 이차식 ax^2+bx+c는 $a(x-\alpha)(x-\beta)$로 인수분해 된다.

08 다음 이차식을 복소수의 범위에서 인수분해하여라.

(1) x^2-5

(2) x^2+9

(3) x^2+x-4

(4) $3x^2-2x+2$

이차방정식 $ax^2+bx+c=0$에서
① a, b, c가 유리수일 때, $p+q\sqrt{m}$이 근이면 $p-q\sqrt{m}$도 근이다.

(단, p, q는 유리수, $q\neq0$, $\sqrt{m}$은 무리수)
② a, b, c가 실수일 때, $p+qi$가 근이면 $p-qi$도 근이다.

(단, p, q는 실수, $q\neq0$, $i=\sqrt{-1}$)

> **예시**
>
> ① a, b, c가 유리수일 때, 이차방정식 $ax^2+bx+c=0$의 한 근이 $2+\sqrt{3}$이면 다른 한 근은 $2-\sqrt{3}$이다.
>
> ② a, b, c가 실수일 때, 이차방정식 $ax^2+bx+c=0$의 한 근이 $2-i$이면 다른 한 근은 $2+i$ 이다.

쏙쏙 이해 더하기 | **켤레근의 유도**

이차방정식 $ax^2+bx+c=0$의 두 근을 α, β라 하고 판별식을 D라 하면 근의 공식에 의하여
$a=\dfrac{-b+\sqrt{D}}{2a}$, $\beta=\dfrac{-b-\sqrt{D}}{2a}$로 놓을 수 있다.
따라서 이차방정식 $ax^2+bx+c=0$에서
$x=-\dfrac{b}{2a}+\dfrac{\sqrt{D}}{2a}$가 근이면 $x=-\dfrac{b}{2a}-\dfrac{\sqrt{D}}{2a}$도 근이다.
$x=-\dfrac{b}{2a}-\dfrac{\sqrt{D}}{2a}$가 근이면 $x=-\dfrac{b}{2a}+\dfrac{\sqrt{D}}{2a}$도 근이다.

✚ 이차방정식의 계수가 모두 유리수
라는 조건이 없으면 $p+q\sqrt{m}$이
방정식의 한 근일 때, 다른 한 근이
반드시 $p-q\sqrt{m}$이 되는 것은 아
님에 주의해요.
⊕ 이차방정식 $x^2-x-3-\sqrt{3}=0$의
두 근은 $1+\sqrt{3}$, $-\sqrt{3}$

09 다음 조건을 만족시키는 유리수 a, b의 값을 구하여라.

(1) 이차방정식 $x^2+ax+b=0$의 한 근이 $1+\sqrt{6}$이다.

(2) 이차방정식 $x^2+ax+b=0$의 한 근이 $2-\sqrt{3}$이다.

(3) 이차방정식 $x^2+ax+b=0$의 한 근이 $5+3\sqrt{2}$이다.

10 다음 조건을 만족시키는 실수 a, b의 값을 구하여라.

(1) 이차방정식 $x^2+ax+b=0$의 한 근이 $1-2i$이다.

(2) 이차방정식 $x^2+ax+b=0$의 한 근이 $3+2i$이다.

11 이차방정식 $x^2-2mx+n=0$의 한 근이 $2+3i$일 때, 실수 m, n의 값을 구하여라.

3. 이차방정식과 이차함수

1 이차방정식과 이차함수의 관계

정답과 해설 11쪽

1. 이차방정식과 이차함수의 관계

① 이차함수 $y=ax^2+bx+c$의 그래프와 x축의 교점의 x좌표는 이차방정식 $ax^2+bx+c=0$의 실근과 같다.

② 이차함수 $y=ax^2+bx+c$의 그래프와 x축의 교점의 개수는 이차방정식 $ax^2+bx+c=0$의 실근의 개수와 같다.

예 이차함수 $y=x^2-5x+6$의 그래프와 x축의 교점의 x좌표는 $y=0$으로 놓고 이차방정식을 푼다.

$x^2-5x+6=0$에서 $(x-2)(x-3)=0$

∴ $x=2$ 또는 $x=3$

이 값은 이차방정식 $x^2-5x+6=0$의 실근과 같다.

2. 이차함수 그래프와 x축의 위치 관계

① **이차함수 그래프와 x축과의 교점의 개수**

이차함수 $y=ax^2+bx+c$에서 판별식 $D=b^2-4ac$라 할 때,

- $D>0$이면 교점 2개
- $D=0$이면 교점 1개 (접한다.)
- $D<0$이면 교점이 없다.

예 ① 이차방정식 $-x^2-2x+3=0$의 판별식을 D라고 하면

$$D=(-2)^2-4\times(-1)\times3=16>0$$

이다. 따라서 이차함수 $y=-x^2-2x+3$의 그래프와 x축은 서로 다른 두 점에서 만난다.

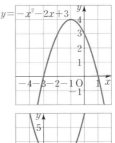

② 이차방정식 $x^2-2x+3=0$의 판별식을 D라고 하면

$$D=(-2)^2-4\times1\times3=-8<0$$

이다. 따라서 이차함수 $y=x^2-2x+3$의 그래프와 x축은 만나지 않는다.

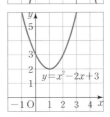

② **이차함수 그래프와 x축의 위치 관계**

이차함수 $y=ax^2+bx+c$에서 판별식 $D=b^2-4ac$라 할 때,

- x축과 서로 다른 두 점에서 만난다. ➡ $D>0$
- x축에 접한다. ➡ $D=0$
- x축과 만나지 않는다. ➡ $D<0$

예 이차함수 $y=x^2-4x+2k$의 그래프와 x축의 위치 관계가 다음과 같을 때, 실수 k의 값 또는 그 범위를 구하여라.

① 서로 다른 두 점에서 만난다.

② 한 점에서 만난다.

③ 만나지 않는다.

정답 ① $k<2$ ② $k=2$ ③ $k>2$

이차방정식 $x^2-4k+2k=0$의 판별식을 D라 하면

$$\frac{D}{4}=(-2)^2-1\cdot2k=4-2k$$

＋ 이차방정식

$ax^2+bx+c=0(a\neq0)$의 근의 개수는 근의 공식

$x=\dfrac{-b\pm\sqrt{b^2-4ac}}{2a}$에서

b^2-4ac의 부호에 의해 결정된다. 이때 b^2-4ac를 근의 판별식이라 하며 D로 표시한다.

① $D=b^2-4ac>0$이면 서로 다른 두 근으로 근이 ➡ 2개

② $D=b^2-4ac=0$이면 한 (중)근으로 근이 ➡ 1개

③ $D=b^2-4ac<0$이면 근이 없다. ➡ 0개

TIP 이렇게 공부하세요

이차함수의 그래프와 x축의 교점의 x좌표는 $y=0$으로 놓고 이차방정식을 풀어요.

① 이차방정식 $x^2-4x+2k=0$이 서로 다른 두 실근을 가져야 하므로

$$\frac{D}{4}=4-2k>0 \qquad \therefore k<2$$

② 이차방정식 $x^2-4x+2k=0$이 중근을 가져야 하므로

$$\frac{D}{4}=4-2k=0 \qquad \therefore k=2$$

③ 이차방정식 $x^2-4x+2k=0$이 허근을 가져야 하므로

$$\frac{D}{4}=4-2k<0 \qquad \therefore k>2$$

3. 이차방정식의 판별식과 이차함수의 그래프의 관계

이차함수 $y=ax^2+bx+c$의 그래프와 이차방정식 $ax^2+bx+c=0$의 해 사이에는 판별식 D의 부호에 따라 다음과 같은 관계가 성립한다.

$ax^2+bx+c=0$의 판별식 D		$D>0$	$D=0$	$D<0$
$ax^2+bx+c=0$의 해		서로 다른 두 실근	중근	서로 다른 두 허근
$y=ax^2+bx+c$ 의 그래프	x축과의 교점의 개수	2	1	0
	$a>0$			
	$a<0$			

> **예시**
>
> 이차함수 $y=x^2-4x+k$의 그래프가 x축과 서로 다른 두 점에서 만날 때, 실수 k의 값의 범위는 이차방정식 $x^2-4x+k=0$의 판별식 $D>0$이어야 하므로
>
> $$\frac{D}{4}=(-2)^2-k>0 \qquad \therefore k<4$$

01 다음 이차함수의 그래프와 x축의 교점의 x좌표를 구하여라.

(1) $y=x^2+x-2$ (2) $y=3x^2-7x+2$

(3) $y=-4x^2+12x-9$

02 다음 이차함수의 그래프와 x축의 교점의 개수를 구하여라.

(1) $y=x^2-5x+5$ (2) $y=2x^2-x+5$

(3) $y=-4x^2+4x-1$

2 이차함수의 그래프와 직선의 위치 관계

1. 이차함수의 그래프와 직선의 교점

이차함수 $y=ax^2+bx+c$의 그래프와
직선 $y=mx+n$의 교점의 x좌표는 이차방정식

$$ax^2+bx+c=mx+n$$

즉, $ax^2+(b-m)x+c-n=0$
의 실근과 같다.

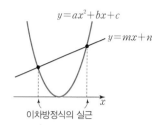

이차방정식의 실근

> **예시**
>
> 이차함수 $y=x^2-2x+3$의 그래프와 직선 $y=x+1$의 교점의 x좌표는 이차방정식
> $x^2-2x+3=x+1$, 즉 $x^2-3x+2=0$의 실근과 같다.
> $(x-1)(x-2)=0$　　∴ $x=1$ 또는 $x=2$

2. 이차함수의 그래프와 직선의 위치 관계

이차함수 $y=ax^2+bx+c$의 그래프와 직선 $y=mx+n$의 위치 관계는 이차방정식
$ax^2+bx+c=mx+n$, 즉 $ax^2+(b-m)x+c-n=0$의 판별식 D의 부호에 따라
다음과 같다.

✚ 함수 $y=f(x)$의 그래프와 x축의
위치 관계는 함수 $y=f(x)$의 그
래프와 직선 $y=0$의 위치 관계로
생각할 수 있어요.

$ax^2+bx+c=mx+n$의 판별식 D	$D>0$	$D=0$	$D<0$
$y=ax^2+bx+c$의 그래프와 직선 $y=mx+n$의 위치 관계	서로 다른 두 점에서 만난다.	한 점에서 만난다.(접한다.)	만나지 않는다.
교점의 개수	2	1	0

> **예시**
>
> 이차함수 $y=x^2+3x-1$의 그래프와 직선 $y=-2x+1$은
> $x^2+3x-1=-2x+1$　　∴ $x^2+5x-2=0$
> 이 이차방정식의 판별식 D가 $D=5^2-4\cdot1\cdot(-2)=33>0$이므로 이차함수의 그래프와
> 직선은 서로 다른 두 점에서 만나며 교점의 개수는 2이다.

---

03 다음 두 함수의 그래프의 교점의 x좌표를 구하여라.

(1) $y=x^2-x+5$, $y=3x+1$　　　　(2) $y=-3x^2+5x+7$, $y=-x-2$

(3) $y=-x^2+4x+1$, $y=-x+5$　　　(4) $y=x^2-2x-3$, $y=x-5$

이차함수 $y=ax^2+bx+c$의 최댓값과 최솟값은 이 식을 $y=a(x-p)^2+q$의 꼴로 고치면 쉽게 구할 수 있다. 이차함수 $y=a(x-p)^2+q$에서

$a>0$일 때	$a<0$일 때
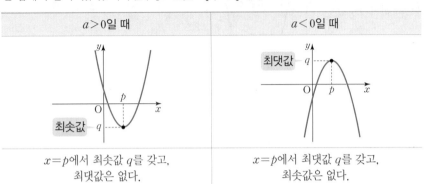	
$x=p$에서 최솟값 q를 갖고, 최댓값은 없다.	$x=p$에서 최댓값 q를 갖고, 최솟값은 없다.

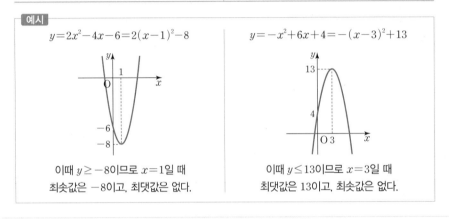

예시

$y=2x^2-4x-6=2(x-1)^2-8$	$y=-x^2+6x+4=-(x-3)^2+13$
이때 $y \geq -8$이므로 $x=1$일 때 최솟값은 -8이고, 최댓값은 없다.	이때 $y \leq 130$이므로 $x=3$일 때 최댓값은 130이고, 최솟값은 없다.

＋ 완전제곱식을 이용하여
$y=a(x-p)^2+q$의 꼴로 바꿀 수 있어요.
$y=ax^2+bx+c$
$\quad =a\left\{x^2+\dfrac{b}{a}x+\left(\dfrac{b}{2a}\right)^2\right\}$
$\qquad\qquad\qquad -\dfrac{b^2}{4a}+c$
$\Rightarrow y=a\left(x+\dfrac{b}{2a}\right)^2-\dfrac{b^2-4ac}{4a}$

예 ① $y=3x^2+6x-8$
$\quad =3(x^2+2x+1-1)-8$
$\quad =3(x+1)^2-11$
② $y=-2x^2+4x-7$
$\quad =-2(x^2-2x+1-1)-7$
$\quad =-2(x-1)^2-5$

참고 모든 이차함수 $y=ax^2+bx+c$를 $y=a(x-p)^2+q$로 바꾸는 까닭은 그래프의 가장 중요한 정보인 꼭짓점의 좌표를 알 수 있기 때문이에요.

04 다음 이차함수의 최댓값과 최솟값을 구하여라.

(1) $y=x^2+2x+3$

(2) $y=-\dfrac{1}{2}x^2+x+1$

05 이차함수 $y=x^2-8x+a+2$의 최솟값이 -1일 때, 상수 a의 값을 구하여라.

✚ x의 값의 범위가 $\alpha \le x \le \beta$와 같이 제한되어 있을 때, 이차함수는 최댓값과 최솟값을 모두 가져요.

x의 값의 범위가 $\alpha \le x \le \beta$일 때, 이차함수 $f(x) = a(x-p)^2 + q$의 최댓값과 최솟값은 $y = f(x)$의 그래프의 꼭짓점의 x좌표인 p의 값에 따라 다음과 같다.

① p가 x의 값의 범위에 속할 때, 즉 $\alpha \le p \le \beta$이면

➡ $f(p)$, $f(\alpha)$, $f(\beta)$ 중 가장 큰 값이 최댓값, 가장 작은 값이 최솟값이다.

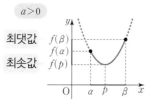

② p가 x의 값의 범위에 속하지 않을 때, 즉 $p < \alpha$ 또는 $p > \beta$이면

➡ $f(\alpha)$, $f(\beta)$ 중 큰 값이 최댓값, 작은 값이 최솟값이다.

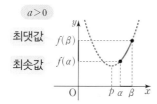 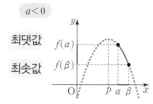

TIP **이렇게 공부하세요**

① 이차함수
$y = a(x-p)^2 + q$에서
$a > 0$이면 $x = p$일 때
최솟값 q를 가져요.
$a < 0$이면 $x = p$일 때
최댓값 q를 가져요.
② 제한된 범위에서의 최대·최소는 $y = a(x-p)^2 + q$의 꼴로 나타낸 후 꼭짓점의 x좌표가 제한된 범위에 속하는지 확인해요.

예시

주어진 x의 범위에서 다음 이차함수의 최댓값과 최솟값을 각각 구하면

$f(x) = x^2 + 2x - 2 \ (-2 \le x \le 1)$
$f(x) = x^2 + 2x - 2$
$\quad = (x+1)^2 - 3$
$-2 \le x \le 1$에서
$y = f(x)$의
그래프는 오른쪽
그림과 같고
$f(-2) = -2$,
$f(-1) = -3$, $f(1) = 1$
따라서 $f(x)$의 최댓값은 1,
최솟값은 -3이다.

$f(x) = -x^2 + 4x - 3 \ (0 \le x \le 1)$
$f(x) = -x^2 + 4x - 3$
$\quad = -(x-2)^2 + 1$
$0 \le x \le 1$에서
$y = f(x)$의
그래프는 오른쪽
그림과 같고
$f(0) = -3$,
$f(1) = 0$
따라서 $f(x)$의 최댓값은 0,
최솟값은 -3이다.

TIP **이렇게 공부하세요**

제한된 범위에서 이차함수의 최대·최소를 구할 때에는 이차함수의 그래프를 그려서 생각하는 것이 편리해요.

---

06 주어진 x의 값의 범위에서 다음 이차함수의 최댓값과 최솟값을 구하여라.

(1) $y = x^2 - 2x - 2 \ (0 \le x \le 4)$

(2) $y = -x^2 + 4x + 5 \ (-1 \le x \le 1)$

07 $0 \le x \le 3$에서 정의된 이차함수 $y = x^2 - 2x + a$의 최솟값이 2일 때, 실수 a의 값을 구하여라.

1 삼차방정식과 사차방정식

정답과 해설 13쪽

TIP 이렇게 공부하세요

계수가 실수인 삼차방정식과 사차방정식은 복소수의 범위에서 각각 3개, 4개의 근을 가져요.

1. 삼차방정식과 사차방정식

다항식 $P(x)$가 x에 대한 삼차식일 때, 방정식 $P(x)=0$을 x에 대한 삼차방정식이라 하고, 다항식 $P(x)$가 x에 대한 사차식일 때 방정식 $P(x)=0$을 x에 대한 사차방정식이라 한다.

2. 삼·사차방정식 $P(x)=0$의 풀이

① 다항식 $P(x)$를 인수분해한 후 다음을 이용하여 푼다.

$ABC=0$이면 $A=0$ 또는 $B=0$ 또는 $C=0$

> **예시**
>
> $(x-2)(2x-5)(x-3)=0$을 풀면 $x=2$ 또는 $x=\dfrac{5}{2}$ 또는 $x=3$

② 다항식 $P(x)$에 대하여 $P(\alpha)=0$이면 $P(x)=(x-\alpha)Q(x)$임을 이용하여 $P(x)$를 인수분해한다.

예 $x^3-8=0$
좌변을 인수분해하면
$(x-2)(x^2+2x+4)=0$
$x-2=0$ 또는 $x^2+2x+4=0$
$\therefore x=2$ 또는 $x=-1\pm\sqrt{3}i$

③ 방정식에 공통부분이 있으면 공통부분을 하나의 문자로 바꾸어 그 문자에 대한 방정식으로 변형한 후 인수분해한다.

예 $x^4+x^2-2=0$
$x^2=X$로 놓으면 $X^2+X-2=0$
좌변을 인수분해하면
$(X-1)(X+2)=0$
$X=1$ 또는 $X=-2$
즉, $x^2=1$ 또는 $x^2=-2$
$\therefore x=\pm 1$ 또는 $x=\pm\sqrt{2}i$

✚ 배운내용 복습하기

① a^3+b^3
$\quad =(a+b)(a^2-ab+b^2)$
② a^3-b^3
$\quad =(a-b)(a^2+ab+b^2)$
③ $a^3+3a^2b+3ab^2+b^3$
$\quad =(a+b)^3$
④ $a^3-3a^2b+3ab^2-b^3$
$\quad =(a-b)^3$

---

01 다음 방정식을 풀어라.

(1) $x^3-1=0$

(2) $x^4+6x^2-27=0$

02 계수가 실수인 삼차방정식 $x^3-2x^2+ax+1=0$의 한 근이 -1일 때, 다음을 구하여라.

(1) a의 값

(2) 나머지 두 근

2 삼차방정식의 근과 계수의 관계

1. 삼차방정식의 근과 계수의 관계

삼차방정식 $ax^3+bx^2+cx+d=0$의 세 근을 α, β, γ라 하면

$$\alpha+\beta+\gamma=-\frac{b}{a}, \ \alpha\beta+\beta\gamma+\gamma\alpha=\frac{c}{a}, \ \alpha\beta\gamma=-\frac{d}{a}$$

예시

삼차방정식 $x^3-5x^2+2x+8=0$의 세 근을 α, β, γ라 할 때

① $\alpha+\beta+\gamma=-\frac{-5}{1}=5$ ② $\alpha\beta+\beta\gamma+\gamma\alpha=\frac{2}{1}=2$ ③ $\alpha\beta\gamma=-\frac{8}{1}=-8$

2. 세 수를 근으로 하는 삼차방정식

세 수 α, β, γ를 근으로 하고 x^3의 계수가 1인 삼차방정식은

$$x^3-(\alpha+\beta+\gamma)x^2+(\alpha\beta+\beta\gamma+\gamma\alpha)x-\alpha\beta\gamma=0$$

✚ 세 수 α, β, γ를 근으로 하고 x^3의 계수가 a인 삼차방정식은
$a\{x^3-(\alpha+\beta+\gamma)x^2$
$+(\alpha\beta+\beta\gamma+\gamma\alpha)x-\alpha\beta\gamma\}=0$

예시

세 수 $-1, 2+\sqrt{2}i, 2-\sqrt{2}i$를 근으로 하고 x^3의 계수가 1인 삼차방정식을 구할 때
(단, $i=\sqrt{-1}$)
(세 근의 합)$=-1+(2+\sqrt{2}i)+(2-\sqrt{2}i)=3$
(두 근끼리의 곱의 합)$=-1\cdot(2+\sqrt{2}i)+(2+\sqrt{2}i)(2-\sqrt{2}i)+(2-\sqrt{2}i)\cdot(-1)=2$
(세 근의 곱)$=-1\cdot(2+\sqrt{2}i)(2-\sqrt{2}i)=-6$
∴ $x^3-3x^2+2x+6=0$

---

03 삼차방정식 $x^3+4x^2+3x-5=0$의 세 근을 α, β, γ라 할 때, 다음 값을 구하여라.

(1) $\alpha+\beta+\gamma$ (2) $\alpha\beta+\beta\gamma+\gamma\alpha$ (3) $\alpha\beta\gamma$

04 삼차방정식 $x^3+10x^2+3=0$의 세 근을 α, β, γ라 할 때, 다음 식의 값을 구하여라.

(1) $\frac{1}{\alpha}+\frac{1}{\beta}+\frac{1}{\gamma}$ (2) $\alpha^2+\beta^2+\gamma^2$

05 세 수 $-2, 1, 3$을 근으로 하고 x^3의 계수가 1인 삼차방정식을 구하여라.

06 세 수 $1, 3+\sqrt{2}, 3-\sqrt{2}$를 근으로 하고, x^3의 계수가 1인 삼차방정식을 구하여라.

TIP 이렇게 공부하세요

삼차방정식 $ax^3+bx^2+cx+d=0$에서

① a, b, c, d가 유리수일 때, $p+q\sqrt{m}$이 근이면 $p-q\sqrt{m}$도 근이다.

(단, p, q는 유리수, $q\neq 0$, $\sqrt{m}$은 무리수)

② a, b, c, d가 실수일 때, $p+qi$가 근이면 $p-qi$도 근이다.

(단, p, q는 실수, $q\neq 0$, $i=\sqrt{-1}$)

> **예시**
>
> a, b가 실수일 때, 삼차방정식 $x^3-3x^2+ax+b=0$의 한 근이 $1+i$이면 (단, $i=\sqrt{-1}$)
> 계수가 실수이므로 $1-i$도 근이다.
> 세 근을 $1+i$, $1-i$, α라 하면 삼차방정식의 근과 계수의 관계에 의하여
> $(1+i)+(1-i)+\alpha=3$　∴ $\alpha=1$
> $(1+i)(1-i)+\alpha(1-i)+\alpha(1+i)=a$, $2+2\alpha=a$　∴ $a=4$
> $\alpha(1+i)(1-i)=-b$, $2\alpha=-b$　∴ $b=-2$

07 삼차방정식 $x^3+ax^2+bx+c=0$의 두 근이 3, $2+i$일 때, 실수 a, b, c의 값을 구하여라.

삼차방정식
$a(x+b)(x^2+cx+d)=0$
에서 이차방정식
$x^2+cx+d=0$이 켤레근을
가지면 이차방정식
$x^2+cx+d=0$의 두 근은
삼차방정식
$a(x+b)(x^2+cx+d)=0$
의 세 근에 포함되므로 주어
진 삼차방정식도 켤레근을 갖
게 됩니다.
따라서 삼차방정식도 계수가
유리수 또는 실수일 때, 이차
방정식의 켤레근의 성질이 똑
같이 성립해요.

➕ $x^2-x+1=0$의 양변에 $x+1$을
곱하면 $(x+1)(x^2-x+1)=0$
$x^3+1=0$, 즉 $x^3=-1$이에요.

① 방정식 $x^3=1$의 한 허근을 ω라 하면 다음 성질이 성립한다.

(단, $\bar{\omega}$는 ω의 켤레복소수)

　㉠ $\omega^3=1$, $\omega^2+\omega+1=0$　　㉡ $\omega+\bar{\omega}=-1$, $\omega\bar{\omega}=1$　　㉢ $\omega^2=\bar{\omega}=\dfrac{1}{\omega}$

② 방정식 $x^3=-1$의 한 허근을 ω라 하면 다음 성질이 성립한다.

(단, $\bar{\omega}$는 ω의 켤레복소수)

　㉠ $\omega^3=-1$, $\omega^2-\omega+1=0$　　㉡ $\omega+\bar{\omega}=1$, $\omega\bar{\omega}=1$　　㉢ $\omega^2=-\bar{\omega}=-\dfrac{1}{\omega}$

쏙쏙 이해 더하기

삼차방정식 $x^3=1$의 근을 구하면

$x^3-1=0$, $(x-1)(x^2+x+1)=0$

$x-1=0$ 또는 $x^2+x+1=0$

$x=1$ 또는 $x=\dfrac{-1\pm\sqrt{3}i}{2}$

이므로 삼차방정식 $x^3=1$은 한 개의 실근과 서로 다른 두 허근을 갖는다.

이때 $x^3=1$의 한 허근을 $\omega=\dfrac{-1+\sqrt{3}i}{2}$라 하면 다른 한 허근은 $\bar{\omega}=\dfrac{-1-\sqrt{3}i}{2}$이고,

이를 이용하면 다음과 같은 성질이 성립함을 알 수 있다. (단, $\bar{\omega}$는 ω의 켤레복소수)

방정식 $x^3=1$의 한 허근이 ω이므로 $\omega^3=1$

$x^3=1$에서 $x^3-1=0$ $\therefore (x-1)(x^2+x+1)=0$

이때 ω는 이차방정식 $x^2+x+1=0$의 근이므로

$\qquad \omega^2+\omega+1=0$ ······ ㉠

켤레근의 성질에 의하여 한 허근이 ω이면 다른 한 근은 $\bar{\omega}$이므로 이차방정식의 근과 계수의 관계에 의하여

$\qquad \omega+\bar{\omega}=-1$, $\omega\bar{\omega}=1$ ······ ㉡

㉠에서 $\omega^2=-\omega-1$이고 ㉡에서 $\bar{\omega}=-1-\omega$, $\bar{\omega}=\dfrac{1}{\omega}$이므로

$\qquad \omega^2=\bar{\omega}=\dfrac{1}{\omega}$

예시

방정식 $x^3=1$의 한 허근을 ω라 할 때, $\omega^3=1$, $\omega^2+\omega+1=0$이므로

① $\omega^{200}+\omega^{100}+1=(\omega^3)^{66}\cdot\omega^2+(\omega^3)^{33}\cdot\omega+1=\omega^2+\omega+1=0$

② $\dfrac{\omega^2}{1+\omega}+\dfrac{\omega}{1+\omega^2}=\dfrac{\omega^2}{-\omega^2}+\dfrac{\omega}{-\omega}=-2$

---

08 방정식 $x^3=1$의 한 허근을 ω라 할 때, 다음 식의 값을 구하여라.

(1) $\omega^{20}+\omega^{10}+1$

(2) $\dfrac{\omega^{20}}{\omega^{10}+1}$

TIP 이렇게 공부하세요

a^3+b^3
$=(a+b)(a^2-ab+b^2)$
a^3-b^3
$=(a-b)(a^2+ab+b^2)$

TIP 이렇게 공부하세요

$\omega^3=1$이므로 다음 그림과 같이 ω의 거듭제곱은 허수단위 i의 거듭제곱과 유사하게 일정한 값이 반복되며 순환하는 것을 알 수 있다.

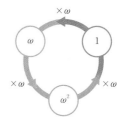

정답과 해설 13쪽

5 연립이차방정식

$\begin{cases} (\text{이차식})=0 \\ (\text{이차식})=0 \end{cases}$
인수분해되는 식을 인수분해해요.

1. 미지수가 2개인 연립이차방정식

미지수가 2개인 연립방정식에서 차수가 가장 높은 방정식이 이차방정식일 때, 이 연립방정식을 미지수가 2개인 연립이차방정식이라 한다.

2. 연립이차방정식의 풀이

① 일차방정식과 이차방정식으로 이루어진 연립이차방정식

➡ 일차방정식을 한 미지수에 대하여 정리한 것을 이차방정식에 대입하여 미지수가 1개인 이차방정식으로 만들어 푼다.

> **예시**
>
> 연립방정식 $\begin{cases} y-x=1 & \cdots\cdots\ \text{㉠} \\ x^2+y^2=25 & \cdots\cdots\ \text{㉡} \end{cases}$에서
>
> ㉠의 $y=x+1$을 ㉡에 대입하면 $x^2+(x+1)^2=25$
>
> $x^2+x-12=0$, $(x+4)(x-3)=0$ $\quad\therefore x=-4$ 또는 $x=3$
>
> (ⅰ) $x=-4$를 ㉠에 대입하면 $y=-3$
>
> (ⅱ) $x=3$을 ㉠에 대입하면 $y=4$
>
> (ⅰ), (ⅱ)에서 연립방정식의 해는 $\begin{cases} x=-4 \\ y=-3 \end{cases}$ 또는 $\begin{cases} x=3 \\ y=4 \end{cases}$

② 두 개의 이차방정식으로 이루어진 연립이차방정식

➡ 한 이차방정식에서 이차식을 두 일차식의 곱으로 인수분해한 후 일차방정식과 이차방정식으로 이루어진 연립이차방정식으로 만들어 푼다.

> **예시**
>
> 연립방정식 $\begin{cases} 2x^2-3xy+y^2=0 & \cdots\cdots\ \text{㉠} \\ 2x^2+xy+y^2=8 & \cdots\cdots\ \text{㉡} \end{cases}$에서
>
> ㉠의 좌변을 인수분해하면 $(x-y)(2x-y)=0$ $\quad\therefore y=x$ 또는 $y=2x$
>
> (ⅰ) $y=x$를 ㉡에 대입하여 정리하면 $4x^2=8$, $x^2=2$ $\quad\therefore x=\pm\sqrt{2}$
>
> $\quad\ y=x$이므로 $\quad x=\pm\sqrt{2}$, $y=\pm\sqrt{2}$ (복호동순)
>
> (ⅱ) $y=2x$를 ㉡에 대입하여 정리하면 $8x^2=8$, $x^2=1$ $\quad\therefore x=\pm1$
>
> $\quad\ y=2x$이므로 $\quad x=\pm1$, $y=\pm2$ (복호동순)
>
> (ⅰ), (ⅱ)에서 연립방정식의 해는
>
> $\begin{cases} x=\sqrt{2} \\ y=\sqrt{2} \end{cases}$ 또는 $\begin{cases} x=-\sqrt{2} \\ y=-\sqrt{2} \end{cases}$ 또는 $\begin{cases} x=1 \\ y=2 \end{cases}$ 또는 $\begin{cases} x=-1 \\ y=-2 \end{cases}$

---

09 다음 연립방정식을 풀어라.

(1) $\begin{cases} x-y=2 \\ x^2+y^2=10 \end{cases}$

(2) $\begin{cases} x+y=4 \\ x^2+xy+y^2=13 \end{cases}$

(3) $\begin{cases} x^2-xy-2y^2=0 \\ 2x^2+y^2=9 \end{cases}$

(4) $\begin{cases} x^2-y^2=0 \\ x^2+xy+3y^2=15 \end{cases}$

TIP 이렇게 공부하세요

> 미지수가 3개인
> 연립일차방정식
>
> ↓ 미지수 1개 소거
>
> 미지수가 2개인
> 연립일차방정식
>
> ↓ 미지수 1개 소거
>
> 미지수가 1개인
> 일차방정식

5. 여러 가지 부등식

1 부등식의 기본 성질

정답과 해설 15쪽

실수 a, b, c에 대하여
① $a>b$, $b>c$이면 $a>c$
② $a>b$이면 $a+c>b+c$, $a-c>b-c$
③ $a>b$, $c>0$이면 $ac>bc$, $\dfrac{a}{c}>\dfrac{b}{c}$
④ $a>b$, $c<0$이면 $ac<bc$, $\dfrac{a}{c}<\dfrac{b}{c}$
⑤ a, b가 같은 부호이면 $ab>0$, $\dfrac{a}{b}>0$
⑥ a, b가 다른 부호이면 $ab<0$, $\dfrac{a}{b}<0$

01 $1\leq x\leq 3$일 때, 다음 식의 값의 범위를 구하여라.

(1) $3x-1$

(2) $\dfrac{1}{x+3}$

2 일차부등식

정답과 해설 15쪽

1. **일차부등식**: 부등식의 모든 항을 좌변으로 이항하여 정리하였을 때,
(일차식)>0, (일차식)<0, (일차식)≥ 0, (일차식)≤ 0의 꼴로 변형되는 부등식

2. **부등식 $ax>b$의 풀이**
부등식 $ax>b$의 해는
① $a>0 \Rightarrow x>\dfrac{b}{a}$
② $a<0 \Rightarrow x<\dfrac{b}{a}$
③ $a=0 \Rightarrow \begin{cases} b\geq 0\text{이면 해는 없다.} \\ b<0\text{이면 해는 모든 실수} \end{cases}$

3. **부등식의 해를 수직선 위에 나타내는 방법**

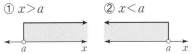 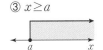

① $x>a$ ② $x<a$ ③ $x\geq a$ ④ $x\leq a$

TIP 이렇게 공부하세요

일차부등식의 풀이
① 주어진 부등식의 x항은 좌변으로, 상수항은 우변으로 이항해요.
― 괄호가 있으면 괄호를 먼저 풀어요.
― 계수가 분수이면 먼저 양변에 분모의 최소공배수를 곱하여 계수를 정수로 고쳐요.
― 계수가 소수이면 먼저 양변에 10의 거듭제곱을 곱하여 계수를 정수로 고쳐요.
② 양변을 간단히 하여 $ax>b$, $ax<b$, $ax\geq b$, $ax\leq b$ $(a\neq 0)$의 꼴로 만들어요.
③ 양변을 x의 계수로 나눈다. 이때 계수가 음수이면 부등호의 방향을 바꿔요.

02 다음 일차부등식을 풀어라.

(1) $4(x-3)<2x$

(2) $\dfrac{1}{3}x+\dfrac{1}{2}\leq\dfrac{1}{2}x+1$

03 부등식 $-3(x-1)>-x+7$의 해를 수직선 위에 바르게 나타낸 것은?

①

②

③

④

3 연립부등식

1. **연립부등식:** 두 개 이상의 부등식을 한 쌍으로 묶어서 나타낸 것

2. **연립부등식의 해:** 연립부등식에서 두 부등식의 공통인 해

3. **연립부등식을 푼다:** 연립부등식의 해를 구하는 것
　① 각각의 부등식을 푼다.
　② 각 부등식의 해를 수직선 위에 나타내어 그 공통부분을 구한다.

쏙쏙 이해 더하기　**수직선 위에 나타난 연립부등식의 해**

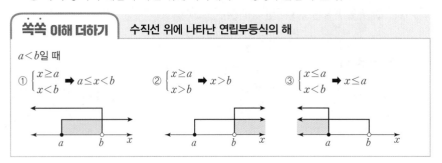

＋ 수직선에서 ●이 나타내는 수는 부등식의 해에 포함되고, ○이 나타내는 수는 부등식의 해에 포함되지 않아요.

04　다음 연립부등식의 해를 구하여라.

(1) $\begin{cases} x > -3 \\ x < 2 \end{cases}$

(2) $\begin{cases} x \leq 1 \\ x > -5 \end{cases}$

＋ 연립부등식을 풀 때는 각 부등식의 해를 하나의 수직선 위에 나타내어 공통부분을 찾으면 편리해요.

4 연립일차부등식

1. **연립일차부등식:** 일차부등식으로만 이루어진 연립부등식

2. **연립부등식의 풀이**
　연립일차부등식은 다음과 같은 순서로 푼다.

　연립부등식에서 각 부등식의 공통인 해가 없으면 연립부등식의 해는 없다고 한다.

　① 각각의 일차부등식의 해를 구한다.
　② ①에서 구한 해를 수직선 위에 나타내어 공통부분을 구한다.

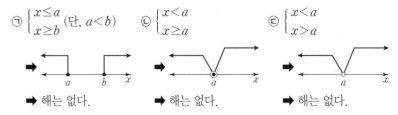

㉠ $\begin{cases} x \leq a \\ x \geq b \end{cases}$ (단, $a < b$)　㉡ $\begin{cases} x < a \\ x \geq a \end{cases}$　㉢ $\begin{cases} x < a \\ x > a \end{cases}$

➡ 해는 없다.　➡ 해는 없다.　➡ 해는 없다.

3. 연립부등식 $A < B < C$는 $A < B$이고 $B < C$이므로 반드시 $\begin{cases} A < B \\ B < C \end{cases}$ 꼴로 고쳐서 푼다.

＋ $\begin{cases} A < B \\ A < C \end{cases}$ 또는 $\begin{cases} A < C \\ B < C \end{cases}$ 의 꼴로 고쳐서 풀지 않도록 주의해요.

05　다음 연립부등식을 구하여라.

(1) $\begin{cases} x + 1 < 6 \\ 5x - 2 < 2x - 8 \end{cases}$

(2) $7x - 7 \leq 3x + 1 < 5(x - 1)$

5 절댓값 기호를 포함한 부등식

정답과 해설 15쪽

1. 절댓값 성질을 이용한 풀이: $a>0$일 때

① $|x|<a$의 해는 $-a<x<a$ ➡ $|x|<2$에서 $-2<x<2$

② $|x|>a$의 해는 $x<-a$ 또는 $x>a$ ➡ $|x|>2$에서 $x<-2$ 또는 $x>2$

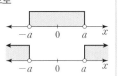

예 부등식 $|2x-1|<3$을 풀어라.

[풀이] $|2x-1|<3$에서 $-3<2x-1<3$

$-3<2x-1$에서

$x>-1$ ...... ①

$2x-1<3$에서

$x<2$ ...... ②

부등식 ①, ②를 수직선 위에 함께 나타내면 오른쪽 그림과 같다.
따라서 구하는 해는 $-1<x<2$이다.

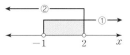

2. 구간을 나누어 풀기

절댓값을 포함한 부등식은 $|x-a|=\begin{cases} x-a & (x \geq a) \\ -(x-a) & (x<a) \end{cases}$ (a는 상수)임을 이용하여 x의 값의 범위를 나누어 절댓값 기호가 없는 식으로 나타내어 다음과 같은 순서로 푼다.

① 절댓값 기호 안의 식의 값이 0이 되는 x의 값을 기준으로 범위를 나눈다.

② 각 범위에서 절댓값 기호를 없앤 후 식을 정리하여 x값의 해를 구한다. 이때 정해진 범위와 구한 x값의 공통범위를 구한다.

③ ②에서 구한 각 범위의 해를 합친 x의 값의 범위를 구한다.

예 부등식 $|x-1| \geq 2x-5$는 $x-1 \geq 0$인 경우와 $x-1<0$인 경우로 나누어 푼다.

(ⅰ) $x-1 \geq 0$, 즉 $x \geq 1$일 때, $|x-1|=x-1$이므로 주어진 부등식은

$x-1 \geq 2x-5$, $x \leq 4$

그런데 $x \geq 1$이므로 $1 \leq x \leq 4$ ...... ①

(ⅱ) $x-1<0$, 즉 $x<1$일 때, $|x-1|=-(x-1)$이므로 주어진 부등식은

$-(x-1) \geq 2x-5$, $x \leq 2$

그런데 $x<1$이므로 $x<1$ ...... ②

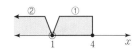

①, ②에서 주어진 부등식의 해는 $x \leq 4$

---

06 다음 부등식을 풀어라.

(1) $|2x+1|<7$

(2) $|x-2| \geq 4$

➕ $a<|x|<b$의 해는

$-b<x<-a$ 또는 $a<x<b$

(단, $a<b$)

07 부등식 $|x-2|<a$를 만족시키는 모든 정수 x의 개수가 5일 때, 자연수 a의 값은?

① 1 　　　　② 2 　　　　③ 3 　　　　④ 4

TIP 이렇게 공부하세요

정수 a, b에 대하여
$a<x<b$를 만족시키는 정수
x의 개수 ➡ $b-a-1$

---

6 이차부등식과 이차함수의 관계

정답과 해설 15쪽

1. 이차부등식: 부등식의 모든 항을 좌변으로 이항하여 정리하였을 때,
$ax^2+bx+c>0$, $ax^2+bx+c<0$, $ax^2+bx+c\geq0$, $ax^2+bx+c\leq0$ $(a\neq0)$과
같이 좌변이 x에 대한 이차식인 부등식

2. 이차부등식의 해: 이차방정식 $ax^2+bx+c=0$ $(a>0)$의 판별식을 D라 할 때,
$D>0$이면 서로 다른 두 실근을 가지므로 그 두 실근을 α, β $(\alpha<\beta)$라 하면
$$ax^2+bx+c=a(x-\alpha)(x-\beta)$$

① 부등식의 성질을 이용한 풀이

• $a(x-\alpha)(x-\beta)>0$ $(a>0, \alpha<\beta)$이면 ㉠ 또는 ㉡이므로

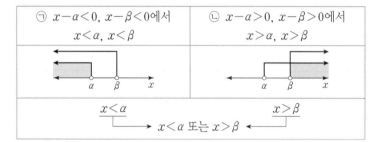

• $a(x-\alpha)(x-\beta)<0$ $(a>0, \alpha<\beta)$이면 ㉢ 또는 ㉣이므로

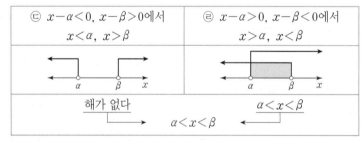

② 이차함수의 그래프의 이용

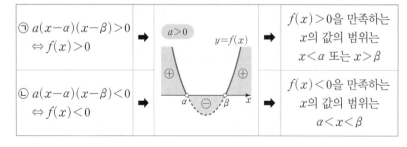

➕ $a<0$일 때는 이차부등식의 양변
에 -1을 곱하여 x^2의 계수를 양
수로 바꾸어 생각해요. 이때, 부등
호의 방향이 바뀌는 것에 주의해
야 해요.

➕ ① $a(x-\alpha)(x-\beta)\geq0$
　 $(a>0, \alpha<\beta)$
　 ➡ $x\leq\alpha$ 또는 $x\geq\beta$
② $a(x-\alpha)(x-\beta)<0$
　 $(a>0, \alpha<\beta)$
　 ➡ $\alpha\leq x\leq\beta$

➕ 부등식 $f(x)>g(x)$의 해는
$y=f(x)$의 그래프에서 $y=g(x)$
의 그래프보다 위쪽에 있는 부분의
x의 값의 범위예요.

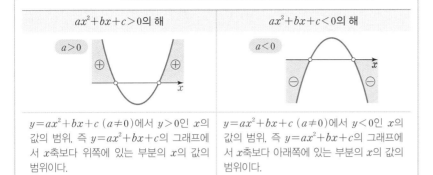

$ax^2+bx+c>0$의 해	$ax^2+bx+c<0$의 해

$a>0$

$a<0$

$y=ax^2+bx+c\ (a\neq0)$에서 $y>0$인 x의 값의 범위, 즉 $y=ax^2+bx+c$의 그래프에서 x축보다 위쪽에 있는 부분의 x의 값의 범위이다.

$y=ax^2+bx+c\ (a\neq0)$에서 $y<0$인 x의 값의 범위, 즉 $y=ax^2+bx+c$의 그래프에서 x축보다 아래쪽에 있는 부분의 x의 값의 범위이다.

➕ ① ax^2+bx+c
$=a(x-\alpha)(x-\beta)>0$의 해
➡ $x<\alpha$ 또는 $x>\beta$
(큰 것보다 크고, 작은 것보다 작다.)
② ax^2+bx+c
$=a(x-\alpha)(x-\beta)<0$의 해
➡ $\alpha<x<\beta$
(작은 것보다 크고, 큰 것보다 작다. ➡ 두 근 사이)

예시

이차부등식 $x^2-10x+21>0$의 해는 이차함수 $y=x^2-10x+21$의 그래프에서 $y>0$을 만족시키는 x의 값의 범위이므로 이차함수의 그래프가 x축보다 위쪽에 있는 x의 값의 범위를 구하면 오른쪽 그림에서 $x<3$ 또는 $x>7$이다.

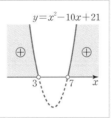

$y=x^2-10x+21$

③ 이차부등식의 풀이

이차함수 $y=ax^2+bx+c\ (a>0)$의 그래프가 x축과 만나는 점의 x좌표를 α, $\beta(\alpha\leq\beta)$, 이차방정식 $ax^2+bx+c=0$의 판별식을 D라 하면 이차부등식의 해는 다음과 같다.

	$D>0$	$D=0$	$D<0$
$y=f(x)$의 그래프	α β x	α x	x
$f(x)>0$의 해	$x<\alpha$ 또는 $x>\beta$	$x\neq\alpha$인 모든 실수	모든 실수
$f(x)\geq0$의 해	$x\leq\alpha$ 또는 $x\geq\beta$	모든 실수	모든 실수
$f(x)<0$의 해	$\alpha<x<\beta$	없다.	없다.
$f(x)\leq0$의 해	$\alpha\leq x\leq\beta$	$x=\alpha$	없다.

예 (1) $x^2+5x-6>0$에서 $(x+6)(x-1)>0$ $\quad\therefore x<-6$ 또는 $x>1$

(2) $x^2-x-6\leq0$에서 $(x+2)(x-3)\leq0$ $\quad\therefore -2\leq x\leq3$

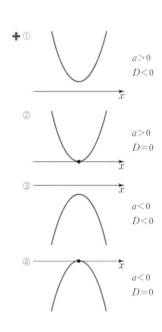

➕ ① $a>0$ $D<0$

② $a>0$ $D=0$

③ $a<0$ $D<0$

④ $a<0$ $D=0$

08 오른쪽 그림의 이차함수 $y=(x-1)(x-3)$의 그래프를 이용하여 다음 물음에 답해 보아라.

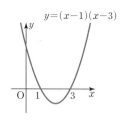

＋ 이차부등식 $2x^2-3x+1<0$의 해는 이차함수 $y=2x^2-3x+1$의 그래프에서 $y<0$을 만족시키는 x의 값의 범위이므로 이차함수의 그래프가 x축보다 아래쪽에 있는 x의 값의 범위를 구하면 아래 그림에서 $\frac{1}{2}<x<1$이다.

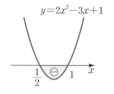

(1) 아래 표를 완성해 보자.

x의 값 또는 범위	$x<1$	$x=1$	$1<x<3$	$x=3$	$x>3$
y의 값의 부호		0		0	＋

(2) 부등식 $(x-1)(x-3)>0$을 만족시키는 x의 값의 범위를 구하여라.

(3) 부등식 $(x-1)(x-3)<0$을 만족시키는 x의 값의 범위를 구하여라.

09 다음 이차부등식을 이차함수의 그래프를 이용하여 풀어라.

(1) $x^2+3x-4<0$ (2) $x^2+2x+1\geq0$

10 이차부등식 $x^2+ax+b<0$의 해가 $-2<x<1$일 때, 상수 a, b의 값을 구하여라.

7 이차부등식이 항상 성립할 조건

정답과 해설 15쪽

+ 모든 실수 x에 대하여 $f(x)>0$이 려면 $y=f(x)$의 그래프가 x축보 다 항상 위쪽에 있어야 하고, 모든 실수 x에 대하여 $f(x)<0$이려면 $y=f(x)$의 그래프가 x축보다 항 상 아래쪽에 있어야 해요.

① 모든 실수 x에 대하여 $ax^2+bx+c>0$이 성립하려면 $a>0,\ b^2-4ac<0$

② 모든 실수 x에 대하여 $ax^2+bx+c\geq0$이 성립하려면 $a>0,\ b^2-4ac\leq0$

③ 모든 실수 x에 대하여 $ax^2+bx+c<0$이 성립하려면 $a<0,\ b^2-4ac<0$

④ 모든 실수 x에 대하여 $ax^2+bx+c\leq0$이 성립하려면 $a<0,\ b^2-4ac\leq0$

쏙쏙 이해 더하기 | **이차부등식의 성립**

모든 실수 x에 대하여 이차부등식 $ax^2+bx+c>0$이라는 것은 $y=ax^2+bx+c$의 그래프가 x축의 위쪽에 있어야 하므로 $a>0$이고 x축과 만나지 않으므로 판별식 $D<0$이다.

마찬가지로 모든 실수 x에 대하여 이차부등식 $ax^2+bx+c<0$이라는 것은 $y=ax^2+bx+c$의 그래프가 x축의 아래쪽에 있어야 하므로 $a<0$이고 x축과 만나지 않으므로 판별식 $D<0$이다.

따라서 다음이 성립한다(단, $a\neq0,\ D=b^2-4ac$).

$ax^2+bx+c>0$	$ax^2+bx+c\geq0$	$ax^2+bx+c<0$	$ax^2+bx+c\leq0$

➡ $a>0,\ D<0$ ➡ $a>0,\ D\leq0$ ➡ $a<0,\ D<0$ ➡ $a<0,\ D\leq0$

예시

모든 실수 x에 대하여 이차부등식 $ax^2-4x+a>0$이 성립하려면 $a>0$이고
이차방정식 $ax^2-4x+a=0$의 판별식 $D<0$이어야 한다.

$\dfrac{D}{4}=4-a^2<0,\ (a+2)(a-2)>0$ $\therefore\ a<-2$ 또는 $a>2$

그런데 $a>0$이므로 $a>2$

---

11 모든 실수 x에 대하여 이차부등식 $x^2+2ax+a+2>0$이 항상 성립하도록 하는 정수 a의 값을 모두 구하여라.

12 모든 실수 x에 대하여 이차부등식 $x^2+kx+k>0$이 항상 성립하도록 하는 실수 k의 값의 범위를 구하여라.

1. 연립이차부등식

연립부등식을 이루고 있는 부등식 중에서 차수가 가장 높은 부등식이 이차부등식일 때, 이 연립부등식을 연립이차부등식이라 한다.

연립이차부등식은 다음과 같은 두 가지의 꼴이 있다.

$\begin{cases} \text{일차부등식} \\ \text{이차부등식} \end{cases}$, $\begin{cases} \text{이차부등식} \\ \text{이차부등식} \end{cases}$

2. 연립이차부등식의 풀이

연립이차부등식은 다음과 같은 순서로 푼다.

① 연립이차부등식을 이루는 각 부등식의 해를 구한다.

② ①에서 구한 각 부등식의 해의 공통부분을 구한다.

> **예시**
>
> 연립부등식 $\begin{cases} x+2 < x^2 \\ x^2-5x+4 \leq 0 \end{cases}$ 에서
>
> $x+2 < x^2$에서 $x^2-x-2 > 0$, $(x+1)(x-2) > 0$
>
> $\therefore x < -1$ 또는 $x > 2$ ...... ㉠
>
> $x^2-5x+4 \leq 0$에서 $(x-1)(x-4) \leq 0$
>
> $\therefore 1 \leq x \leq 4$ ...... ㉡
>
> ㉠, ㉡을 수직선 위에 나타내면 오른쪽 그림과 같다.
>
> 따라서 ㉠, ㉡의 공통범위를 구하면 $2 < x \leq 4$

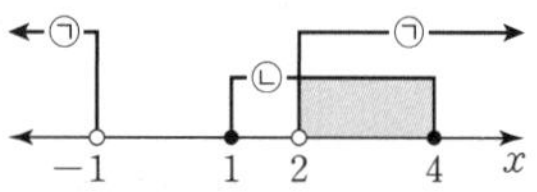

13 다음 연립부등식을 풀어라.

(1) $\begin{cases} x^2-4x > 0 \\ x^2-x-2 \leq 0 \end{cases}$

(2) $\begin{cases} x^2-4x-5 \leq 0 \\ x^2-2x-3 > 0 \end{cases}$

14 다음 연립부등식을 풀어라.

(1) $\begin{cases} 4x+10 \geq 6 \\ 2x^2-5x-3 \leq 0 \end{cases}$

(2) $\begin{cases} 2x+3 > 6x-1 \\ 6-x \geq x^2 \end{cases}$

(3) $\begin{cases} x^2+2x-15 \leq 0 \\ x^2-7x+10 > 0 \end{cases}$

(4) $\begin{cases} 2x^2-9x+10 > 0 \\ 3x^2-10x+3 < 0 \end{cases}$

(5) $-5 \leq x^2+5x-1 \leq 5$

(6) $5x-1 < x^2+5 < 6x$

이론 쏙! 핵심 딱!

쏙딱 TEST

02

정답과 해설 **35쪽**

방정식과 부등식

📢 선생님이 알려 주는 **출제 경향**

복소수, 이차방정식, 이차함수, 부등식, 이차부등식에 관한 문제가 골고루 출제됩니다. 복소수 문제는 단골 출제 문제이고, 이차함수의 그래프를 주고 특징을 물어보는 문제는 항상 출제되는 유형이니 확실하게 익혀 두어야 합니다.

---

01 $(5-2i)-(1-4i)=4+ai$일 때, 실수 a의 값은?

(단, $i=\sqrt{-1}$) 2020년 1회

① -6 ② -2

③ 2   ④ 6

02 $i(3-2i)=a+3i$일 때, 실수 a의 값은?

(단, $i=\sqrt{-1}$) 2019년 2회

① -3 ② -2

③ 2   ④ 3

03 $1+2i-(3-i)=-2+ai$일 때, 실수 a의 값은?

(단, $i=\sqrt{-1}$) 2019년 1회

① -3 ② -2

③ 2   ④ 3

04 두 실수 x, y에 대하여 $(x-3)+(y+2)i=0$이 성립할 때, $x+y$의 값은? (단, $i=\sqrt{-1}$) 2016년 1회

① -5 ② -1

③ 1 ④ 5

주목

05 $\dfrac{1-2i}{2+3i}=a+bi$일 때, $a+b$의 값은?

(단, a, b는 실수이다.)

① -11 ② $-\dfrac{11}{13}$

③ 0 ④ $\dfrac{11}{13}$

주제 2   켤레복소수

06 복소수 $\overline{3-2i}=a+bi$를 만족하는 두 실수 a, b에 대하여 $a-b$의 값은? (단, $\overline{a+bi}=a-bi$, $i=\sqrt{-1}$)

2016년 2회

① 1 ② 2

③ 3 ④ 4

07 복소수 $2+i$의 켤레복소수는? (단, $i=\sqrt{-1}$)

2015년 1회

① $1+2i$ ② $1-2i$

③ $-2+i$ ④ $2-i$

08 $\overline{a+bi}=\overline{5-3i}$일 때, a^2-b^2의 값은? (단, a, b는 실수)

① 18 ② 17

③ 16 ④ 15

주제 3   복소수의 사칙연산

09 $(6+3i)+(-2+4i)$를 계산하면? (단, $i=\sqrt{-1}$)

2018년 1회

① 4 ② 7

③ $4+7i$ ④ $7+4i$

빠른 정답 체크

01 ③   02 ③   03 ④   04 ③   05 ②   06 ①   07 ④

08 ③   09 ③

10 $(13+5i)+(7i-11)-2i$를 계산하면?

(단, $i=\sqrt{-1}$)

① $2+10i$ ② $10-2i$

③ $-2+10i$ ④ $2-i$

주목

11 다음 복소수의 계산 중 옳은 것은?

① $(6+4i)+(4-2i)=24+2i$

② $(i-5)-(2i-10)=i-15$

③ $(2-i)(2+i)=5$

④ $\dfrac{1+i}{1-i}+\dfrac{1-i}{1+i}=2i$

주제 4	중근을 가질 조건

12 이차방정식 $x^2+2x+m-3=0$이 중근을 가질 때, 실수 m의 값은?   2016년 1회

① 0 ② 2

③ 4 ④ 6

13 이차방정식 $x^2+kx+2k=0$이 중근을 갖도록 하는 실수 k의 값은? (단, $k\neq0$)

① 2 ② 4

③ 6 ④ 8

주제 5	근과 계수의 관계

14 이차방정식 $x^2-5x+4=0$의 두 근을 α, β라고 할 때, $\alpha+\beta$의 값은?   2020년 1회

① -5 ② -1

③ 1 ④ 5

15 이차방정식 $x^2+x-2=0$의 두 근을 α, β라 할 때, $\dfrac{1}{\alpha}+\dfrac{1}{\beta}$의 값은?   2016년 2회

① $-\dfrac{1}{2}$ ② $\dfrac{1}{2}$

③ $\dfrac{3}{2}$ ④ $\dfrac{5}{2}$

16 이차방정식 $x^2+2x-1=0$의 두 근을 α, β라 할 때, $(\alpha+\beta)-\alpha\beta$의 값은?

① -1　　　　② 0

③ 1　　　　④ 2

주제 6	이차함수의 최대 · 최소

17 $1\le x\le4$일 때, 이차함수 $y=x^2-4x+3$의 최솟값은?

2020년 1회

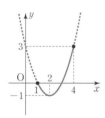

① -3　　　　② -1

③ 1　　　　④ 3

18 $-3\le x\le0$일 때,
이차함수 $y=-(x+1)^2+4$의 최댓값은?　2019년 2회

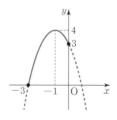

① 2　　　　② 3

③ 4　　　　④ 5

19 $-2\le x\le1$일 때, 이차함수 $y=(x+1)^2+3$의 최솟값은?

2019년 1회

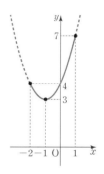

① 1　　　　② 3

③ 5　　　　④ 7

20 이차함수 $y=x^2-2x+5$는 $x=a$에서 최솟값 4를 갖는다. a의 값은?

2016년 1회

① 1　　　　② 2

③ 4　　　　④ 6

21 이차함수 $y=x^2-ax+b$가 $x=2$일 때 최솟값 5를 갖는다. 이때 상수 a, b의 합 $a+b$의 값은?

① 10　　　　② 11

③ 12　　　　④ 13

빠른 정답 체크

10 ①　　11 ③　　12 ③　　13 ④　　14 ④　　15 ②　　16 ①

17 ②　　18 ③　　19 ②　　20 ①　　21 ④

22 연립방정식 $\begin{cases} x-y=1 \\ x^2-y^2=a \end{cases}$ 의 해가 $x=3$, $y=b$일 때,

$a+b$의 값은?   2018년 2회

① 5   ② 7

③ 9   ④ 11

24 x, y에 대한 연립방정식 $\begin{cases} x+y=-2 \\ xy=a \end{cases}$ 의 해가

$\begin{cases} x=2 \\ y=b \end{cases}$ 일 때, $a+b$의 값은?

① -32 ② -20

③ -12 ④ 8

23 x, y에 대한 연립방정식 $\begin{cases} xy=4 \\ x-y=a \end{cases}$ 의 해가

$x=4$, $y=b$일 때, $a-b$의 값은?   2017년 1회

① -3 ② -2

③ 2   ④ 3

25 부등식 $|x-3| \leq 1$을 만족하는 정수 x의 개수는?

2020년 1회

① 1   ② 2

③ 3   ④ 4

26 부등식 $|x-1| \leq 3$의 해를 수직선 위에 나타낸 것은?

2019년 2회

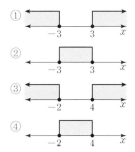

27 부등식 $|x| \leq 2$의 해를 수직선 위에 나타낸 것은?

2017년 2회

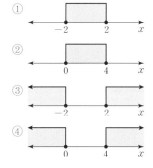

28 부등식 $|x-a| \leq 2$의 해가 $-1 \leq x \leq b$일 때, $a+b$의 값은? (단, a, b는 상수)

① 1   ② 2

③ 3   ④ 4

주제 9   **이차부등식**

29 이차부등식 $(x-1)(x-2) \leq 0$의 해는?   2019년 1회

① $-2 \leq x \leq -1$

② $x \leq -2$ 또는 $x \geq -1$

③ $1 \leq x \leq 2$

④ $x \leq 1$ 또는 $x \geq 2$

빠른 정답 체크

22 ②   23 ③   24 ③   25 ③   26 ④   27 ①   28 ④

29 ③

30 그림은 이차부등식 $(x+a)(x+b) \geq 0$의 해를 수직선 위에 나타낸 것이다. 두 상수 a, b에 대하여 $a+b$의 값은? 2018년 2회

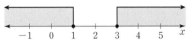

① -4　　　　② -2

③ 0　　　　④ 2

31 이차부등식 $(x+1)(x-3) \leq 0$의 해를 수직선 위에 나타낸 것은? 2018년 1회

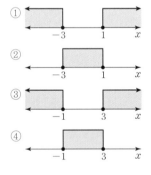

32 이차부등식 $x^2 - 5x + 4 \leq 0$를 만족시키는 자연수 x의 개수는? 2016년 1회

① 1　　　　② 2

③ 3　　　　④ 4

주목

33 이차부등식 $x(x-3) \leq 0$의 해를 수직선 위에 옳게 나타낸 것은?

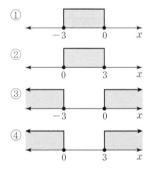

34 삼차방정식 $x^3-2x^2+ax+4=0$의 한 근이 2일 때, 상수 a의 값은?

2021년 1회

① -2　　　　　　② 0

③ 2　　　　　　④ 4

35 삼차방정식 $x^3-x^2+3x+a=0$의 한 근이 1일 때, 상수 a의 값은?

2020년 2회

① -5　　　　　　② -3

③ -1　　　　　　④ 1

36 연립부등식 $\begin{cases} 3x>6 \\ x<10-x \end{cases}$의 해가 $2<x<a$일 때, 상수 a의 값은?

2021년 1회

① 5　　　　　　② 6

③ 7　　　　　　④ 8

37 연립부등식 $\begin{cases} 2x-5<3 \\ 3x+2\geq5 \end{cases}$의 해가 $a\leq x<b$일 때, $a+b$의 값은?

① 1　　　　　　② 3

③ 5　　　　　　④ 7

빠른 정답 체크

30 ①　　31 ④　　32 ④　　33 ②　　34 ①　　35 ②　　36 ①

37 ③

01 복소수

(1) 복소수의 성질: a, b, c, d가 실수일 때

① $a+bi=c+di$이면

$a=\boxed{1}$, $b=\boxed{2}$

② $a+bi=0$이면 $a=0$, $b=0$

(2) 복소수의 사칙연산

① $(a+bi)\pm(c+di)=(a\pm c)+(b\pm d)i$

② $(a+bi)(c+di)=\boxed{3}+\boxed{4}i$

③ $(a+bi)\div(c+di)=\dfrac{ac+bd}{c^2+d^2}+\dfrac{bc-ad}{c^2+d^2}i$

(단, $c+di\neq0$)

02 이차방정식

(1) 이차방정식의 근의 판별

이차방정식 $ax^2+bx+c=0$ $(a\neq0)$에서 판별식

$D=b^2-4ac$일 때

① $D\boxed{5}\,0$이면 서로 다른 두 실근을 가진다.

② $D=0$이면 서로 같은 두 실근(중근)을 가진다.

③ $D\boxed{6}\,0$이면 서로 다른 두 허근을 가진다.

(2) 이차방정식의 근과 계수의 관계

이차방정식 $ax^2+bx+c=0$ $(a\neq0)$의 두 근을 α, β라고 하면

$$\alpha+\beta=\boxed{7}, \quad \alpha\beta=\dfrac{c}{a}$$

03 이차방정식과 이차함수

(1) 이차방정식과 이차함수의 관계

이차방정식 $ax^2+bx+c=0$의 실근은 이차함수 $y=ax^2+bx+c$의 그래프와 직선 $y=0$, 즉 x축의 교점의 x좌표와 같다.

(2) 이차함수의 최대·최소

이차함수 $y=a(x-p)^2+q$에서

① $a\boxed{8}\,0$일 때 최솟값은 $x=p$일 때 q, 최댓값은 없다.

② $a\boxed{9}\,0$일 때 최댓값은 $x=p$일 때 q, 최솟값은 없다.

04~05 여러 가지 방정식과 부등식

(1) 연립이차방정식

① $\begin{cases}(일차식)=0\\(이차식)=0\end{cases}$ ➡ 일차방정식을 한 미지수에 대하여 풀고, 이것을 이차방정식에 대입하여 미지수가 1개인 이차방정식으로 만들어서 해를 구한다.

② $\begin{cases}(이차식)=0\\(이차식)=0\end{cases}$ ➡ 인수분해를 이용하여 일차방정식과 이차방정식으로 이루어진 연립방정식으로 바꾸어 푼다.

(2) 이차부등식과 이차함수의 관계

① 이차방정식 $ax^2+bx+c=0$ $(a>0)$이 서로 다른 두 실근 α, β $(\alpha<\beta)$를 가질 때

㉠ $ax^2+bx+c>0$의 해는

$\boxed{10}$ 또는 $\boxed{11}$

㉡ $ax^2+bx+c<0$의 해는 $\alpha<x<\beta$

② 이차방정식 $ax^2+bx+c=0$ $(a>0)$이 중근 α를 가질 때

㉠ $ax^2+bx+c>0$의 해는 $x\neq\alpha$인 모든 실수

㉡ $ax^2+bx+c<0$의 해는 없다.

③ 이차방정식 $ax^2+bx+c=0$ $(a>0)$이 서로 다른 두 허근을 가질 때

㉠ $ax^2+bx+c>0$의 해는 $\boxed{12}$

㉡ $ax^2+bx+c<0$의 해는 $\boxed{13}$

정답　**1** c　**2** d　**3** $ac-bd$　**4** $ad+bc$　**5** $>$　**6** $<$　**7** $-\dfrac{b}{a}$　**8** $>$　**9** $<$　**10** $x<\alpha$　**11** $x>\beta$

12 모든 실수　**13** 해는 없다.

01 $\dfrac{x}{1-i}+\dfrac{y}{1+i}=2+3i$일 때, 실수 x, y에 대하여 $x+y$의 값은?

① -2 ② 0

③ 2 ④ 4

02 이차방정식 $x^2+(a+2)x+1=0$이 중근을 갖도록 하는 모든 실수 a의 값의 합은?

① -4 ② -2

③ 0 ④ 2

03 $-1\le x\le 2$에서 이차함수 $y-(x-1)^2+2$의 최댓값과 최솟값의 합은?

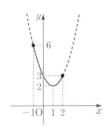

① 6 ② 7

③ 8 ④ 9

04 모든 실수 x에 대하여 이차부등식 $-x^2-kx+k<0$이 항상 성립하도록 하는 실수 k의 값의 범위를 구하여라.

05 부등식 $\left|\dfrac{1}{3}x\right|\le 1$을 만족하는 정수 x의 개수는?

① 7 ② 6

③ 5 ④ 4

06 연립부등식 $\begin{cases} x^2-3x+2>0 \\ x^2-x-12\le 0 \end{cases}$ 을 만족시키는 정수 x의 개수는?

① 4 ② 5

③ 6 ④ 7

단원을 닫으며 복소수부터 이차부등식과 이차함수의 관계까지 공부할 양이 매우 많은 단원이에요. 기출문제를 통해 빈번하게 출제된 단원을 먼저 학습하고, 나머지 단원을 순차적으로 학습하는 것이 시간을 효율적으로 쓰는 방법이에요.

03

도형의 방정식

직선은 건축 설계에
중요한 요소야.
에스컬레이터는 그 기울기에
따라 안전성이
달라진다고!

멍!

03 도형의 방정식

이번 단원에서는 평면좌표, 직선의 방정식, 원의 방정식, 도형의 이동을 공부합니다.

기본 다지기 **1. 평면좌표**

1 두 점 사이의 거리

정답과 해설 17쪽

1. 수직선 위의 두 점 $A(x_1)$, $B(x_2)$ 사이의 거리
$$\overline{AB} = |x_2 - x_1|$$

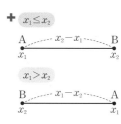

> **쏙쏙 이해 더하기**
>
> 수직선 위의 두 점 $A(x_1)$, $B(x_2)$ 사이의 거리 $\overline{AB}$는 오른쪽 점에 대응되는 수에서 왼쪽 점에 대응되는 수를 빼는 것이 일반적이다.
>
> $$\xleftarrow{\qquad \underset{A(x_1)}{\bullet} \qquad \underset{B(x_2)}{\bullet} \qquad} x$$
>
> 그러나 절댓값을 이용할 때는 왼쪽 점에 대응되는 수에서 오른쪽 점에 대응되는 수를 빼도 관계없다. 따라서 수직선 위의 두 점 $A(x_1)$, $B(x_2)$ 사이의 거리 $\overline{AB}$는
> $$\overline{AB} = |x_2 - x_1| = |x_1 - x_2|$$

예 수직선 위의 두 점 $A(1)$, $B(4)$ 사이의 거리는
$$\overline{AB} = |4-1| = 3$$

★ 2. 좌표평면 위의 두 점 $A(x_1, y_1)$, $B(x_2, y_2)$ 사이의 거리
$$\overline{AB} = \sqrt{(x_2 - x_1)^2 + (y_2 - y_1)^2}$$

특히 원점 O와 점 $A(x_1, y_1)$ 사이의 거리는 $\overline{OA} = \sqrt{x_1^2 + y_1^2}$

> **쏙쏙 이해 더하기**
>
> 오른쪽 그림에서 두 점 $A(x_1, y_1)$, $B(x_2, y_2)$ 사이의 거리 $\overline{AB}$는 직각삼각형 ABC의 빗변의 길이와 같다.
> 따라서 직각삼각형 ABC에서 피타고라스 정리에 의하여
> $$\overline{AB}^2 = \overline{AC}^2 + \overline{BC}^2$$
> 이때 $\overline{AC} = |x_2 - x_1|$, $\overline{BC} = |y_2 - y_1|$이므로
> $$\overline{AB}^2 = (x_2 - x_1)^2 + (y_2 - y_1)^2$$
> 따라서 두 점 $A(x_1, y_1)$, $B(x_2, y_2)$ 사이의 거리 $\overline{AB}$는
> $$\overline{AB} = \sqrt{(x_2 - x_1)^2 + (y_2 - y_1)^2}$$
> 특히 원점 O와 점 $A(x_1, y_1)$ 사이의 거리 $\overline{OA}$는
> $$\overline{OA} = \sqrt{x_1^2 + y_1^2}$$

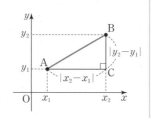

예 두 점 $A(1, -3)$, $B(6, 9)$ 사이의 거리 $\overline{AB}$는
$$\overline{AB} = \sqrt{(6-1)^2 + \{9-(-3)\}^2} = \sqrt{169} = 13$$

중학교 개념 기억하기

직각삼각형의 변의 길이

직각삼각형에서 두 변의 길이를 알면 피타고라스 정리를 이용하여 나머지 한 변의 길이를 구할 수 있어요.

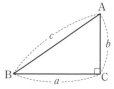

직각삼각형 ABC에서 $a^2 + b^2 = c^2$이 성립하므로
$$a = \sqrt{c^2 - b^2}$$
$$b = \sqrt{c^2 - a^2}$$
$$c = \sqrt{a^2 + b^2}$$

01 다음 두 점 사이의 거리를 구하여라.

(1) A$(0, 0)$, B$(4, -3)$　　　　　　　　(2) A$(\sqrt{7}, -2)$, B$(0, 1)$

---

2 선분의 내분점과 외분점

정답과 해설 17쪽

1. 수직선 위의 선분의 내분점과 외분점

수직선 위의 두 점 A(x_1), B(x_2)를 잇는 선분 AB를 $m : n\ (m>0,\ n>0)$으로 내분하는 점 P, 외분하는 점 Q의 좌표는

$$\mathrm{P}\left(\frac{mx_2+nx_1}{m+n}\right),\ \mathrm{Q}\left(\frac{mx_2-nx_1}{m-n}\right)\ (\text{단},\ m \ne n)$$

특히 선분 AB의 중점 M의 좌표는 $\mathrm{M}\left(\dfrac{x_1+x_2}{2}\right)$

> **쏙쏙 이해 더하기**
>
> (1) 내분점: 수직선 위의 두 점 A(x_1), B(x_2)를 이은 선분 AB 위의 점 P에 대하여
> $\overline{\mathrm{AP}} : \overline{\mathrm{PB}} = m : n\ (m>0,\ n>0)$일 때, 점 P는 선분 AB를 $m : n$으로 내분한다고 하며, 점 P를 선분 AB의 내분점이라 한다.
>
>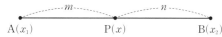
>
> 그림에서 $\overline{\mathrm{AP}} = x - x_1$, $\overline{\mathrm{PB}} = x_2 - x$이고, $\overline{\mathrm{AP}} : \overline{\mathrm{PB}} = m : n$이므로
> $(x-x_1):(x_2-x)=m:n,\ m(x_2-x)=n(x-x_1),\ (m+n)x=mx_2+nx_1$
> $\therefore\ x=\dfrac{mx_2+nx_1}{m+n}$
>
> 특히 점 P가 $\overline{\mathrm{AB}}$의 중점일 때, 즉 $m=n$이면 $x=\dfrac{x_1+x_2}{2}$
>
> (2) 외분점: 수직선 위의 두 점 A(x_1), B(x_2)를 이은 선분 AB의 연장선 위의 점 Q에 대하여
> $\overline{\mathrm{AQ}} : \overline{\mathrm{BQ}} = m : n\ (m>0,\ n>0,\ m \ne n)$일 때, 점 Q는 선분 AB를 $m : n$으로 외분한다고 하며, 점 Q를 선분 AB의 외분점이라 한다.
>
>
>
> (i) $m>n$일 때, $\overline{\mathrm{AQ}} = x - x_1$, $\overline{\mathrm{BQ}} = x - x_2$이고, $\overline{\mathrm{AQ}} : \overline{\mathrm{BQ}} = m : n$이므로
> 　　$(x-x_1):(x-x_2)=m:n$
> 　　$m(x-x_2)=n(x-x_1),\ (m-n)x=mx_2-nx_1$　　$\therefore\ x=\dfrac{mx_2-nx_1}{m-n}$
>
> (ii) $m<n$일 때, $\overline{\mathrm{AQ}} = x_1 - x$, $\overline{\mathrm{BQ}} = x_2 - x$이고, $\overline{\mathrm{AQ}} : \overline{\mathrm{BQ}} = m : n$이므로
> 　　$(x_1-x):(x_2-x)=m:n$
> 　　$m(x_2-x)=n(x_1-x),\ (m-n)x=mx_2-nx_1$　　$\therefore\ x=\dfrac{mx_2-nx_1}{m-n}$

예 수직선 위의 두 점 A(-3), B(5)에 대하여 선분 AB를 $1:3$으로 외분하는 점 P의 좌표는
$\dfrac{1\cdot5-3\cdot(-3)}{1-3}=-7$　　$\therefore\ \mathrm{P}(-7)$

TIP 이렇게 공부하세요

① 점 P가 $\overline{\mathrm{AB}}$ 위에 있고
$\overline{\mathrm{AP}} : \overline{\mathrm{PB}} = m : n$
　　　　$(m>0,\ n>0)$
일 때, 점 P는 $\overline{\mathrm{AB}}$를
$m : n$으로 내분한다고 하며 점 P를 $\overline{\mathrm{AB}}$의 내분점이라고 해요.

A(x_1) P(x) B(x_2)

② 점 Q가 $\overline{\mathrm{AB}}$의 연장선 위에 있고
$\overline{\mathrm{AQ}} : \overline{\mathrm{BQ}} = m : n$
　　$(m>0,\ n>0,\ m \ne n)$
일 때, 점 Q는 $\overline{\mathrm{AB}}$를
$m : n$으로 외분한다고 하며 점 Q를 $\overline{\mathrm{AB}}$의 외분점이라 해요.

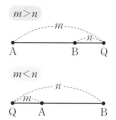

⭐ 2. 좌표평면 위의 선분의 내분점과 외분점

좌표평면 위의 두 점 $A(x_1, y_1)$, $B(x_2, y_2)$를 잇는 선분 AB를
$m : n$ $(m > 0, n > 0)$으로 내분하는 점 P, 외분하는 점 Q의 좌표는

$$P\left(\frac{mx_2+nx_1}{m+n}, \frac{my_2+ny_1}{m+n}\right), Q\left(\frac{mx_2-nx_1}{m-n}, \frac{my_2-ny_1}{m-n}\right) \text{ (단, } m \neq n\text{)}$$

특히 선분 AB의 중점 M의 좌표는 $M\left(\dfrac{x_1+x_2}{2}, \dfrac{y_1+y_2}{2}\right)$

$+ x \Rightarrow \begin{matrix} m:n \\ \times \\ x_1:x_2 \end{matrix} \quad y \Rightarrow \begin{matrix} m:n \\ \times \\ y_1:y_2 \end{matrix}$

쏙쏙 이해 더하기

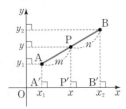 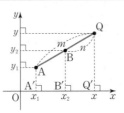

좌표평면 위의 두 점 $A(x_1, y_1)$, $B(x_2, y_2)$에 대하여 선분 AB를 $m : n$ $(m > 0, n > 0)$으로 내분하는 점을 $P(x, y)$라 하고 세 점 A, P, B에서 x축에 내린 수선의 발을 각각 A′, P′, B′이라 하면 평행선 사이의 선분의 길이의 비에 의하여 $\overline{A'P'} : \overline{P'B'} = \overline{AP} : \overline{PB} = m : n$이므로 점 P′은 선분 A′B′을 $m : n$으로 내분하는 점이다. $\therefore x = \dfrac{mx_2+nx_1}{m+n}$

또 세 점 A, P, B에서 y축에 수선의 발을 내려 같은 방법으로 점 P의 y좌표를 구하면

$y = \dfrac{my_2+ny_1}{m+n}$

$\therefore P\left(\dfrac{mx_2+nx_1}{m+n}, \dfrac{my_2+ny_1}{m+n}\right)$

특히 선분 AB의 중점 M의 좌표는 $m = n$일 때이므로 $M\left(\dfrac{x_1+x_2}{2}, \dfrac{y_1+y_2}{2}\right)$

마찬가지로 선분 AB를 $m : n$ $(m > 0, n > 0, m \neq n)$으로 외분하는 점 Q의 좌표를 구할 수 있다. 즉, 외분점의 좌표는 내분점의 좌표에서 n의 부호를 바꾼 점의 좌표이다.

$Q\left(\dfrac{mx_2-nx_1}{m-n}, \dfrac{my_2-ny_1}{m-n}\right)$

예시

좌표평면 위의 두 점 $A(-3, 5)$, $B(2, -5)$에 대하여 다음을 구하여라.

(1) 선분 AB를 $3 : 2$로 내분하는 점 P의 좌표

(2) 선분 AB를 $3 : 2$로 외분하는 점 Q의 좌표

(3) 선분 AB의 중점 M의 좌표

⇨ (1) $P\left(\dfrac{3 \cdot 2 + 2 \cdot (-3)}{3+2}, \dfrac{3 \cdot (-5) + 2 \cdot 5}{3+2}\right)$ $\therefore P(0, -1)$

(2) $Q\left(\dfrac{3 \cdot 2 - 2 \cdot (-3)}{3-2}, \dfrac{3 \cdot (-5) - 2 \cdot 5}{3-2}\right)$ $\therefore Q(12, -25)$

(3) $M\left(\dfrac{-3+2}{2}, \dfrac{5-5}{2}\right)$ $\therefore M\left(-\dfrac{1}{2}, 0\right)$

3. 삼각형의 무게중심

좌표평면 위의 세 점 $A(x_1, y_1)$, $B(x_2, y_2)$,
$C(x_3, y_3)$을 꼭짓점으로 하는 삼각형 ABC의 무게
중심 G의 좌표는

$$G\left(\frac{x_1+x_2+x_3}{3}, \frac{y_1+y_2+y_3}{3}\right)$$

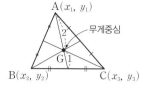

➕ 중선

중선은 삼각형의 꼭짓점과 대변의 중
점을 이은 선분이에요.

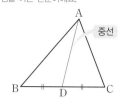

오른쪽 그림과 같이 세 점 $A(x_1, y_1)$, $B(x_2, y_2)$, $C(x_3, y_3)$를
꼭짓점으로 하는 삼각형 ABC의 변 BC의 중점을 M이라 하면

$$M\left(\frac{x_2+x_3}{2}, \frac{y_2+y_3}{2}\right)$$

이때 무게중심 $G(x, y)$는 선분 AM을 $2:1$로 내분하는 점이므로

$$x=\frac{2\cdot\frac{x_2+x_3}{2}+x_1}{2+1}, y=\frac{2\cdot\frac{y_2+y_3}{2}+y_1}{2+1}$$

$$\therefore G\left(\frac{x_1+x_2+x_3}{3}, \frac{y_1+y_2+y_3}{3}\right)$$

---

02 다음 두 점 A, B에 대하여 선분 AB를 $3:2$로 내분하는 점 P의 좌표와 선분 AB
를 $3:2$로 외분하는 점 Q의 좌표를 구하여라.

(1) $A(-1, 2)$, $B(4, 7)$

(2) $A(-2, 1)$, $B(2, -2)$

03 다음 세 점 A, B, C를 꼭짓점으로 하는 삼각형 ABC의 무게중심 G의 좌표를 구하
여라.

(1) $A(-2, 1)$, $B(2, 3)$, $C(0, -1)$

(2) $A(-3, 1)$, $B(1, 3)$, $C(2, -10)$

1 직선의 방정식

정답과 해설 18쪽

⭐ 1. 직선의 방정식

① 기울기가 m이고 y절편이 n인 직선의 방정식은 $y=mx+n$

② 기울기가 m이고 점 (x_1, y_1)을 지나는 직선의 방정식은 $y-y_1=m(x-x_1)$

③ 서로 다른 두 점 $A(x_1, y_1)$, $B(x_2, y_2)$를 지나는 직선의 방정식은

　ⓐ $x_1 \neq x_2$일 때, $y-y_1 = \dfrac{y_2-y_1}{x_2-x_1}(x-x_1)$

　ⓑ $x_1 = x_2$일 때, $x=x_1$

④ x절편이 a, y절편이 b인 직선의 방정식은 $\dfrac{x}{a}+\dfrac{y}{b}=1$ (단, $a \neq 0$, $b \neq 0$)

🔵 쏙쏙 이해 더하기

① 기울기가 m이고 점 (x_1, y_1)을 지나는 직선의 방정식

[증명] 오른쪽 그림과 같이 점 (x_1, y_1)을 지나고 기울기가 m인

직선의 방정식의 y절편을 n이라 하면 구하는 방정식은

$y=mx+n$ ······ ⓐ

그런데 직선 ⓐ은 점 (x_1, y_1)을 지나므로 $y_1=mx_1+n$

$\therefore n=y_1-mx_1$

이것을 ⓐ에 대입하여 정리하면

　$y-y_1=m(x-x_1)$

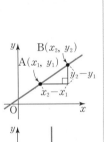

② 서로 다른 두 점 $A(x_1, y_1)$, $B(x_2, y_2)$를 지나는 직선의 방정식

[증명] ⓐ $x_1 \neq x_2$일 때, 두 점 A, B를 지나는 직선의 기울기를 m

이라고 하면 $m=\dfrac{y_2-y_1}{x_2-x_1}$이고, 이 직선은 점 $A(x_1, y_1)$를 지나므로

　$y-y_1=\dfrac{y_2-y_1}{x_2-x_1}(x-x_1)$

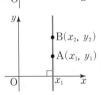

ⓑ $x_1=x_2$일 때, 직선 AB는 x축에 수직이므로 직선 위의 모든 점의

x좌표는 항상 x_1이 된다.

　$\therefore x=x_1$

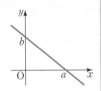

③ x절편이 a이고 y절편이 b인 직선의 방정식

[증명] 두 점 $(a, 0)$, $(0, b)$를 지나는 직선의 방정식과 같으므로

　$y-0=\dfrac{b-0}{0-a}(x-a)$ 　 $\therefore y=-\dfrac{b}{a}(x-a)$

양변을 b로 나누어 정리하면 　 $\therefore \dfrac{x}{a}+\dfrac{y}{b}=1$

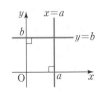

---

2. 좌표축에 평행한 직선의 방정식

① x절편이 a이고 y축에 평행한 직선의 방정식은 $x=a$

　특히, y축의 방정식은 $x=0$

② y절편이 b이고 x축에 평행한 직선의 방정식은 $y=b$

　특히, x축의 방정식은 $y=0$

➕ 기울기

① 직선 $y=ax+b$의 기울기

$$y=ax+b$$
$$\uparrow \qquad \uparrow$$
$$\text{기울기} \quad y\text{절편}$$

직선 $y=ax+b$가 x축의 양의 방

향과 이루는 각의 크기를 θ라 하면

$$(\text{기울기})=\dfrac{(y\text{의 값의 증가량})}{(x\text{의 값의 증가량})}$$

$$=\dfrac{a}{1}=\tan\theta$$

② 두 점 (x_1, y_1), (x_2, y_2)를 지나는

직선의 기울기

$$\dfrac{y_2-y_1}{x_2-x_1}=\dfrac{y_1-y_2}{x_1-x_2} \text{ (단, } x_1 \neq x_2)$$

🧠 중학교 개념 기억하기

직선의 x절편, y절편

① x절편

　ⓐ 직선이 x축과 만나는 점의 x좌표

　ⓑ 직선의 방정식에 $y=0$을 대입

　　했을 때의 x의 값

② y절편

　ⓐ 직선이 y축과 만나는 점의 y좌표

　ⓑ 직선의 방정식에 $x=0$을 대입

　　했을 때의 y의 값

③ x절편이 a일 때, x절편이 나타내

　는 점의 좌표 $(a, 0)$

④ y절편이 b일 때, y절편이 나타내는

　점의 좌표 $(0, b)$

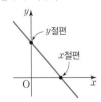

3. 좌표축에 수직인 직선의 방정식

① x절편이 a이고 x축에 수직인 직선의 방정식은 $x=a$

② y절편이 b이고 y축에 수직인 직선의 방정식은 $y=b$

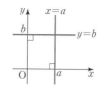

---

01 다음 직선의 방정식을 구하여라.

(1) 기울기가 -3이고, y절편이 2인 직선

(2) 기울기가 2이고, 점 $(1, 3)$을 지나는 직선

(3) 두 점 $(1, 2)$, $(2, 5)$를 지나는 직선

(4) x절편이 2, y절편이 8인 직선

---

2 두 직선의 위치 관계

정답과 해설 18쪽

한 평면 위에서 두 직선의 위치 관계는 평행한 경우, 일치하는 경우, 한 점에서 만나는 경우의 3가지로 나누어 생각할 수 있다.

① 평행   ② 일치   ③ 한 점에서 만난다.

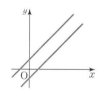

😊 한 점에서 만나고 수직일 때(특수)

➕ 두 직선이 서로 수직일 때, 기울기 의 곱은 -1이에요.

예 $y=2x$, $y=-\dfrac{1}{2}x$에 대하여

$\triangle OAB \equiv \triangle COD$이므로
$\angle AOB + \angle COD = 90°$예요.
따라서 두 직선은 수직이며 이때의 두 직선의 기울기의 곱은

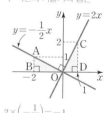

$2 \times \left(-\dfrac{1}{2}\right) = -1$

구분	$y=mx+n$, $y=m'x+n'$	$ax+by+c=0$, $a'x+b'y+c'=0$	연립방정식의 해의 개수
평행	$m=m'$, $n \neq n'$	$\dfrac{a}{a'} = \dfrac{b}{b'} \neq \dfrac{c}{c'}$	해가 없다.
일치	$m=m'$, $n=n'$	$\dfrac{a}{a'} = \dfrac{b}{b'} = \dfrac{c}{c'}$	해가 무수히 많다.
수직	$mm' = -1$	$aa' + bb' = 0$	한 쌍의 해
한 점에서 만난다.	$m \neq m'$	$\dfrac{a}{a'} \neq \dfrac{b}{b'}$	한 쌍의 해

㉠ 두 직선의 평행 조건 ➡ 두 직선의 기울기가 같고, y절편이 다르다.

㉡ 두 직선의 일치 조건 ➡ 두 직선의 기울기와 y절편이 같다.

㉢ 두 직선의 수직 조건 ➡ (두 직선의 기울기의 곱)$= -1$

어떤 직선의 기울기가 m $(m \neq 0)$이면 이 직선에 수직인 직선의 기울기는 $-\dfrac{1}{m}$이다.

㉣ 두 직선이 한 점에서 만날 조건 ➡ 두 직선의 기울기가 다르다.

02 점 $(2, -1)$을 지나고, 직선 $2x+y=1$에 평행한 직선의 방정식을 구하여라.

03 점 $(-3, 4)$를 지나고, 직선 $y=-\dfrac{1}{2}x+3$에 수직인 직선의 방정식을 구하여라.

04 두 직선 $(a-2)x+y+3=0$, $x+(a-2)y+a=0$의 위치 관계가 다음과 같을 때, 실수 a의 값을 구하여라.

(1) 평행하다.   (2) 일치한다.   (3) 수직이다.

TIP 이렇게 공부하세요

두 직선 $ax+by+c=0$, $a'x+b'y+c'=0$의 계수가 모두 0이 아닐 때,

$y=-\dfrac{a}{b}x-\dfrac{c}{b}$,

$y=-\dfrac{a'}{b'}x-\dfrac{c'}{b'}$

의 꼴로 변형하면 두 직선의 기울기가 각각 $-\dfrac{a}{b}$, $-\dfrac{a'}{b'}$이고, y절편은 각각 $-\dfrac{c}{b}$, $-\dfrac{c'}{b'}$

① 평행

$-\dfrac{a}{b}=-\dfrac{a'}{b'}$, $-\dfrac{c}{b}\neq\dfrac{c'}{b'}$

에서 $\dfrac{a}{a'}=\dfrac{b}{b'}\neq\dfrac{c}{c'}$

② 일치

$-\dfrac{a}{b}=-\dfrac{a'}{b'}$, $-\dfrac{c}{b}=-\dfrac{c'}{b'}$

에서 $\dfrac{a}{a'}=\dfrac{b}{b'}=\dfrac{c}{c'}$

③ 수직

$\left(-\dfrac{a}{b}\right)\times\left(-\dfrac{a'}{b'}\right)=-1$

에서 $aa'+bb'=0$

3 점과 직선 사이의 거리

정답과 해설 **18**쪽

좌표평면 위의 점 P에서 점 P를 지나지 않는 직선 l에 내린 수선의 발을 H라 할 때, 직선 l과 점 P 사이의 거리는 선분 PH의 길이와 같다.

점 $P(x_1, y_1)$과 직선 $ax+by+c=0$ 사이의 거리 d는

$$d=\frac{|ax_1+by_1+c|}{\sqrt{a^2+b^2}}$$

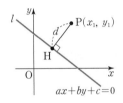

특히 원점과 직선 $ax+by+c=0$ 사이의 거리는 $\dfrac{|c|}{\sqrt{a^2+b^2}}$

예 점 $(2, 1)$과 직선 $3x-4y+3=0$ 사이의 거리는

$$\frac{|3\cdot2+(-4)\cdot1+3|}{\sqrt{3^2+(-4)^2}}=\frac{5}{5}=1$$

TIP 이렇게 공부하세요

$y=ax+b$의 꼴은 $ax-y+b=0$의 꼴로 고친다.

쏙쏙 이해 더하기

점 P에서 직선 l에 내린 수선의 발을 H라 할 때, 점 P와 직선 l 사이의 거리는 선분 PH의 길이이다. $a\neq0$, $b\neq0$, 즉 직선 l이 x축, y축에 평행하지 않을 때, 점 $P(x_1, y_1)$에서 직선 l에 내린 수선의 발을 $H(x_2, y_2)$라 하면

직선 l의 기울기가 $-\dfrac{a}{b}$이고 직선 PH와 직선 l은 수직이므로

$$\frac{y_2-y_1}{x_2-x_1}\times\left(-\frac{a}{b}\right)=-1 \qquad \therefore \frac{x_2-x_1}{a}=\frac{y_2-y_1}{b}$$

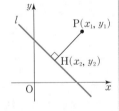

이때 $\dfrac{x_2-x_1}{a}=\dfrac{y_2-y_1}{b}=k$로 놓으면

$$x_2-x_1=ak,\ y_2-y_1=bk \qquad \cdots\cdots \ \bigcirc$$

$$\therefore \overline{PH}=\sqrt{(x_2-x_1)^2+(y_2-y_1)^2}$$

$$=\sqrt{k^2(a^2+b^2)}=|k|\sqrt{a^2+b^2} \qquad \cdots\cdots \ \bigcirc$$

또, 점 $H(x_2, y_2)$가 직선 l 위의 점이므로

$$ax_2+by_2+c=0 \qquad \cdots\cdots \ \bigcirc$$

$\bigcirc$에서 $x_2=x_1+ak$, $y_2=y_1+bk$를 $\bigcirc$에 대입하면

$$a(x_1+ak)+b(y_1+bk)+c=0$$

$$\therefore k = -\frac{ax_1 + by_1 + c}{a^2 + b^2} \qquad \cdots\cdots ㉣$$

㉣을 ㉡에 대입하면

$$\overline{\mathrm{PH}} = \left| -\frac{ax_1 + by_1 + c}{a^2 + b^2} \right| \sqrt{a^2 + b^2} = \frac{|ax_1 + by_1 + c|}{\sqrt{a^2 + b^2}}$$

이것은 $a=0$, $b \neq 0$ 또는 $a \neq 0$, $b=0$일 때에도 성립한다.

$a=0$, $b \neq 0$일 때는 직선이 x축에 평행할 때이고, $a \neq 0$, $b=0$일 때는 직선이 y축에 평행할 때이다.

05 다음 점과 직선 사이의 거리를 구하여라.

(1) 점 $(1, 3)$, 직선 $3x + 2y + 4 = 0$

(2) 점 $(2, -5)$, 직선 $y = \dfrac{1}{3}x + 1$

④ 평행한 두 직선 사이의 거리

해설 18쪽

직선 $ax + by + c = 0$이 y축과 만나는 점 $\left(0, ~\dfrac{c}{b}\right)$에서

직선 $a'x + b'y + c' = 0$에 이르는 거리를 구한다.

평행한 두 직선 사이의 거리는 평행한 두 직선에 수직인 직선을 그었을 때 생기는 두 교점 사이의 거리이다. 즉, 평행한 두 직선 사이의 거리는 한 직선 위의 점에서 다른 직선까지의 거리라고 할 수 있으며, 어떤 점을 선택하든지 거리는 동일하다. 따라서 한 직선 위의 임의의 점(보통은 y절편이 계산하기 편하다.)을 잡아 다른 직선까지의 거리를 구한다.

이때 점과 직선 사이의 거리를 구하는 공식을 적용하려면 직선의 방정식은 반드시 $ax + by + c = 0$의 꼴로 변형해야 한다는 점에 주의한다.

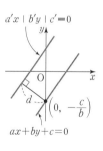

예 평행한 두 직선 $2x - y + 5 = 0$, $2x - y - 5 = 0$ 사이의 거리를 구하여라.

[풀이] 두 직선 $2x - y + 5 = 0$, $2x - y - 5 = 0$이 평행하므로 두 직선 사이의 거리는 직선 $2x - y + 5 = 0$ 위의 한 점 $(0, 5)$에서 직선 $2x - y - 5 = 0$에 이르는 거리와 같다.

따라서 구하는 거리는 $\dfrac{|-5-5|}{\sqrt{2^2 + (-1)^2}} = \dfrac{10}{\sqrt{5}} = 2\sqrt{5}$

06 평행한 두 직선 $2x - y + 2 = 0$, $2x - y - 3 = 0$ 사이의 거리를 구하여라.

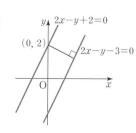

ﾟ **중학교 개념 기억하기**

평행한 두 직선 l, l' 사이의 거리는 직선 l 위의 임의의 한 점과 직선 l' 사이의 거리이다.

✚ 평행하지 않은 두 직선 사이의 거리는 한 직선 위에서 선택하는 점의 위치에 따라 다른 한 직선에 이르는 거리가 달라지므로 두 직선 사이의 거리를 구할 수 없어요. 따라서 두 직선 사이의 거리는 두 직선이 평행한 경우에만 구할 수 있어요.

1 원의 방정식

정답과 해설 19쪽

⭐ 1. 원의 방정식

중심의 좌표가 (a, b)이고 반지름의 길이가 r인 원의 방정식은

$$(x-a)^2+(y-b)^2=r^2$$

특히 중심이 원점이고 반지름의 길이가 r인 원의 방정식은

$$x^2+y^2=r^2$$

2. 이차방정식 $x^2+y^2+Ax+By+C=0$이 나타내는 도형

x, y에 대한 이차방정식 $x^2+y^2+Ax+By+C=0\ (A^2+B^2-4C>0)$을 완전제곱식으로 고치면

$$x^2+Ax+\left(\frac{A}{2}\right)^2+y^2+By+\left(\frac{B}{2}\right)^2-\left(\frac{A}{2}\right)^2-\left(\frac{B}{2}\right)^2+C=0$$

$$\therefore \left(x+\frac{A}{2}\right)^2+\left(y+\frac{B}{2}\right)^2=\frac{A^2+B^2-4C}{4}$$

중심의 좌표가 $\left(-\dfrac{A}{2}, -\dfrac{B}{2}\right)$, 반지름의 길이가 $\dfrac{\sqrt{A^2+B^2-4C}}{2}$인 원을 나타낸다.

〈이차방정식 $x^2+y^2+Ax+By+C=0$이 나타내는 도형이 원을 나타내기 위한 조건〉
이차방정식 $x^2+y^2+Ax+By+C=0$이 원을 나타내기 위해서는 좌변을 완전제곱식으로 변형한 후 우변이 양수이어야 한다. 즉, $A^2+B^2-4C>0$이어야 한다.

> **예시**
> 중심의 좌표가 $(-1, 0)$이고 반지름의 길이가 2인 원은 $\quad (x+1)^2+y^2=2^2$
> 중심의 좌표가 $(3, -2)$이고 반지름의 길이가 5인 원은 $\quad (x-3)^2+(y+2)^2=5^2$
> 방정식 $x^2+y^2-2x+4y+2=0$을 변형하면
> $(x^2-2x+1)-1+(y^2+4y+4)-4+2=0 \quad \therefore (x-1)^2+(y+2)^2=(\sqrt{3})^2$
> 따라서 주어진 방정식은 중심의 좌표가 $(1, -2)$이고 반지름의 길이가 $\sqrt{3}$인 원을 나타낸다.

01 다음 원의 방정식을 구하여라.

(1) 중심이 원점이고 반지름의 길이가 3인 원

(2) 중심이 $(2, -3)$이고 반지름의 길이가 4인 원

(3) 중심이 $(-5, 1)$이고 반지름의 길이가 $\sqrt{5}$인 원

02 다음 방정식이 나타내는 원의 중심의 좌표와 반지름의 길이를 차례대로 구하여라.

(1) $x^2+y^2+2x-4y-11=0$

(2) $x^2+y^2-8x=0$

(3) $x^2+y^2-6x+4y-3=0$

➕ $(x-a)^2+(y-b)^2=r^2$의 꼴을 전개하면
$x^2+y^2+Ax+By+C=0$으로 나타낼 수 있다.

TIP 이렇게 공부하세요

원의 방정식이란 원 위의 점들의 x좌표, y좌표가 만족하는 방정식으로, 두 점 사이의 거리 공식만으로 간단하게 유도할 수 있어요.
좌표평면 위에서 중심이 $C(a, b)$, 반지름의 길이가 r인 원 위의 임의의 점을 $P(x, y)$라고 하면 $\overline{CP}=r$이므로
$$\sqrt{(x-a)^2+(y-b)^2}=r$$
이 식의 양변을 제곱하면
$$(x-a)^2+(y-b)^2=r^2$$
특히, 중심이 $(0, 0)$, 반지름의 길이가 r인 원의 방정식은
$$x^2+y^2=r^2$$

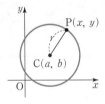

➕ 완전제곱식의 꼴로 나타내기
$ax^2+bx+c=0$에서
① 양변을 각각 a로 나누어 x^2항의 계수를 1로 만들어요.
② 상수항을 우변으로 옮겨요.
③ 양변에 $\left(\dfrac{x의\ 계수}{2}\right)^2$을 더해요.
④ $(x+p)^2=q$의 형태로 만들어요.
예 $x^2-5x+2=0$에서
$$x^2-5x=-2$$
$$x^2-5x+\left(\frac{5}{2}\right)^2=-2+\left(\frac{5}{2}\right)^2$$
$$\left(x-\frac{5}{2}\right)^2=\frac{17}{4}$$

2 여러 가지 원의 방정식

정답과 해설 19쪽

1. 두 점 $A(x_1, y_1)$, $B(x_2, y_2)$를 지름의 양 끝점으로 하는 원

$$\begin{cases} (\text{원의 중심}) = (\overline{AB}\text{의 중점}) \\ (\text{반지름의 길이}) = \dfrac{1}{2}\overline{AB} \end{cases}$$

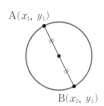

 ① x축에 접하는 원의 방정식:
$(x-a)^2 + (y-b)^2 = b^2$
② y축에 접하는 원의 방정식:
$(x-a)^2 + (y-b)^2 = a^2$
③ x축, y축에 동시에 접하는 원의 방정식:
$(x \pm a)^2 + (y \pm a)^2 = a^2$

예 두 점 $A(0, 3)$, $B(4, 1)$을 지름의 양 끝점으로 하는 원의 방정식을 구하여라.

[풀이] 구하는 원의 중심은 $\overline{AB}$의 중점이므로 $\overline{AB}$의 중점의 좌표를 (a, b)라 하면

$a = \dfrac{0+4}{2} = 2,\ b = \dfrac{3+1}{2} = 2$

∴ 원의 중심: $(2, 2)$

$\overline{AB}$가 원의 지름이므로 원의 반지름의 길이는

$\dfrac{1}{2}\overline{AB} = \dfrac{1}{2}\sqrt{(4-0)^2 + (1-3)^2} = \dfrac{1}{2} \cdot 2\sqrt{5} = \sqrt{5}$

따라서 중심이 $(2, 2)$이고 반지름의 길이가 $\sqrt{5}$인 원의 방정식은

$(x-2)^2 + (y-2)^2 = 5$

2. x축에 접하는 원의 방정식

중심이 (a, b)이고 x축에 접하는 원

① (반지름의 길이)
$= |(\text{중심의 } y\text{좌표})| = |b|$

② 원의 방정식: $(x-a)^2 + (y-b)^2 = b^2$

예 중심이 $(-1, 3)$이고 x축에 접하는 원의 방정식은
$(x+1)^2 + (y-3)^2 = 3^2$

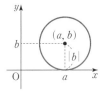

TIP 이렇게 공부하세요

x축에 접하는 원의 방정식

중심이 (a, b)이고 x축에 접하는 원의 반지름의 길이는 $|b|$이므로
$(x-a)^2 + (y-b)^2 = b^2$

3. y축에 접하는 원의 방정식

중심이 (a, b)이고 y축에 접하는 원

① (반지름의 길이)
$= |(\text{중심의 } x\text{좌표})| = |a|$

② 원의 방정식: $(x-a)^2 + (y-b)^2 = a^2$

예 중심이 $(3, 1)$이고 y축에 접하는 원의 방정식은
$(x-3)^2 + (y-1)^2 = 3^2$

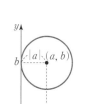

y축에 접하는 원의 방정식

중심이 (a, b)이고 y축에 접하는 원의 반지름의 길이는 $|a|$이므로
$(x-a)^2 + (y-b)^2 = a^2$

4. x축과 y축에 동시에 접하는 원의 방정식

반지름의 길이가 r이고 x축과 y축에 동시에 접하는 원

① (반지름의 길이)
$= |(\text{중심의 } x\text{좌표})| = |(\text{중심의 } y\text{좌표})|$

② 원의 방정식
제1사분면: $(x-r)^2 + (y-r)^2 = r^2$
제2사분면: $(x+r)^2 + (y-r)^2 = r^2$
제3사분면: $(x+r)^2 + (y+r)^2 = r^2$
제4사분면: $(x-r)^2 + (y+r)^2 = r^2$

예 중심이 $(-3, 3)$이고 x축, y축에 동시에 접하는 원의 방정식은
$(x+3)^2 + (y-3)^2 = 3^2$

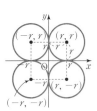

03 두 점 $(1, 2)$, $(3, 4)$를 지름의 양 끝 점으로 하는 원의 방정식을 구하여라.

04 다음 원의 방정식을 구하여라.

(1) 중심이 점 $(2, -3)$이고 x축에 접하는 원

(2) 중심이 점 $(-3, 1)$이고 y축에 접하는 원

(3) 중심이 점 $(-2, -2)$이고 x축과 y축에 동시에 접하는 원

TIP 이렇게 공부하세요

원의 중심이 (a, b)이고
· x축에 접하면
　➡ (반지름의 길이)$=|b|$
· y축에 접하면
　➡ (반지름의 길이)$=|a|$
· x, y축에 동시에 접하면
　➡ (반지름의 길이)
　　$=|a|=|b|$

---

❸ 원과 직선의 위치 관계　　　　　　정답과 해설 19쪽

1. 원과 직선의 위치 관계는 서로 다른 두 점에서 만나는 경우, 접하는 경우, 만나지 않는 경우의 세 가지로 구분할 수 있다.

TIP 이렇게 공부하세요

원과 직선의 위치 관계
① 원과 직선의 방정식을 연립하여 y를 소거해요.
② x에 대한 이차방정식에서 판별식 D의 부호를 조사해요.

2. **원과 직선의 위치 관계의 판정법** (1)
　원과 직선의 위치 관계를 묻는 문제는 원의 중심과 직선 사이의 거리 d를 이용하는 것이다. 판별식을 쓰기에 복잡하다 싶으면 주저 말고 d를 떠올리면 된다.
　원의 중심과 직선 사이의 거리를 d, 반지름의 길이를 r라 하면 원과 직선의 위치 관계는
　① $d < r$ ➡ 서로 다른 두 점에서 만난다.
　② $d = r$ ➡ 한 점에서 만난다.(접한다.)
　③ $d > r$ ➡ 만나지 않는다.

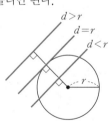

3. 원과 직선의 위치 관계의 판정법 (2)

판별식 D를 이용하는 방법은 이해하기도 쉽고 기억하기도 쉽지만 중간 계산이 복잡하다는 단점이 있다.

직선 $y=mx+n$을 $x^2+y^2=r^2$에 대입하여 정리하면

$$(m^2+1)x^2+2mnx+n^2-r^2=0$$

이 이차방정식의 판별식을 D라 하면 원과 직선의 위치 관계는

① $D>0$ ➡ 서로 다른 두 점에서 만난다.

② $D=0$ ➡ 한 점에서 만난다.(접한다.)

③ $D<0$ ➡ 만나지 않는다.

> **예** 원 $x^2+y^2=1$과 직선 $y=-2x+3$의 위치 관계를 말하여라.
>
> [풀이 1] 원 $x^2+y^2=1$의 중심 $(0,0)$과 직선 $y=-2x+3$,
> 즉 $2x+y-3=0$ 사이의 거리는
>
> $$\frac{|-3|}{\sqrt{2^2+1^2}}=\frac{3}{\sqrt{5}}=\frac{3\sqrt{5}}{5}$$
>
> 이때 원 $x^2+y^2=1$의 반지름의 길이는 1이고 $1<\frac{3\sqrt{5}}{5}$이므로 원과 직선은 만나지 않는다.
>
> [풀이 2] $y=-2x+3$을 $x^2+y^2=1$에 대입하면
>
> $$x^2+(-2x+3)^2=1 \quad \therefore 5x^2-12x+8=0$$
>
> 이 이차방정식의 판별식을 D라 하면
>
> $$\frac{D}{4}=(-6)^2-5\cdot8=-4<0$$
>
> 따라서 원과 직선은 만나지 않는다.

TIP 이렇게 공부하세요

점 (x_1, y_1)과 직선
$ax+by+c=0$ 사이의 거리는
$$d=\frac{|ax_1+by_1+c|}{\sqrt{a^2+b^2}}$$

---

05 직선 $y=x+k$와 원 $x^2+y^2=1$의 위치 관계가 다음과 같을 때, 실수 k의 값 또는 k의 값의 범위를 구하여라.

(1) 서로 다른 두 점에서 만난다.

(2) 한 점에서 만난다.(접한다.)

(3) 만나지 않는다.

중학교 개념 기억하기

원 위의 점(접점)

접선

1. 기울기가 주어진 원의 접선의 방정식

원 $x^2+y^2=r^2$ $(r>0)$에 접하고 기울기가 m인 직선의 방정식은
$$y=mx\pm r\sqrt{m^2+1}$$

쏙쏙 이해 더하기

좌표평면 위에서 원 $x^2+y^2=r^2$에 접하고 기울기가 m인 직선의 방정식을 구해보자.
구하는 접선의 방정식을 $y=mx+n$이라 하고, 이것을 원의 방정식에
대입하여 정리하면
$$(m^2+1)x^2+2mnx+n^2-r^2=0 \quad\cdots\cdots ①$$
이차방정식 ①의 판별식을 D라고 하면
$$D=(2mn)^2-4(m^2+1)(n^2-r^2)=4\{r^2(m^2+1)-n^2\}$$
원과 직선이 접할 때 $D=0$, 즉 $4\{r^2(m^2+1)-n^2\}=0$이므로
$$n^2=r^2(m^2+1),\ n=\pm r\sqrt{m^2+1}$$
따라서 구하는 접선의 방정식은 $y=mx\pm r\sqrt{m^2+1}$이다.

$y=mx+n$

$x^2+y^2=r^2$

TIP 이렇게 공부하세요

원의 중심 $(0,0)$과
직선 $mx-y+n=0$ 사이의
거리가 원의 반지름의 길이 r
과 같음을 이용하면
$$\frac{|m\times 0-0+n|}{\sqrt{m^2+(-1)^2}}=r$$
$$|n|=r\sqrt{m^2+1}$$
따라서 $n=\pm r\sqrt{m^2+1}$

2. 원 위의 점에서의 접선의 방정식

① 원 $x^2+y^2=r^2$ 위의 점 (x_1, y_1)에서의 접선의 방정식은
$$x_1x+y_1y=r^2$$

② 원 $(x-a)^2+(y-b)^2=r^2$ 위의 점 (x_1, y_1)에서의 접선의 방정식은
$$(x_1-a)(x-a)+(y_1-b)(y-b)=r^2 \quad\leftarrow\text{원의 중심: }(a, b)$$
$(x-a)^2$ 대신 $(x_1-a)(x-a)$, $(y-b)^2$ 대신 $(y_1-b)(y-b)$를 대입하여 구한
다. 이때 상수항은 변하지 않는다.

쏙쏙 이해 더하기

좌표평면 위에서 원 $x^2+y^2=r^2$ 위의 점 $P(x_1, y_1)$에서의 직선의 방정식을 구해보자.
(i) $x_1\neq 0$, $y_1\neq 0$일 때

직선 OP의 기울기가 $\dfrac{y_1}{x_1}$이고, 점 P에서의 접선은 직선 OP와

수직이므로 구하는 접선의 기울기는 $-\dfrac{x_1}{y_1}$이다.

그러므로 접선의 방정식은 $y-y_1=-\dfrac{x_1}{y_1}(x-x_1)$

즉, $x_1x+y_1y=x_1{}^2+y_1{}^2$이다.
이때 점 $P(x_1, y_1)$은 원 위의 점이므로 $x_1{}^2+y_1{}^2=r^2$이다.
따라서 구하는 접선의 방정식은 $x_1x+y_1y=r^2$이다.

$P(x_1, y_1)$

$x^2+y^2=r^2$

(ii) $x_1=0$ 또는 $y_1=0$일 때
점 P의 좌표가 $(0, \pm r)$ 또는 $(\pm r, 0)$이므로
접선의 방정식은 $y=\pm r$ 또는 $x=\pm r$이다.
따라서 이 경우에도 $x_1x+y_1y=r^2$이 성립한다.

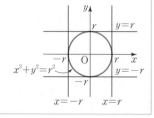

$y=r$

$x^2+y^2=r^2$

$y=-r$

$x=-r$ $x=r$

TIP 이렇게 공부하세요

① (원의 중심과 접점을 이은
   반지름)⊥(접선)
   ➡ $\overline{CP}\perp l$
② (원의 중심과 접선 사이의
   거리)=(반지름의 길이)
   ➡ $d=r$

l

P $d=r$

C

예시

① 원 $x^2+y^2=4$에 접하고 기울기가 2인 직선의 방정식은
공식 $y=mx\pm r\sqrt{m^2+1}$을 이용하여 $y=2x\pm2\sqrt{2^2+1}$
$\therefore y=2x\pm2\sqrt{5}$

② 원 $x^2+y^2=20$ 위의 점 $(-2, 4)$에서의 접선의 방정식은
$x_1x+y_1y=20$
$x_1=-2, y_1=4$를 대입하면 $-2x+4y=20$
$\therefore x-2y+10=0$

③ 원 $(x-1)^2+(y-2)^2=10$ 위의 점 $(4, 3)$에서의 접선의 방정식은
오른쪽 그림에서 원의 중심 C$(1, 2)$와 접점 P$(4, 3)$을 이은
직선 CP의 기울기는 $\dfrac{3-2}{4-1}=\dfrac{1}{3}$이므로 직선 CP에 수직인
접선의 기울기는 -3이다. 따라서 기울기가 -3이고
점 $(4, 3)$을 지나는 접선의 방정식은
$y-3=-3(x-4)$ $\therefore y=-3x+15$

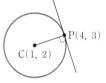

06 원 $x^2+y^2=4$에 접하고 기울기가 -3인 직선의 방정식을 구하여라.

07 원 $x^2+y^2=5$ 위의 점 $(2, 1)$에서의 접선의 방정식을 구하여라.

08 원 $(x-1)^2+(y+2)^2=10$ 위의 점 $(4, -1)$에서의 접선의 방정식을 구하여라.

+ 접점을 알 때의 접선의 방정식
① 원의 중심과 접점 (x_1, y_1)을 지나
는 직선이 접선에 수직임을 이용하
여 접선의 기울기를 구한다.
② 구한 접선의 기울기와 접점
(x_1, y_1)을 이용하여 접선의 방정
식을 구한다.

1 점의 평행이동

정답과 해설 21쪽

1. 평행이동
도형을 모양과 크기를 바꾸지 않고 일정한 방향으로 일정한 거리만큼 옮기는 것을 평행이동이라 한다.

☆ 2. 점의 평행이동
점 $P(x, y)$를 x축의 방향으로 a만큼,
y축의 방향으로 b만큼 평행이동한 점 P'은
$$P'(x+a, y+b)$$

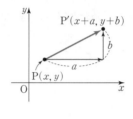

◎ 점 $(1, 2)$를 x축의 방향으로 3만큼, y축의 방향으로 4만큼 평행이동한 점의 좌표를 구하여라.
[풀이] $(1+3, 2+4)$ ∴ $(4, 6)$

01 평행이동 $(x, y) \longrightarrow (x-3, y+2)$에 의하여 다음 점이 옮겨지는 점의 좌표를 구하여라.

(1) $(0, 0)$ (2) $(2, -1)$ (3) $(-4, -3)$

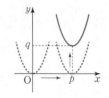
2 도형의 평행이동

정답과 해설 21쪽

방정식 $f(x, y)=0$이 나타내는 도형을 x축의 방향으로 a만큼, y축의 방향으로 b만큼 평행이동한 도형의 방정식은
$$f(x-a, y-b)=0$$

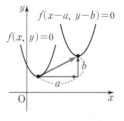

예시
직선 $2x-y+1=0$을 x축의 방향으로 -1만큼, y축의 방향으로 2만큼 평행이동한 직선의 방정식은 $2x-y+1=0$에 x 대신 $x+1$, y 대신 $y-2$를 대입하면
$2(x+1)-(y-2)+1=0$ ∴ $2x-y+5=0$

02 다음 도형을 x축의 방향으로 -1만큼, y축의 방향으로 1만큼 평행이동한 도형의 방정식을 구하여라.

(1) $x-y-1=0$ (2) $y=x^2-x$ (3) $(x-2)^2+(y+3)^2=4$

3 점의 대칭이동

점 (x, y)를 x축, y축, 원점, 직선 $y=x$, 직선 $y=-x$에 대하여 대칭이동한 점의 좌표는 다음과 같다.

① x축에 대한 대칭이동(y좌표의 부호가 반대)

$(x, y) \longrightarrow (x, -y)$

② y축에 대한 대칭이동(x좌표의 부호가 반대)

$(x, y) \longrightarrow (-x, y)$

③ 원점에 대한 대칭이동(x, y좌표의 부호가 반대)

$(x, y) \longrightarrow (-x, -y)$

④ 직선 $y=x$에 대한 대칭이동(x, y좌표가 서로 바뀐다.)

$(x, y) \longrightarrow (y, x)$

⑤ 직선 $y=-x$에 대한 대칭이동(x좌표 대신 $-y$, y좌표 대신 $-x$ 대입)

$(x, y) \longrightarrow (-y, -x)$

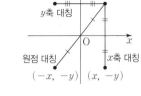

예시

점 $(5, -2)$를 다음에 대하여 대칭이동한 점의 좌표를 구하여라.

(1) x축 $(5, 2)$ (2) y축 $(-5, -2)$ (3) 원점 $(-5, 2)$

(4) 직선 $y=x$ $(-2, 5)$ (5) 직선 $y=-x$ $(2, -5)$

TIP **이렇게 공부하세요**

대칭이동이란 도형을 주어진 점 또는 직선에 대하여 대칭인 도형으로 옮기는 것이에요.

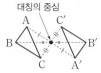

▲ 점의 대칭이동

▲ 도형의 대칭이동

---

03 점 $(2, 3)$을 다음에 대하여 대칭이동한 점의 좌표를 구하여라.

(1) x축

(2) y축

(3) 원점

(4) 직선 $y=x$

(5) 직선 $y=-x$

1. 방정식 $f(x, y)=0$이 나타내는 도형을 x축, y축, 원점, 직선 $y=x$, 직선 $y=-x$
에 대하여 대칭이동한 도형의 방정식은 다음과 같다.
① x축에 대한 대칭이동(y의 부호가 반대)
$$f(x, y)=0 \longrightarrow f(x, -y)=0$$
② y축에 대한 대칭이동(x의 부호가 반대)
$$f(x, y)=0 \longrightarrow f(-x, y)=0$$
③ 원점에 대한 대칭이동(x, y의 부호가 반대)
$$f(x, y)=0 \longrightarrow f(-x, -y)=0$$
④ 직선 $y=x$에 대한 대칭이동(x, y가 서로 바뀐다.)
$$f(x, y)=0 \longrightarrow f(y, x)=0$$
⑤ 직선 $y=-x$에 대한 대칭이동(x 대신 $-y$, y 대신 $-x$ 대입)
$$f(x, y)=0 \longrightarrow f(-y, -x)=0$$

① x축 대칭   ② y축 대칭   ③ 원점 대칭

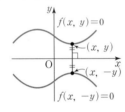 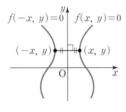 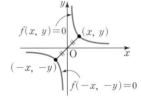

④ 직선 $y=x$ 대칭   ⑤ 직선 $y=-x$ 대칭

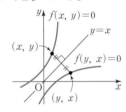 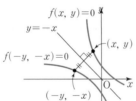

2. 점 $P(x, y)$를 직선 $l: ax+by+c=0$ $(a \neq 0, b \neq 0)$에
대하여 대칭이동한 점을 $P'(x', y')$이라 하면 다음 두
조건을 이용하여 구할 수 있다.
① **중점 조건**: 선분 PP'의 중점이 직선 l 위의 점이다.
$$\Rightarrow a \cdot \frac{x+x'}{2}+b \cdot \frac{y+y'}{2}+c=0$$
② **수직 조건**: 직선 PP'은 직선 l과 수직이다.
$$\Rightarrow \frac{y'-y}{x'-x}=\frac{b}{a}$$

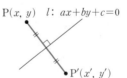

TIP 이렇게 공부하세요

직선 $y=ax+b$에 대한 대칭
이동은
① 중점 조건
② 수직 조건 $\Big]$ 을 이용해요.

04 직선 $y=2x+3$을 다음에 대하여 대칭이동한 도형의 방정식을 구하여라.

(1) x축

(2) y축

(3) 원점

(4) 직선 $y=x$

(5) 직선 $y=-x$

05 원 $(x-2)^2+(y-3)^2=1$을 다음에 대하여 대칭이동한 원의 방정식을 구하여라.

(1) x축

(2) y축

(3) 원점

(4) 직선 $y=x$

이론 쏙! 핵심 딱!

쏙딱 TEST

03

정답과 해설 **39쪽**

도형의 방정식

1. 평면좌표

2. 직선의 방정식

3. 원의 방정식

4. 도형의 이동

📢 선생님이 알려 주는 **출제 경향**

좌표평면, 직선의 방정식, 원의 방정식, 도형의 이동에 관한 문제가 골고루 출제됩니다. 특히 직선의 방정식, 원의 방정식과 관련된 공식을 반드시 외우고 있어야 합니다.

주제 1 　 **두 점 사이의 거리 구하기**

01 좌표평면 위의 두 점 $A(1, -2)$, $B(4, 2)$ 사이의 거리는?

2020년 1회

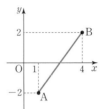

① 1 　　　　　　 ② 3

③ 5 　　　　　　 ④ 7

02 좌표평면 위의 두 점 $A(-4, 2)$, $B(2, 10)$ 사이의 거리는?

2019년 1회

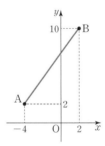

① 8 　　　　　　 ② 10

③ 12 　　　　　　 ④ 14

03 좌표평면 위의 두 점 $A(1, 1)$, $B(3, 2)$ 사이의 거리는?

2018년 1회

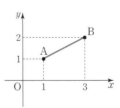

① 2 　　　　　　 ② $\sqrt{5}$

③ $\sqrt{6}$ 　　　　　 ④ $\sqrt{7}$

04 좌표평면 위의 두 점 A$(1, -1)$, B$(3, 2)$ 사이의 거리는? 2016년 2회

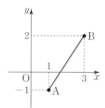

① $\sqrt{5}$　　　　　② $\sqrt{7}$
③ $\sqrt{10}$　　　　④ $\sqrt{13}$

주제 2　　중점의 좌표

05 좌표평면 위의 두 점 A$(-5, 7)$, B$(1, 1)$에 대하여 선분 AB의 중점의 좌표는? 2019년 2회

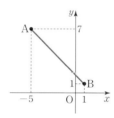

① $(-3, 5)$　　　　② $(-2, 4)$
③ $(-1, 3)$　　　　④ $(0, 2)$

06 좌표평면 위의 두 점 A$(-1, 1)$, B$(3, 5)$에 대하여 선분 AB의 중점의 좌표는? 2018년 2회

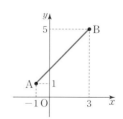

① $(1, 2)$　　　　　② $(1, 3)$
③ $(2, 2)$　　　　　④ $(2, 3)$

07 좌표평면 위의 두 점 A$(-2, 0)$, B$(4, 6)$에 대하여 선분 AB의 중점의 좌표는? 2016년 1회

① $(-1, 1)$　　　　② $(0, 2)$
③ $(1, 3)$　　　　　④ $(2, 4)$

주제 3　　내분점 구하기

08 좌표평면 위의 두 점 A$(1, -2)$, B$(6, 3)$에 대하여 선분 AB를 $2 : 3$으로 내분하는 점의 좌표는? 2017년 2회

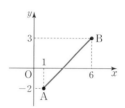

① $(2, -1)$　　　　② $(3, 0)$
③ $(4, 1)$　　　　　④ $(5, 2)$

주목
09 두 점 A$(-2, 3)$, B$(5, 7)$에 대하여 선분 AB를 $1 : 3$으로 내분하는 점의 좌표가 $(a, 4)$일 때, a의 값은?

① $-\dfrac{3}{4}$　　　　② $-\dfrac{1}{4}$

③ 0　　　　　　　④ $\dfrac{1}{4}$

빠른 정답 체크

01 ③　　02 ②　　03 ②　　04 ④　　05 ②　　06 ②　　07 ③
08 ②　　09 ②

10 두 점 $A(1, -3)$, $B(6, 7)$에 대하여 선분 AB를 $3:2$로 내분하는 점을 P, 외분하는 점을 Q라 할 때, 선분 PQ의 중점의 좌표는?

① $(10, 15)$ ② $(15, 10)$
③ $(20, 10)$ ④ $(20, 15)$

13 직선 $2x-y=0$과 수직으로 만나는 직선의 방정식은?

2017년 2회

① $y=-2x$ ② $y=-\dfrac{1}{2}x$
③ $y=\dfrac{1}{2}x$ ④ $y=x$

주제 4	한 직선에 수직인 직선의 방정식

11 직선 $y=-\dfrac{1}{2}x+3$에 수직이고, 점 $(0, 1)$을 지나는 직선의 방정식은?

2019년 2회

① $y=2x+1$ ② $y=3x+1$
③ $y=-2x+1$ ④ $y=-3x+1$

주제 5	한 직선에 평행한 직선의 방정식

14 직선 $y=3x-2$에 평행하고, 점 $(0, -1)$을 지나는 직선의 방정식은?

2020년 1회

① $y=-\dfrac{1}{3}x-1$ ② $y=-\dfrac{1}{3}x+1$
③ $y=3x-1$ ④ $y=3x+1$

12 직선 $y=-\dfrac{1}{2}x+1$에 수직이고, 원점을 지나는 직선의 방정식은?

2016년 2회

① $y=-2x$ ② $y=-\dfrac{1}{2}x$
③ $y=\dfrac{1}{2}x$ ④ $y=2x$

15 직선 $y=2x+1$에 평행하고, 점 $(0, 3)$을 지나는 직선의 방정식은?

2019년 1회

① $y=2x$ ② $y=2x+3$
③ $y=3x$ ④ $y=3x+3$

16 직선 $2x-y-1=0$과 평행하고, 점 $(0, 5)$를 지나는 직선의 방정식은?　　　　　　　　　2016년 1회

① $y=-2x-5$　　　② $y=-\dfrac{1}{2}x+1$

③ $y=\dfrac{1}{2}x+1$　　　④ $y=2x+5$

주목

17 점 $(2, -1)$을 지나고, 직선 $y=-2x+1$에 평행한 직선의 방정식은?

① $y=-\dfrac{1}{2}x+3$　　　② $y=-2x+3$

③ $y=2x+3$　　　④ $y=\dfrac{1}{2}x+3$

주제 6	두 점을 지나는 직선의 방정식

18 좌표평면 위의 두 점 $A(2, 1)$, $B(0, -3)$을 지나는 직선의 방정식은?　　　　　　　2018년 2회

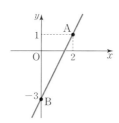

① $y=2x-3$　　　② $y=2x+1$
③ $y=3x-3$　　　④ $y=3x+1$

19 좌표평면에서 두 점 $A(2, -1)$, $B(2, 3)$을 지나는 직선의 방정식은?　　　　　　2018년 1회

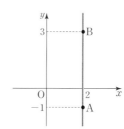

① $x=-1$
② $x=0$
③ $x=2$
④ $x=3$

20 좌표평면에서 두 점 $A(-2, 0)$, $B(0, 4)$를 지나는 직선의 방정식은?　　　　　　2017년 1회

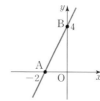

① $y=2x+4$
② $y=2x-4$
③ $y=-4x+2$
④ $y=-4x-2$

주제 7	원의 방정식

21 두 점 $(-1, 0)$, $(3, 0)$을 지름의 양 끝 점으로 하는 원의 방정식은?　　　　　　2020년 1회

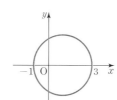

① $(x-1)^2+y^2=2$
② $(x-1)^2+y^2=4$
③ $x^2+(y-1)^2=2$
④ $x^2+(y-1)^2=4$

빠른 정답 체크

10 ①　11 ①　12 ④　13 ②　14 ③　15 ②　16 ④

17 ②　18 ①　19 ③　20 ①　21 ②

22 중심의 좌표가 $(3, 2)$이고, 반지름의 길이가 1인 원의 방정식은? 　　　　　　　　　　　　　2019년 2회

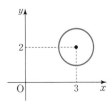

① $(x+3)^2+(y+2)^2=1$
② $(x+3)^2+(y-2)^2=1$
③ $(x-3)^2+(y+2)^2=1$
④ $(x-3)^2+(y-2)^2=1$

23 중심이 점 $(-1, 3)$이고 반지름의 길이가 2인 원의 방정식은? 　　　　　　　　　　　2017년 1회

① $(x-3)^2+(y+1)^2=2$
② $(x+1)^2+(y-3)^2=2$
③ $(x-3)^2+(y+1)^2=4$
④ $(x+1)^2+(y-3)^2=4$

24 중심이 x축 위에 있고, 원점과 점 $(4, 0)$을 지나는 원의 방정식은? 　　　　　　　　　2018년 1회

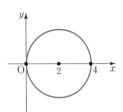

① $(x-2)^2+y^2=2$
② $(x-2)^2+y^2=4$
③ $(x+2)^2+y^2=2$
④ $(x+2)^2+y^2=4$

25 그림과 같이 중심이 $C(2, 1)$이고, 원점을 지나는 원의 방정식은? 　　　　　　　　　　　2016년 1회

① $(x-2)^2+(y-1)^2=\sqrt{5}$
② $(x-2)^2+(y-1)^2=5$
③ $(x-1)^2+(y-2)^2=\sqrt{5}$
④ $(x-1)^2+(y-2)^2=5$

주제 8	축에 접하는 원의 방정식

26 중심의 좌표가 $(2, 1)$이고, x축에 접하는 원의 방정식은? 　　　　　　　　　　　2019년 1회

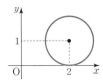

① $(x-1)^2+(y-2)^2=1$
② $(x-1)^2+(y-2)^2=4$
③ $(x-2)^2+(y-1)^2=1$
④ $(x-2)^2+(y-1)^2=4$

27 중심의 좌표가 $(-2, 1)$이고 y축에 접하는 원의 방정식은? 　　　　　　　　　　　2018년 2회

① $x^2+y^2-4x+2y+1=0$
② $x^2+y^2-4x+2y+4=0$
③ $x^2+y^2+4x-2y+1=0$
④ $x^2+y^2+4x-2y+4=0$

28 중심의 좌표가 $(2, -3)$이고 y축에 접하는 원의 방정식은?

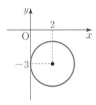

① $(x-2)^2+(y+3)^2=4$
② $(x+2)^2+(y-3)^2=4$
③ $(x-3)^2+(y+2)^2=4$
④ $(x+3)^2+(y-2)^2=4$

29 원 $x^2+y^2-2x-8=0$의 반지름의 길이는? **2017년 2회**

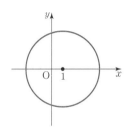

① 1   ② 2
③ 3   ④ 4

30 원 $x^2+y^2-2x+4y=0$과 중심이 같고 x축에 접하는 원의 반지름의 길이는?

① 1   ② $\sqrt{2}$
③ 2   ④ $\sqrt{5}$

31 원 $x^2+y^2=4$와 직선 $y=x$의 위치 관계는? **2016년 2회**

① 만나지 않는다.
② 한 점에서 만난다.
③ 서로 다른 두 점에서 만난다.
④ 서로 다른 세 점에서 만난다.

32 원 $x^2+y^2=8$과 직선 $y=-x+10$의 위치 관계는?

① 알 수 없다.
② 만나지 않는다.
③ 한 점에서 만난다.
④ 서로 다른 두 점에서 만난다.

33 직선 $x+3y+k=0$이 원 $(x-1)^2+(y+3)^2=10$에 접할 때, 양수 k의 값은?

① 15   ② 16
③ 17   ④ 18

빠른 정답 체크

| 22 ④ | 23 ④ | 24 ② | 25 ② | 26 ③ | 27 ③ | 28 ① |
| 29 ③ | 30 ③ | 31 ③ | 32 ② | 33 ④ | | |

34 좌표평면 위의 점 $A(-1, 3)$을 x축의 방향으로 3만큼, y축의 방향으로 2만큼 평행이동한 점 B의 좌표는?

2017년 1회

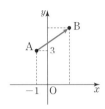

① $(1, 4)$ ② $(1, 5)$
③ $(2, 5)$ ④ $(2, 6)$

35 좌표평면 위의 점 $(-1, 0)$을 x축의 방향으로 5만큼, y축의 방향으로 2만큼 평행이동한 점의 좌표는?

2016년 1회

① $(-6, -2)$ ② $(1, 5)$
③ $(2, 6)$ ④ $(4, 2)$

주목

36 점 P를 x축의 방향으로 -2만큼, y축의 방향으로 3만큼 평행이동한 점을 P′이라 할 때, $\overline{PP'}$의 길이는?

① $\sqrt{13}$ ② $\sqrt{23}$
③ $2\sqrt{6}$ ④ 5

37 점 P를 x축의 방향으로 1만큼, y축의 방향으로 3만큼 평행이동한 점을 P′이라 할 때, $\overline{PP'}$의 길이는?

① $\sqrt{10}$ ② $\sqrt{11}$
③ $2\sqrt{3}$ ④ $\sqrt{13}$

38 좌표평면 위의 점 $(3, 4)$를 원점에 대하여 대칭이동한 점의 좌표는?

2019년 2회

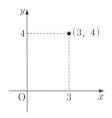

① $(-3, -4)$ ② $(-3, 4)$
③ $(3, -4)$ ④ $(4, 3)$

39 좌표평면 위의 점 $(5, -4)$를 원점에 대하여 대칭이동한 점의 좌표는?

2017년 2회

① $(5, 4)$ ② $(-4, 5)$
③ $(-5, -4)$ ④ $(-5, 4)$

40 그림과 같이 좌표평면 위의 한 점 $A(1, -3)$을 x축에 대하여 대칭이동한 점을 B라 할 때, 원점 O와 점 B 사이의 거리는?

2017년 1회

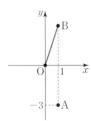

① $\sqrt{5}$　　　　② $\sqrt{7}$
③ $\sqrt{10}$　　　　④ $\sqrt{11}$

41 좌표평면 위의 점 $(-2, 5)$를 x축에 대하여 대칭이동한 점의 좌표는?

2018년 1회

① $(-5, 2)$　　　　② $(-2, -5)$
③ $(2, -5)$　　　　④ $(5, -2)$

42 좌표평면 위의 점 $(3, 2)$를 y축에 대하여 대칭이동한 점의 좌표는?

2019년 1회

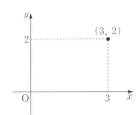

① $(-3, -2)$　　　　② $(-3, 2)$
③ $(2, 3)$　　　　④ $(3, -2)$

43 좌표평면 위의 점 $(4, 5)$를 직선 $y=x$에 대하여 대칭이동한 점의 좌표는?

2018년 2회

① $(-4, -5)$　　　　② $(-4, 5)$
③ $(4, -5)$　　　　④ $(5, 4)$

주제 13 도형의 대칭이동

44 원 $(x-3)^2+(y-2)^2=2$를 y축에 대하여 대칭이동한 원의 방정식은?

2016년 2회

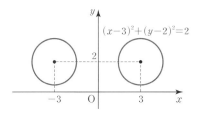

① $(x-3)^2+(y-2)^2=2$
② $(x-3)^2+(y+2)^2=2$
③ $(x+3)^2+(y-2)^2=2$
④ $(x+3)^2+(y+2)^2=2$

주목
45 원 $(x-2)^2+(y-3)^2=1$을 x축에 대하여 대칭이동한 원의 방정식은?

① $(x-2)^2+(y+3)^2=1$
② $(x+2)^2+(y-3)^2=1$
③ $(x+2)^2+(y+3)^2=1$
④ $(x-3)^2+(y-2)^2=1$

빠른 정답 체크

34 ③　35 ④　36 ①　37 ①　38 ①　39 ④　40 ③
41 ②　42 ②　43 ④　44 ③　45 ①

단원을 끝내는
엔드노트

01 평면좌표

(1) 좌표평면 위의 두 점 $A(x_1, y_1)$, $B(x_2, y_2)$ 사이의 거리는

$$\overline{AB} = \sqrt{(\boxed{^1\quad})^2 + (\boxed{^2\quad})^2}$$

(2) 수직선 위의 선분의 내분점과 외분점

수직선 위의 두 점 $A(x_1)$, $B(x_2)$를 이은 선분 AB를 $m : n$ $(m > 0, n > 0)$으로 내분하는 점을 P, 외분하는 점을 Q라 하면

$$P\left(\frac{mx_2 + nx_1}{m+n}\right), Q\left(\frac{mx_2 - nx_1}{m-n}\right) (m \neq n)$$

02 직선의 방정식

(1) 기울기가 m이고 점 (x_1, y_1)을 지나는 직선의 방정식은

$$y - \boxed{^3\quad} = m(x - \boxed{^4\quad})$$

(2) 서로 다른 두 점 $A(x_1, y_1)$, $B(x_2, y_2)$를 지나는 직선의 방정식은

① $x_1 \neq x_2$일 때, $y - y_1 = \dfrac{y_2 - y_1}{x_2 - x_1}(x - x_1)$

② $x_1 = x_2$일 때, $x = x_1$

03 원의 방정식

(1) 중심의 좌표가 (a, b)이고 반지름의 길이가 r인 원의 방정식은

$$(x - \boxed{^5\quad})^2 + (y - \boxed{^6\quad})^2 = r^2$$

(2) 원과 직선의 위치 관계($d =$ 원의 중심과 직선 사이의 거리, $r =$ 원의 반지름의 길이)

① $d < r$이면 서로 다른 두 점에서 만난다.

② $d = r$이면 한 점에서 만난다(접한다.).

③ $d > r$이면 만나지 않는다.

04 도형의 이동

(1) 점의 평행이동: 점 $P(x, y)$를 x축의 방향으로 a만큼, y축의 방향으로 b만큼 평행이동한 점 P'의 좌표는 $P'(x+a, y+b)$이다.

(2) 도형의 평행이동: 방정식 $f(x, y) = 0$이 나타내는 도형을 x축의 방향으로 a만큼, y축의 방향으로 b만큼 평행이동한 도형의 방정식은 $f(x-a, y-b) = 0$이다.

(3) 점의 대칭이동: 점 $P(x, y)$를 x축, y축, 원점, 직선 $y = x$에 대하여 각각 대칭이동한 점을 P_1, P_2, P_3, P_4라고 하면

① x축에 대하여 대칭이동한 점은 $P_1(x, \boxed{^7\quad})$

② y축에 대하여 대칭이동한 점은 $P_2(\boxed{^8\quad}, y)$

③ 원점에 대하여 대칭이동한 점은 $P_3(-x, -y)$

④ 직선 $y = x$에 대하여 대칭이동한 점은 $P_4(\boxed{^9\quad})$

(4) 도형의 대칭이동

방정식 $f(x, y) = 0$이 나타내는 도형을

① x축에 대하여 대칭이동하면 $f(x, -y) = 0$

② y축에 대하여 대칭이동하면 $f(-x, y) = 0$

③ 원점에 대하여 대칭이동하면 $f(-x, -y) = 0$

④ 직선 $y = x$에 대하여 대칭이동하면 $f(y, x) = 0$

정답   **1** $x_2 - x_1$ **2** $y_2 - y_1$ **3** y_1 **4** x_1 **5** a **6** b **7** $-y$ **8** $-x$ **9** y, x

01 A$(5, -3)$, B$(2, 6)$, C$(-3, 3)$, D$(0, 4)$일 때, $\overline{AB}+\overline{CD}$의 값은?

① $2\sqrt{10}$ ② $4\sqrt{5}$
③ $3\sqrt{10}$ ④ $4\sqrt{10}$

02 수직선 위의 두 점 A(3), B(a)에 대하여 선분 AB를 $1:2$로 내분하는 점이 P(-2)일 때, 실수 a의 값은?

① -12 ② -5
③ -3 ④ 5

03 직선 $y=3x-2$에 수직이고 점 $(-3, 2)$를 지나는 직선의 방정식이 $y=ax+b$일 때, $a+b$의 값은?

① $-\dfrac{4}{3}$ ② $-\dfrac{1}{3}$
③ $\dfrac{2}{3}$ ④ $\dfrac{5}{3}$

04 중심이 점 $(2, -1)$이고 반지름의 길이가 4인 원의 방정식은?

① $(x-2)^2+(y+1)^2=16$
② $(x+2)^2+(y-1)^2=16$
③ $(x-2)^2+(y+1)^2=4$
④ $(x+2)^2+(y-1)^2=4$

05 원 $(x+2)^2+(y-1)^2=r^2$과 직선 $3x-4y-10=0$이 서로 만나지 않도록 하는 양의 정수 r의 개수는?

① 1 ② 2
③ 3 ④ 4

06 평행이동 $(x, y) \rightarrow (x+a, y+b)$에 의하여 점 $(2, 5)$가 점 $(-1, 3)$으로 옮겨진다. 이 평행이동에 의하여 원점으로 옮겨지는 점의 좌표는?

① $(-3, -3)$ ② $(-3, 2)$
③ $(3, 2)$ ④ $(2, -3)$

단원을 닫으며 단순히 공식을 외워서 문제를 풀기보다는 그래프를 보고 공식을 적용해서 문제를 풀어야 하는 단원이에요. 공식을 외워서 바로 적용하지 말고, 그래프를 보면서 이해하면 문제를 좀 더 쉽게 풀 수 있어요.

작은 문제를 해결해 나가면
큰 문제는 저절로 해결될 것이다.

– 디어도어 루빈

04

집합과 명제

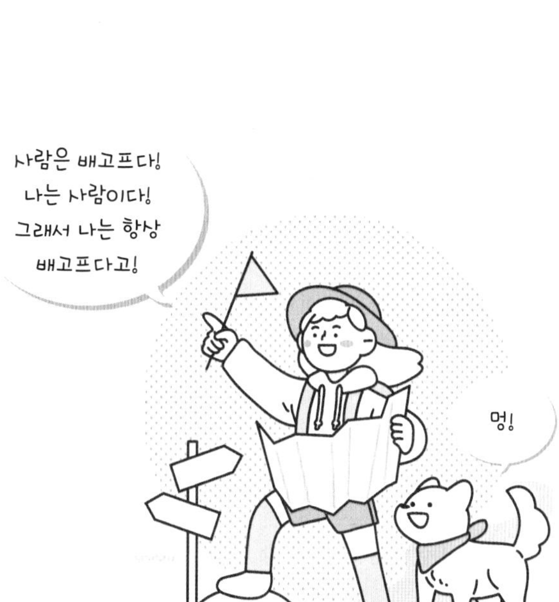
사람은 배고프다!
나는 사람이다!
그래서 나는 항상
배고프다고!
멍!

04 집합과 명제

이번 단원에서는 집합의 뜻과 표현, 집합 사이의 포함 관계, 집합의 연산, 명제와 조건, 명제 사이의 관계, 명제의 증명을 공부합니다.

기본 다지기 **1. 집합**

1 집합과 원소

정답과 해설 22쪽

1. 집합: 어떤 조건에 의하여 그 대상을 분명히 알 수 있는 것들의 모임

> **예** 우리 반에서 키가 큰 학생의 모임은 집합이 아니다.
> └ 대상이 분명하지 않다.
> 우리 반에서 키가 150 cm 이상인 학생의 모임은 집합이다.
> └ 대상이 분명하다.

2. 원소: 집합을 이루고 있는 대상 하나하나

3. 집합과 원소 사이의 관계
① a가 집합 A의 원소일 때 ➡ $a \in A$
② b가 집합 A의 원소가 아닐 때 ➡ $b \notin A$

> **예** 5보다 작은 짝수의 집합을 A라 하면 집합 A의 원소는 2, 4이므로
> $2 \in A$, $4 \in A$, $1 \notin A$, $3 \notin A$, $5 \notin A$

> ✚ '아름답다', '높다', '작다', '크다' 등은 사람마다 그 기준이 다르므로 대상이 분명하지 않아요. 따라서 '아름다운 사람의 모임', '키가 큰 사람의 모임' 등은 집합이 될 수 없어요.

01 다음 중 집합인 것은?

① 착한 학생의 모임　　　② 2보다 작은 자연수의 모임
③ 공부를 잘하는 학생의 모임　　　④ 소리가 큰 악기의 모임

2 집합의 표현

정답과 해설 22쪽

1. 원소나열법: 집합에 속하는 모든 원소를 { } 안에 나열하여 집합을 나타내는 방법

2. 조건제시법: 집합에 속하는 모든 원소들이 갖는 공통된 성질을 조건으로 제시하여 집합을 나타내는 방법
➡ {$x \mid x$는 공통된 성질}

3. 벤다이어그램: 집합을 나타낸 그림

> **예** 6의 약수의 집합 A를 나타내면 ➡ 원소나열법 $A = \{1, 2, 3, 6\}$, 조건제시법 $A = \{x \mid x$는 6의 약수$\}$,
> 벤다이어그램

> **TIP 이렇게 공부하세요**
>
> 원소나열법으로 나타낼 때,
> ① 같은 원소는 중복하여 쓰지 않아요.
> ➡ $\{1, 2, 2\}$ (×),
> $\{1, 2\}$ (○)
> ② 원소를 나열하는 순서는 생각하지 않아요.
> ③ 원소의 개수가 많고 일정한 규칙이 있으면 '…'을 써서 생략할 수 있어요.
> ➡ 자연수의 집합을 원소나열법으로 나타내면 $\{1, 2, 3, \cdots\}$으로 나타내요.

02 12의 약수의 집합을 A라 할 때, 집합 A를 다음 방법으로 나타내어라.

(1) 원소나열법　　　(2) 조건제시법　　　(3) 벤다이어그램

3 집합의 원소의 개수

⭐ 1. 원소의 개수에 따른 집합의 분류
① **유한집합**: 원소가 유한개인 집합 예 $A=\{2, 4, 6, 8\}$
② **무한집합**: 원소가 무수히 많은 집합 예 $B=\{2, 4, 6, 8, \cdots\}$
③ **공집합**: 원소가 하나도 없는 집합을 말하며, 기호로 $\varnothing$와 같이 나타낸다.

➕ 공집합은 유한집합이에요.

　예 집합 $C=\{x \mid x$는 1보다 작은 홀수$\}$일 때, 1보다 작은 홀수는 없으므로 $C=\varnothing$

2. 유한집합의 원소의 개수
① 유한집합 A의 원소의 개수를 기호로 $n(A)$와 같이 나타낸다.
② $A=\varnothing$이면 $n(A)=0$, $n(A)=0$이면 $A=\varnothing$

　예 집합 $A=\{2, 4, 6, 8\}$의 원소는 4개이므로 $n(A)=4$
　　공집합은 원소가 하나도 없으므로 $n(\varnothing)=0$

---

03 다음 중 옳지 <u>않은</u> 것은?

① $n(\{0\})=1$　　　　　　② $n(\varnothing)=0$
③ $n(\{2, 3, 4\})-n(\{3, 4\})=2$　　④ $n(\{3, 4, 5\})=3$

TIP 이렇게 공부하세요

① 집합과 원소 사이의 관계
　를 나타내는 기호
　➡ $\in$
② 집합과 집합 사이의 관계
　를 나타내는 기호
　➡ $\subset$
③ (원소)$\in$(집합)
　(집합)$\subset$(집합)

04 다음 (　　) 안에 알맞은 것을 써넣어라.

(1) 집합 $\{0\}$의 원소는 1개이므로 $n(\{0\})=($　　　　$)$

(2) 공집합은 원소의 개수가 (　　　　)개이므로 $n(\varnothing)=($　　　　$)$

---

4 부분집합

⭐ 1. 부분집합: 두 집합 A, B에 대하여 A의 모든 원소가 B에 속할 때, A를 B의 부분집합이라고 한다.
① A가 B의 부분집합일 때 ➡ 기호로 $A \subset B$와 같이 나타낸다.
② A가 B의 부분집합이 아닐 때 ➡ 기호로 $A \not\subset B$와 같이 나타낸다.
　㉠ $A \subset B \Longleftrightarrow A$가 B의 부분집합이다. $\Longleftrightarrow A$가 B에 포함된다.
　㉡ $A \not\subset B \Longleftrightarrow A$가 B의 부분집합이 아니다. $\Longleftrightarrow A$가 B에 포함되지 않는다.

　예 두 집합 $A=\{1, 2\}$, $B=\{1, 2, 3\}$에서 A의 원소 1, 2가 모두 B에 속하므로 $A \subset B$
　　두 집합 $C=\{2, 3, 4\}$, $D=\{3, 4, 5, 6\}$에서 C의 원소 2가 D에 속하지 않으므로 $C \not\subset D$

2. 부분집합의 성질
세 집합 A, B, C에 대하여
① $A \subset A$ ➡ 모든 집합은 자기 자신의 부분집합이다.
② $\varnothing \subset A$ ➡ 공집합은 모든 집합의 부분집합이다.
③ $A \subset B$이고 $B \subset C$이면　$A \subset C$

➕ 부분집합을 구하는 방법
원소의 개수에 따라 다음과 같이 차례로 구해요.

　예 집합 $A=\{1, 2\}$의 부분집합은
　　• 원소가 0개인 것: $\varnothing$
　　• 원소가 1개인 것: $\{1\}$, $\{2\}$
　　• 원소가 2개인 것: $\{1, 2\}$
　　따라서 집합 A의 부분집합은
　　$\varnothing$, $\{1\}$, $\{2\}$, $\{1, 2\}$이다.

05 두 집합 A, B에 대하여 다음 □ 안에 기호 ⊂, ⊃, ⊄ 중 알맞은 것을 써넣어라.

(1) $A=\{1,\ 2\}$, $B=\{0,\ 1,\ 2\}$ ➡ A ☐ B

(2) $A=\{x\,|\,x는\ 12의\ 약수\}$, $B=\{1,\ 3,\ 6\}$ ➡ A ☐ B

(3) $A=\{a,\ c,\ e,\ g\}$, $B=\{b,\ d,\ f\}$ ➡ A ☐ B

(4) $A=\{x\,|\,x는\ 홀수\}$, $B=\{x\,|\,x는\ 자연수\}$ ➡ A ☐ B

06 다음 집합의 부분집합을 모두 구하여라.

(1) $\{0,\ 1,\ 2\}$ (2) $\{x\,|\,x는\ 25의\ 약수\}$

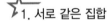 **서로 같은 집합**

정답과 해설 **22**쪽

★1. 서로 같은 집합

두 집합 A, B의 원소가 모두 같을 때, 즉 $A{\subset}B$, $B{\subset}A$이면 A와 B는 서로 같다고 한다.

① A, B가 서로 같은 집합일 때 ➡ $A{=}B$

  예 $A=\{1,2,4\}$, $B=\{x\,|\,x는\ 4의\ 약수\}$이면 $B=\{1,2,4\}$이므로 $A{=}B$

② A, B가 서로 같은 집합이 아닐 때 ➡ $A{\ne}B$

2. 진부분집합

두 집합 A, B에 대하여 A가 B의 부분집합이고 서로 같지 않을 때, 즉 $A{\subset}B$이지만 $A{\ne}B$일 때, A를 B의 진부분집합이라고 한다.

  예 자연수 전체의 집합은 실수 전체의 집합의 진부분집합이다.

---

07 두 집합 $A=\{3,\ 6,\ a+2\}$, $B=\{3,\ 5,\ b\}$에 대하여 $A{=}B$일 때, $a+b$의 값을 구하여라.

08 다음 두 집합 사이의 관계를 $=$ 또는 $\ne$를 사용하여 나타내어라.

(1) $A=\{1,\ 2,\ 3\}$, $B=\{3,\ 1,\ 2\}$

(2) $A=\{x\,|\,x는\ 8의\ 양의\ 배수\}$, $B=\{8,\ 16,\ 24,\ 32,\ \cdots\}$

09 두 집합 $A=\{a+2,\ 3\}$, $B=\{1,\ -b+1\}$에 대하여 $A{=}B$일 때, $a+b$의 값은?

① -3 ② -1 ③ 0 ④ 1

6 부분집합의 개수

집합 $A=\{a_1,\ a_2,\ a_3,\ \cdots,\ a_n\}$에 대하여

1. 집합 A의 부분집합의 개수: 2^n

2. 집합 A의 진부분집합의 개수: 2^n-1

　　예 집합 $A=\{0,\ 1,\ 2\}$의 원소의 개수가 3개이므로
　　　　집합 A의 부분집합의 개수는 $2^3=8$
　　　　따라서 집합 A의 진부분집합의 개수는 $8-1=7$

3. 집합 A의 특정한 원소 $k(k<n)$개를 반드시 원소로 갖는 부분집합의 개수: 2^{n-k}

　　예 집합 $A=\{0,\ 1,\ 2\}$일 때, 원소 1을 포함하는 집합 A의 부분집합의 개수는
　　　　$2^{3-1}=2^2=4$

4. 집합 A의 특정한 원소 $l(l<n)$개를 원소로 갖지 않는 부분집합의 개수: 2^{n-l}

　　예 집합 $A=\{x\,|\,x$는 10의 약수$\}$일 때, 원소 1을 포함하지 않는 부분집합의 개수는
　　　　$A=\{1,\ 2,\ 5,\ 10\}$으로 원소는 4개이므로　$2^{4-1}=2^3=8$

> **＋** 두 집합 A, B에 대하여
> $n(A)=p$, $n(B)=q$일 때
> $A{\subset}X{\subset}B$를 만족시키는 집합
> X의 개수는 2^{q-p}개 (단, $p<q$)

> **TIP 이렇게 공부하세요**
>
> 원소의 개수가 n인 집합 A에서 k개의 특정한 원소 중 적어도 한 개를 포함하는 부분집합의 개수는 2^n-2^{n-k}(개)

---

10 집합 $A=\{1,\ 2,\ 4,\ 8\}$에 대하여 다음을 구하여라.

(1) 집합 A의 원소의 개수

(2) 집합 A의 부분집합의 개수

(3) 집합 A의 진부분집합의 개수

11 집합 $A=\{a,\ b,\ c\}$의 부분집합 중에서 원소 a를 반드시 포함하는 부분집합의 개수를 구하려고 한다. 다음 □ 안에 알맞은 집합을 써넣어라.

> 집합 A에서 원소 a를 제외한 집합 $\{b,\ c\}$의 부분집합은
> □, □, □, □이다.
> 위의 각각의 집합에 원소 a를 넣은 집합이 원소 a를 반드시 포함하는 부분집합이므로
> □, □, □, □의 4개이다.

12 집합 $A=\{1,\ 2,\ 4,\ 8,\ 16\}$에 대하여 다음을 구하여라.

(1) 원소 2, 4를 포함하지 않는 부분집합의 개수

(2) 원소 1, 2를 반드시 포함하는 부분집합의 개수

(3) 원소 1, 2, 4를 반드시 포함하는 부분집합의 개수

1 합집합과 교집합

정답과 해설 23쪽

1. **합집합:** 두 집합 A, B에 대하여 집합 A에 속하거나 집합 B에 속하는 모든 원소로 이루어진 집합을 A와 B의 합집합이라 하고, 기호 $A \cup B$로 나타낸다.
   ➡ $A \cup B = \{x \,|\, x \in A$ 또는 $x \in B\}$

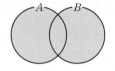

2. **교집합:** 두 집합 A, B에 대하여 A에도 속하고 B에도 속하는 모든 원소로 이루어진 집합을 A와 B의 교집합이라 하고, 기호로 $A \cap B$로 나타낸다.
   ➡ $A \cap B = \{x \,|\, x \in A$ 그리고 $x \in B\}$

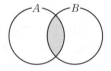

> **예시**
> $A = \{1, 2, 4\}$, $B = \{2, 4, 6\}$일 때,
> ① $A \cup B = \{1, 2, 4, 6\}$
> ② $A \cap B = \{2, 4\}$

3. **서로소:** 두 집합 A, B에서 공통인 원소가 하나도 없을 때, 즉 $A \cap B = \varnothing$일 때, A와 B는 서로소라 한다.
   공집합은 모든 집합과 서로소이다.

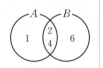

TIP 이렇게 공부하세요

두 집합 A, B에 공통으로 속하는 원소가 없는 경우
➡ $A \cap B = \varnothing$
(예) $A = \{a, b\}$, $B = \{c, d\}$일 때, $A \cap B = \varnothing$

TIP 이렇게 공부하세요

① $(A \cap B) \subset A$, $(A \cap B) \subset B$
➡ $A \cap B$는 A와 B에 포함돼요.
② $A \subset (A \cup B)$, $B \subset (A \cup B)$
➡ $A \cup B$는 A와 B를 포함해요.

---

01 다음 두 집합 A, B에 대하여 $A \cup B$, $A \cap B$를 각각 구하여라.

(1) $A = \{1, 2, 3\}$, $B = \{2, 3, 5, 7\}$

(2) $A = \{x \,|\, x$는 6의 약수$\}$, $B = \{x \,|\, x$는 8의 약수$\}$

---

2 집합의 연산 법칙

정답과 해설 23쪽

세 집합 A, B, C에 대하여
① 교환법칙 $A \cup B = B \cup A$, $A \cap B = B \cap A$
② 결합법칙 $A \cup (B \cup C) = (A \cup B) \cup C$, $A \cap (B \cap C) = (A \cap B) \cap C$
③ 분배법칙 $A \cup (B \cap C) = (A \cup B) \cap (A \cup C)$,
            $A \cap (B \cup C) = (A \cap B) \cup (A \cap C)$

---

02 세 집합 A, B, C에 대하여 $A \cap B = \{b, c\}$, $A \cap C = \{c, e\}$일 때, $A \cap (B \cup C)$를 구하여라.

정답과 해설 23쪽

3 여집합과 차집합

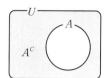

1. **전체집합**: 주어진 집합에 대하여 그 부분집합을 생각할 때, 처음의 집합을 전체집합이라고 한다. ➡ U

2. **여집합**: 전체집합 U의 부분집합 A에 대하여 U의 원소 중에서 A에 속하지 않는 모든 원소로 이루어진 집합을 U에 대한 A의 여집합이라고 한다.
   ➡ $A^C = \{x \mid x \in U$ 그리고 $x \notin A\}$

3. **차집합**: 두 집합 A, B에 대하여 A에는 속하지만 B에는 속하지 않는 원소로 이루어진 집합을 A에 대한 B의 차집합이라고 한다.
   ➡ $A - B = \{x \mid x \in A$ 그리고 $x \notin B\}$

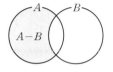

예시

전체집합 $U = \{1, 2, 3, 4, 5, 6, 7\}$의 두 부분집합
$A = \{1, 2, 3, 4, 5\}$, $B = \{3, 5, 7\}$에 대하여
① $A^C = \{6, 7\}$, $B^C = \{1, 2, 4, 6\}$
② $A - B = \{1, 2, 4\}$, $B - A = \{7\}$

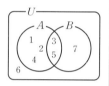

TIP 이렇게 공부하세요

① $A \cap B = A$이면 $A \subset B$이고, $A \cup B = A$이면 $B \subset A$
② 두 집합 A, B가 서로소이면 ➡ $A \cap B = \varnothing$
③ $A \cap B = \varnothing$이면
   $A - B = A$, $B - A = B$
   $A \subset B^C$, $B \subset A^C$

---

03 전체집합 $U = \{x \mid x$는 10보다 작은 자연수$\}$의 두 부분집합 A, B가 다음과 같을 때, 집합 A, B의 여집합을 각각 구하여라.

(1) $A - \{1, 3, 5, 7\}$

(2) $B = \{x \mid x$는 6의 약수$\}$

＋집합의 연산과 조건제시법
$A \cap B$
$= \{x \mid x \in A$ 그리고 $x \in B\}$
$A \cup B$
$= \{x \mid x \in A$ 또는 $x \in B\}$
A^c
$= \{x \mid x \in U$ 그리고 $x \notin A\}$
$A - B$
$= \{x \mid x \in A$ 그리고 $x \notin B\}$

04 다음 두 집합 A, B에 대하여 $A - B$를 구하여라.

(1) $A = \{1, 2, 3, 6\}$, $B = \{4, 6\}$

(2) $A = \{2, 5, 6, 8\}$, $B = \{1, 3, 4, 7, 9\}$

05 전체집합 U의 두 부분집합 A, B가 오른쪽 벤다이어그램과 같을 때, 다음 집합을 구하여라.

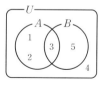

(1) A^C (2) B^C

(3) $A - B$ (4) $B - A$

4 교집합과 합집합의 성질

전체집합 U의 두 부분집합 A, B에 대하여
① $A \cup A = A$, $A \cap A = A$ ② $\varnothing \cup A = A$, $\varnothing \cap A = \varnothing$
③ $A \cup U = U$, $A \cap U = A$
④ $(A \cap B) \subset A$, $(A \cap B) \subset B$ $A \subset (A \cup B)$, $B \subset (A \cup B)$
⑤ $A \subset B$이면 $A \cap B = A$, $A \cup B = B$

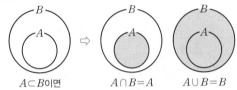

$A \subset B$이면 $A \cap B = A$ $A \cup B = B$

06 전체집합 U의 부분집합 A에 대하여 다음 □ 안에 알맞은 집합을 써넣어라.

(1) $A \cap A = \boxed{}$ (2) $\varnothing \cap A = \boxed{}$

(3) $A \cup A = \boxed{}$ (4) $A \cup U = \boxed{}$

5 교집합과 합집합의 원소의 개수

⭐전체집합 U의 부분집합 A, B에 대하여
① $n(A \cup B) = n(A) + n(B) - n(A \cap B)$ → 겹친 부분은 두 번 더해지니까 한 번 빼준다.

$n(A \cup B)$ $=$ $n(A)$ $+$ $n(B)$ $-$ $n(A \cap B)$

┌ 예시 ┐
두 집합 A, B에 대하여 $n(A) = 10$, $n(B) = 5$, $n(A \cap B) = 2$일 때,
$n(A \cup B) = n(A) + n(B) - n(A \cap B) = 10 + 5 - 2 = 13$

② $A \cap B = \varnothing$이면 $n(A \cap B) = 0$이므로 $n(A \cup B) = n(A) + n(B)$

07 $n(A \cup B) = n(A) + n(B) - n(A \cap B)$임을 이용하여 다음 ㉠, ㉡에 들어갈 알맞은 수를 써넣어라.

$n(A)$	$n(B)$	$n(A \cap B)$	$n(A \cup B)$
5	9	3	㉠
6	8	㉡	10

6 여집합과 차집합의 성질

⭐ 1. 여집합의 성질: 전체집합 U의 두 부분집합 A, B에 대하여

① $A \cap A^C = \varnothing$, $A \cup A^C = U$ ② $(A^C)^C = A$

③ $U^C = \varnothing$, $\varnothing^C = U$ ④ $A \subset B$이면 $B^C \subset A^C$

2. 차집합의 성질: 전체집합 U의 두 부분집합 A, B에 대하여

① $A \neq B$이면 $A - B \neq B - A$

② $U - A = A^C$, $U - \varnothing = U$, $A - A = \varnothing$

③ $A - B = A \cap B^C = A - (A \cap B) = (A \cup B) - B$
   $B - A = B \cap A^C = B - (A \cap B) = (A \cup B) - A$

④ $A \subset B$이면 $A - B = \varnothing$, $A - B = \varnothing$이면 $A \subset B$

⑤ $A \cap B = \varnothing$이면 $A - B = A$, $B - A = B$

3. 드모르간의 법칙

전체집합 U의 두 부분집합 A, B에 대하여

① $(A \cap B)^C = A^C \cup B^C$ ② $(A \cup B)^C = A^C \cap B^C$

✚ 전체집합 U의 두 부분집합 A, B에 대하여

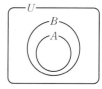

$A \subset B$

$A \subset B$이면 다음이 성립해요.
① $A \cup B = B$
② $A \cap B = A$
③ $A - B = A \cap B^C = \varnothing$
④ $B^C \subset A^C$, $B^C - A^C = \varnothing$
⑤ $A^C \cup B = U$

08 전체집합 U의 부분집합 A에 대하여 ☐ 안에 알맞은 집합을 써넣어라.

(1) $A \cap A^C = $ ☐   (2) $A \cup A^C = $ ☐

7 여집합과 차집합의 원소의 개수

전체집합 U의 두 부분집합 A, B에 대하여

1. 여집합의 원소의 개수: $n(A^C) = n(U) - n(A)$

2. 차집합의 원소의 개수: $n(A - B) = n(A) - n(A \cap B) = n(A \cup B) - n(B)$

주의 $n(A - B) \neq n(A) - n(B)$

09 전체집합 U의 두 부분집합 A, B에 대하여 $n(U) = 40$, $n(A) = 12$, $n(B) = 16$, $n(A \cap B) = 5$일 때, 다음을 구하여라.

(1) $n(A^C)$ (2) $n(B - A)$

(3) $n(A \cap B^C)$ (4) $n(A \cup B)$

1 명제와 조건

정답과 해설 **24**쪽

1. 명제: 참, 거짓을 분명하게 판별할 수 있는 문장이나 식 → 거짓인 문장이나 식도 명제이다.

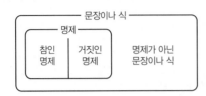

예시
① 4는 2의 배수이다. (참인 명제)   ② 3은 5의 약수이다. (거짓인 명제)
③ $2x=8$, x의 값에 따라 참, 거짓이 달라지므로 명제가 아니다.
④ '강아지는 귀엽다.'는 개인마다 기준이 다르므로 참, 거짓을 말할 수 없다.
따라서 명제가 아니다.

2. 조건: 문자를 포함한 문장이나 식이 그 문자의 값에 따라 참, 거짓이 정해지는 문장
이나 식 → 일반적으로 조건은 명제가 아니다.

┼ 조건은 $p(x)$, $g(x)$, ……로 나타
내고, x를 생략하여 p, q, ……로
나타내기도 해요.

쏙쏙 이해 더하기

$x<5$와 같은 식은 그 자체로 참, 거짓을 판별할 수 없지만 x의 값이 정해지면 참, 거짓을 판별할 수 있
는 명제가 된다. 즉, $x<5$는 $x=3$이면 참인 명제가 되고, $x=7$이면 거짓인 명제가 된다. 이와 같이 변
수의 값에 따라 참, 거짓을 결정할 수 있는 문장이나 식을 조건이라고 한다.
① $2x-5=1$ ➡ $x=3$이면 참, $x=4$이면 거짓
  ➡ x의 값에 따라 참, 거짓이 판별되므로 조건이다.
② 3은 홀수이다. ➡ 참, 거짓을 판별할 수 있으므로 ➡ 명제
  x는 홀수이다. ➡ x의 값에 따라 참, 거짓이 판별된다. ➡ 조건

01   다음 중 명제가 아닌 것을 <u>모두</u> 고르면?

① $2 \times 2 = 2$
② 백두산은 높은 산이다.
③ 모든 새는 날 수 있다.
④ $x+1>6$

02   다음 중 참인 명제는?

① 평행사변형은 사다리꼴이다.
② 하늘은 파랗다.
③ 모든 소수는 홀수이다.
④ $x+2=0$

	p	$\sim p$
	참	거짓
	거짓	참

2 조건과 진리집합

☆ **1. 진리집합:** 전체집합 U의 원소 중에서 어떤 조건이 참이 되게 하는 모든 원소의 집합을 그 조건의 진리집합이라고 한다.

2. **부정:** 조건 또는 명제 p에 대하여 'p가 아니다.'를 p의 부정이라 하고, 기호로 $\sim p$와 같이 나타내며 not p라 읽는다.
  ① 명제 p가 참이면 $\sim p$는 거짓이고, 명제 p가 거짓이면 $\sim p$는 참이다.

  > **예시**
  > p: 6은 짝수이다 ➡ 참　　　　　$\sim p$: 6은 짝수가 아니다. ➡ 거짓
  > 이때, 자연수라는 조건이 없으므로 부정을 '6은 홀수이다.'라고 하면 안 된다.
  > p: $5<3$ ➡ 거짓　　　　　$\sim p$: $5 \geq 3$ ➡ 참
  > 이때, $<$의 부정을 $>$로 착각하지 않도록 주의한다.

  ② 전체집합 U에 대하여 조건 p의 진리집합을 P라 할 때, 전체집합 U의 원소 중에서 $\sim p$가 참이 되게 하는 원소는 P의 원소가 아니므로 $\sim p$의 진리집합은 P^C이다.

3. **조건 'p 또는 q'와 'p 그리고 q'**
  전체집합 U에서 정의된 두 조건 p, q의 진리집합을 각각 P, Q라 하면
  ① 조건 'p 또는 q'의 진리집합은 $P \cup Q$이고, 부정은 '$\sim p$ 그리고 $\sim q$'이다.
  ② 조건 'p 그리고 q'의 진리집합은 $P \cap Q$이고, 부정은 '$\sim p$ 또는 $\sim q$'이다.
  ③ '모든 x에 대하여 p이다.'의 부정은 '어떤 x에 대하여 $\sim p$이다.'
  ④ '어떤 x에 대하여 p이다.'의 부정은 '모든 x에 대하여 $\sim p$이다.'

TIP 이렇게 공부하세요

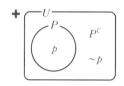

---

03 정수 전체의 집합에서 다음 조건의 진리집합을 구하여라.

　(1) p: $x^2+2x-3=0$　　　　(2) q: x는 10보다 작은 소수이다.

04 다음 명제의 부정을 말하고, 그것의 참, 거짓을 판별하여라.

　(1) $\sqrt{4}$는 무리수이다.

　(2) 1은 합성수도 아니고, 소수도 아니다.

05 전체집합 $U = \{x \,|\, x$는 10 이하의 자연수$\}$에 대하여 다음 조건의 부정을 말하고, 그것의 진리집합을 구하여라.

　(1) p: x는 8의 약수이다.

　(2) q: $x^2-5x+6=0$

정답과 해설 24쪽

3 명제 $p \longrightarrow q$의 참, 거짓

1. 가정과 결론: 두 조건 p, q로 이루어진 명제 'p이면 q이다.'를 기호로 $p \longrightarrow q$와 같이 나타내고, 이때 p를 이 명제의 가정, q를 이 명제의 결론이라고 한다.

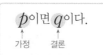

⭐**2. 명제 $p \longrightarrow q$의 참, 거짓**
두 조건 p, q의 진리집합을 각각 P, Q라 할 때
① $P \subset Q$이면 명제 $p \longrightarrow q$는 참이다.   ② $P \not\subset Q$이면 명제 $p \longrightarrow q$는 거짓이다.

3. 반례: 명제 $p \longrightarrow q$가 거짓임을 보이려면, 가정 p는 만족시키지만 결론 q는 만족시키지 않는 예를 하나라도 들면 된다. 이와 같은 예를 반례라고 한다.

06 다음 명제의 가정과 결론을 말하시오.

(1) 18의 약수이면 9의 약수이다.   (2) $x = -1$이면 $3x - 2 = -1$이다.

07 다음 명제의 참, 거짓을 판별하여라.

(1) x가 실수이면 $x^2 > 0$이다.

(2) 자연수 x, y에 대하여 xy가 홀수이면 x, y는 모두 홀수이다.

4 '모든'이나 '어떤'이 있는 명제

정답과 해설 24쪽

1. '모든'이 있는 명제의 참, 거짓
전체집합 U에 대하여 조건 p의 진리집합을 P라 할 때
'모든 x에 대하여 p이다.'는 $P = U$이면 참이고, $P \neq U$이면 거짓이다.

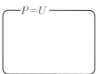

2. '어떤'이 있는 명제의 참, 거짓
전체집합 U에 대하여 조건 p의 진리집합을 P라 할 때
'어떤 x에 대하여 p이다.'는 $P \neq \varnothing$이면 참이고, $P = \varnothing$이면 거짓이다.

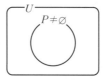

3. '모든'이나 '어떤'이 있는 명제의 부정
전체집합 U에 대하여 조건 p의 진리집합을 P라 할 때
① '모든 x에 대하여 p이다.'의 부정은 '어떤 x에 대하여 $\sim p$이다.'이다.
② '어떤 x에 대하여 p이다.'의 부정은 '모든 x에 대하여 $\sim p$이다.'이다.

> **TIP 이렇게 공부하세요**
> ① '모든'을 포함한 명제의 참, 거짓을 판별할 때에는 전체집합과 진리집합이 같은지, 같지 않은지를 확인해요.
> ② '어떤'을 포함한 명제의 참, 거짓을 판별할 때에는 진리집합이 공집합인지, 아닌지를 확인해요.

08 다음 명제의 부정을 말하고, 그 부정의 참, 거짓을 판별하여라.

(1) 모든 실수 x에 대하여 $2x + 3 > 5$이다.

(2) 어떤 자연수 x에 대하여 $x^2 = 3x$이다.

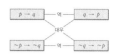

5 명제의 역과 대우

☆ 1. 명제의 역과 대우

명제 $p \longrightarrow q$ 에서

① **역**: 가정과 결론을 서로 바꾸어 놓은 명제 $q \longrightarrow p$ 를 명제 $p \longrightarrow q$ 의 역이라 한다.

② **대우**: 가정과 결론을 각각 부정하여 서로 바꾸어 놓은 명제 $\sim q \longrightarrow \sim p$ 를 명제 $p \longrightarrow q$ 의 대우라 한다.

☆ 2. 명제와 그 대우의 참, 거짓

① 명제 $p \longrightarrow q$ 가 참이면 그 대우 $\sim q \longrightarrow \sim p$ 도 참이다.

② 명제 $p \longrightarrow q$ 가 거짓이면 그 대우 $\sim q \longrightarrow \sim p$ 도 거짓이다.

3. 삼단논법

세 조건 p, q, r 에 대하여 '두 명제 $p \longrightarrow q$, $q \longrightarrow r$ 가 모두 참이면 명제 $p \longrightarrow r$ 가 참이다.'라고 결론짓는 방법을 삼단논법이라고 한다.

> **예시**
>
> p: 소크라테스이다. q: 인간이다. r: 죽는다.
>
> 에 대하여 두 명제 $p \longrightarrow q$, $q \longrightarrow r$ 가 모두 참이므로 $p \longrightarrow r$ 가 참이다. 즉, 두 명제 '소크라테스는 인간이다.', '인간은 죽는다.'가 모두 참이므로 '소크라테스는 죽는다.'도 참이다.
>
>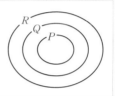

09 다음 명제의 역, 대우를 말하여라.

(1) $x^2 = 1$ 이면 $x = 1$ 이다.

(2) $x > 2$ 이면 $x > 3$ 이다.

(3) $x^2 + y^2 = 0$ 이면 $x = 0$ 이고 $y = 0$ 이다.

(4) $a + b > 0$ 이면 $a > 0$ 또는 $b > 0$ 이다.

10 명제 '$xy \neq 0$ 이면 $x \neq 0$ 이고 $y \neq 0$ 이다.'에 대하여 다음에 답하여라.

(1) 명제의 대우

(2) 명제의 대우의 참, 거짓

(3) 명제의 참, 거짓

1. 명제 $p \longrightarrow q$가 참일 때, 이것을 기호로 $p \Longrightarrow q$와 같이 나타내고 p는 q이기 위한 충분조건, q는 p이기 위한 필요조건이라 한다.

2. 명제 $p \longrightarrow q$에 대하여 $p \Longrightarrow q$이고 $q \Longrightarrow p$일 때, 이것을 기호로 $p \Longleftrightarrow q$와 같이 나타내고 p는 q이기 위한 필요충분조건, q는 p이기 위한 필요충분조건이라 한다.

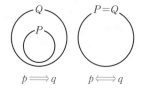

p이기 위한 필요조건

$p \Longrightarrow q$

q이기 위한 충분조건

3. **충분조건과 필요조건을 만족하는 집합**
   두 조건 p, q의 진리집합을 각각 P, Q라 할 때
   ① $P \subset Q$이면 p는 q이기 위한 충분조건이고, q는 p이기 위한 필요조건이다.
   ② $P = Q$이면 p는 q이기 위한 필요충분조건이다.

Q P
$p \Longrightarrow q$

$P = Q$
$p \Longleftrightarrow q$

➕ p가 q이기 위한 필요충분조건을 증명하려면 $p \longrightarrow q$와 그 역인 $q \longrightarrow p$가 모두 참임을 증명하면 돼요.

➕ $p \Longleftrightarrow q$일 때, 두 조건 p, q의 진리집합을 각각 P, Q라 하면 $P \subset Q$, $Q \subset P$ 이므로 $P = Q$이에요.

> **예시**
> 두 조건 p: $|x| \leq 2$, q: $x < 5$의 진리집합을 각각 P, Q라 하면
> $P = \{x \mid -2 \leq x \leq 2\}$, $Q = \{x \mid x < 5\}$
> $P \subset Q$이므로 $p \Longrightarrow q$
> 따라서 p는 q이기 위한 충분조건이고, q는 p이기 위한 필요조건이다.
>
> Q P -2 2 5 x

11 두 조건 p, q가 다음과 같을 때, p는 q이기 위한 어떤 조건인지 말하여라.

(1) p: $0 < x < 2$ q: $x < 3$

(2) p: $x = 0$ q: $x^2 = 0$

(3) p: $x^2 - 3x = 0$ q: $x - 3 = 0$

12 a, b가 실수일 때, 다음 조건은 $a^2 + b^2 = 0$이기 위한 어떤 조건인지 말하여라.

(1) $ab = 0$

(2) $a + b = 0$

(3) $|a| + |b| = 0$

1. **정의**: 용어의 뜻을 간결하고 명확하게 정한 문장

2. **증명**: 정의 또는 이미 옳다고 밝혀진 성질을 이용하여 어떤 명제가 참임을 설명하는 것

3. **정리**: 참임이 증명된 명제 중에서 기본이 되는 것이나 다른 명제를 증명할 때 이용할 수 있는 것

> **예시**
>
> 직사각형은 네 각의 크기가 모두 같은 사각형이다. ➡ 정의
> 직사각형의 두 대각선은 길이가 같고, 서로를 이등분한다. ➡ 정리

4. **명제의 증명**
   ① **대우를 이용한 명제의 증명**: 명제 $p \longrightarrow q$가 참이면 그 대우 $\sim q \longrightarrow \sim p$도 참이므로 어떤 명제가 참임을 증명할 때에는 그 대우가 참임을 증명해도 된다.
   ② **귀류법**: 어떤 명제가 참임을 증명할 때, 명제 또는 명제의 결론을 부정한 다음 모순이 생기는 것을 보이는 방법을 귀류법이라 한다.

➕ 귀류법은 어떤 명제가 참임을 직접 증명하는 것이 복잡한 경우에 주로 이용해요.

> **예시**
>
> 귀류법과 $\sqrt{2}$가 무리수임을 이용하여 $1+\sqrt{2}$가 무리수임을 증명해 보자.
> ⇨ $1+\sqrt{2}$가 유리수라고 가정하면 $1+\sqrt{2}=a$ (a는 유리수)로 놓을 수 있다.
> $\sqrt{2}=a-1$이고 유리수끼리의 뺄셈은 유리수이므로 $a-1$은 유리수이다.
> 그런데 좌변의 $\sqrt{2}$는 무리수이므로 모순된다.
> 따라서 $1+\sqrt{2}$는 무리수이다.

13 두 조건 p, q에 대하여 명제 $p \longrightarrow \sim q$가 참일 때, 다음 중 반드시 참인 명제는?

① $p \longrightarrow q$ ② $q \longrightarrow p$ ③ $q \longrightarrow \sim p$
④ $\sim q \longrightarrow p$ ⑤ $\sim q \longrightarrow \sim p$

14 다음은 명제 '실수 a, b에 대하여 $a+b<0$이면 a, b 중 적어도 하나는 음수이다.'가 참임을 증명하는 과정이다. (가), (나)에 알맞은 것을 써넣어라.

> **증명** ▶
>
> a, b 모두 음이 아닌 실수, 즉
> a (가) 0, b (가) 0이라 가정하면 $a+b$ (나) 0
> 따라서 $a+b<0$이라는 가정에 모순이므로 $a+b<0$이면
> a, b 중 적어도 하나는 음수이다.

1. 절대부등식: 주어진 집합의 모든 원소에 대하여 항상 성립하는 부등식을 절대부등식이라 한다.

2. 부등식의 증명에 이용되는 실수의 성질

a, b가 실수일 때

① $a>b \Longleftrightarrow a-b>0$

② $a^2 \geq 0$, $a^2+b^2 \geq 0$

③ $a^2+b^2=0 \Longleftrightarrow a=b=0$

④ $|a|^2=a^2$, $|ab|=|a||b|$

⑤ $a>0$, $b>0$일 때, $a>b \Longleftrightarrow a^2>b^2 \Longleftrightarrow \sqrt{a}>\sqrt{b}$

3. 여러 가지 절대부등식

① a, b가 실수일 때, $a^2 \pm ab+b^2 \geq 0$ (단, 등호는 $a=b=0$일 때 성립)

② a, b, c가 실수일 때, $a^2+b^2+c^2-ab-bc-ca \geq 0$

(단, 등호는 $a=b=c$일 때 성립)

③ a, b가 실수일 때, $|a|+|b| \geq |a+b|$ (단, 등호는 $ab \geq 0$일 때 성립)

④ **산술평균과 기하평균의 관계**

$a>0$, $b>0$일 때, $\dfrac{a+b}{2} \geq \sqrt{ab}$ (단, 등호는 $a=b$일 때 성립)

⑤ **코시-슈바르츠 부등식:** a, b, x, y가 실수일 때,

$(a^2+b^2)(x^2+y^2) \geq (ax+by)^2 \left(단, 등호는 \dfrac{x}{a}=\dfrac{y}{b}일 때 성립\right)$

TIP 이렇게 공부하세요

두 양수 a, b에 대하여 $\dfrac{a+b}{2}$를 a, b의 산술평균, $\sqrt{ab}$를 a, b의 기하평균이라 해요.

➕ 코시-슈바르츠 부등식은 일반적으로 제곱의 합이 일정할 때, 주어진 식의 최댓값 또는 최솟값을 구하는 문제에 이용해요.

쏙쏙 이해 더하기

① a, b가 실수, $a^2 \pm ab+b^2 \geq 0$

[증명] 주어진 부등식의 좌변을 변형하면

$$a^2 \pm ab+b^2 = \left(a \pm \dfrac{b}{2}\right)^2 + \dfrac{3}{4}b^2$$

그런데 $\left(a \pm \dfrac{b}{2}\right)^2 \geq 0$, $\dfrac{3}{4}b^2 \geq 0$이므로

$$a^2 \pm ab+b^2 \geq 0$$

여기서 등호는 $a \pm \dfrac{b}{2}=0$, $\dfrac{3}{4}b^2=0$, 즉 $a=b=0$일 때 성립한다.

② a, b, c가 실수, $a^2+b^2+c^2 \geq ab+bc+ca$ (단, 등호는 $a=b=c$일 때 성립)

$a^2+b^2+c^2-(ab+bc+ca)$

$=\dfrac{1}{2}\{(a-b)^2+(b-c)^2+(c-a)^2\}$

a, b, c는 실수이므로

$(a-b)^2 \geq 0$, $(b-c)^2 \geq 0$, $(c-a)^2 \geq 0$

따라서 $a^2+b^2+c^2-(ab+bc+ca) \geq 0$

$\therefore a^2+b^2+c^2 \geq ab+bc+ca$ (단, 등호는 $a=b=c$일 때 성립)

③ $|a+b| \leq |a|+|b|$

[증명] $|a+b| \geq 0$, $|a|+|b| \geq 0$이므로

주어진 부등식의 양변을 제곱하면

$(|a|+|b|)^2-|a+b|^2$

$=|a|^2+2|a||b|+|b|^2-(a+b)^2$

$=a^2+2|ab|+b^2-a^2-2ab-b^2$

$=2(|ab|-ab)$

그런데 $|ab| \geq ab$이므로 $2(|ab| - ab) \geq 0$

$(|a| + |b|)^2 - |a+b|^2 \geq 0$

$(|a| + |b|)^2 \geq |a+b|^2$

$|a+b| \leq |a| + |b|$

여기서 등호는 $|ab| = ab$,

즉 $ab \geq 0$일 때 성립한다.

④ $a > 0$, $b > 0$, $\dfrac{a+b}{2} \geq \sqrt{ab}$

$\dfrac{a+b}{2} - \sqrt{ab} = \dfrac{a+b-2\sqrt{ab}}{2} = \dfrac{(\sqrt{a} - \sqrt{b})^2}{2} \geq 0$

$\therefore \dfrac{a+b}{2} \geq \sqrt{ab}$ (단, 등호는 $a = b$일 때 성립)

⑤ a, b, x, y가 실수, $(a^2 + b^2)(x^2 + y^2) \geq (ax + by)^2$

$(a^2 + b^2)(x^2 + y^2) - (ax + by)^2$

$= a^2 x^2 + a^2 y^2 + b^2 x^2 + b^2 y^2 - (a^2 x^2 + 2abxy + b^2 y^2)$

$= b^2 x^2 - 2abxy + a^2 y^2 = (bx - ay)^2$

그런데 a, b, x, y가 실수이므로 $(bx - ay)^2 \geq 0$

$\therefore (a^2 + b^2)(x^2 + y^2) - (ax + by)^2 \geq 0$

$\therefore (a^2 + b^2)(x^2 + y^2) \geq (ax + by)^2$ (단, 등호는 $bx = ay$ 즉 $\dfrac{x}{a} = \dfrac{y}{b}$ 일 때 성립)

---

15 다음은 실수 a, b에 대하여 부등식 $a^2 + 2b^2 \geq 2ab$가 성립함을 증명하는 과정이다. (가)~(다)에 들어갈 알맞은 것을 써넣어라.

> **증명**
>
> $a^2 + 2b^2 - 2ab = (\boxed{\text{(가)}})^2 + b^2 \geq 0$
>
> $\therefore a^2 + 2b^2 \boxed{\text{(나)}} 2ab$
>
> 이때 등호는 $\boxed{\text{(다)}}$일 때 성립한다.

---

16 다음은 실수 a, b에 대하여 부등식 $|a| + |b| \geq |a+b|$가 성립함을 증명하는 과정이다. (가), (나)에 들어갈 알맞은 것을 써넣어라.

> **증명**
>
> $(|a| + |b|)^2 - |a+b|^2 = 2(\boxed{\text{(가)}}) \geq 0$
>
> $\therefore (|a| + |b|)^2 \geq |a+b|^2$
>
> 그런데 $|a| + |b| \geq 0$, $|a+b| \geq 0$이므로
>
> $|a| + |b| \geq |a+b|$ (단, 등호는 $\boxed{\text{(나)}}$일 때 성립)

---

17 $a > 0$, $b > 0$일 때, $\dfrac{b}{a} + \dfrac{a}{b}$의 최솟값을 구하여라.

---

18 두 실수 x, y에 대하여 $x^2 + y^2 = 5$일 때, $2x + y$의 최댓값과 최솟값을 구하여라.

이론 쏙! 핵심 딱!

쏙딱 TEST

04

정답과 해설 **43**쪽

집합과 명제

📢 선생님이 알려 주는 **출제 경향**

기본적인 집합의 표현과 명제의 의미를 이해하고 있어야 합니다. 비교적 쉬운 난이도로 출제되고 있습니다.

---

01 전체집합 $U=\{x\,|\,x$는 $1\leq x\leq10$인 자연수$\}$의 두 부분집합 $A=\{2,3,5,7\}$, $B=\{x\,|\,x$는 4의 약수$\}$에 대하여 그림과 같이 벤다이어그램의 색칠한 부분에 속하는 원소는?   2016년 2회

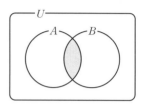

① 1   ② 2

③ 5   ④ 10

02 두 집합 $A=\{2,3,5,6,7\}$, $B=\{x\,|\,x$는 12의 약수$\}$에 대하여 오른쪽 벤다이어그램에서 색칠한 부분이 나타내는 집합은?

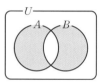

① $\{5,7\}$ ② $\{2,3,6\}$

③ $\{1,3,4,5\}$ ④ $\{1,4,5,7,12\}$

주제 2   공집합

03 두 집합 A, B에 대하여 $A\cap B=\varnothing$인 것은?

2016년 1회

① $A=\{1,3\}$, $B=\{2,4,6\}$

② $A=\{a,b,c\}$, $B=\{c,d,e\}$

③ $A=\{1,2,4\}$, $B=\{x\,|\,x$는 6의 약수$\}$

④ $A=\{x\,|\,x$는 5 이하의 짝수$\}$, $B=\{1,2,3\}$

04 다음 중 공집합인 것을 모두 고르면?

① $\{0\}$
② $\{x|x$는 $1<x<3$인 홀수$\}$
③ $\{x|x$는 한 자리의 자연수$\}$
④ $\{x|x$는 $2\leq x\leq 3$인 홀수$\}$

주제 3　　**서로 같은 집합에서 미지수 구하기**

05 두 집합 $A=\{2, 5, a+1\}$, $B=\{2, a-1, 7\}$에 대하여 $A=B$일 때, 상수 a의 값은? 　2017년 2회

① 3　　　　　　② 4
③ 5　　　　　　④ 6

06 두 집합 $A=\{a+4, 2, 3\}$, $B=\{1, 2, b+1\}$에 대하여 $A\subset B$이고 $B\subset A$일 때, $a-b$의 값은?

① -6　　　　　② -5
③ -3　　　　　④ 3

---

07 두 집합 $A=\{x|x$는 8의 약수$\}$, $B=\{1, 2, a, 2a\}$에 대하여 $A=B$일 때, 상수 a의 값은?

① 1　　　　　　② 2
③ 4　　　　　　④ 6

주제 4　　**교집합과 합집합**

08 두 집합 A, B에 대하여 $A=\{1, 2, 3, 4, 6, 12\}$, $B=\{1, 2, 4, 5, 10, 20\}$일 때, $A\cap B$는?

① $\{2, 4\}$　　　　　② $\{2, 6\}$
③ $\{1, 2, 4\}$　　　　④ $\{1, 2, 4, 6\}$

---

09 두 집합 A, B에 대하여 $A=\{2, 3, 5, 6\}$, $B=\{x|x$는 10의 약수$\}$일 때, $A\cup B$는?

① $\{2, 5\}$　　　　　② $\{1, 2, 5, 10\}$
③ $\{1, 2, 3, 5, 6\}$　　④ $\{1, 2, 3, 5, 6, 10\}$

빠른 정답 체크

01 ②　　02 ④　　03 ①　　04 ②　　05 ④　　06 ②　　07 ③

08 ③　　09 ④

10 전체집합 $U = \{1, 2, 3, 4, 5, 6\}$의 두 부분집합
$A = \{x \mid x$는 6의 약수$\}$, $B = \{2, 3\}$에 대하여
$A - B$는?   2020년 1회

① $\{1, 2\}$ ② $\{2, 3\}$

③ $\{3, 6\}$ ④ $\{1, 6\}$

11 전체집합 $U = \{1, 2, 3, 4, 5, 6, 7\}$의 두 부분집합
$A = \{1, 2, 3, 4\}$, $B = \{3, 4, 5, 6\}$에 대하여
$A \cap B^c$은?   2018년 2회

① $\{1, 2\}$ ② $\{2, 3\}$

③ $\{3, 4\}$ ④ $\{1, 2, 3\}$

12 두 집합 $A = \{1, 3, 5, 7\}$, $B = \{2, 3, 5\}$에 대하여
$A - B$는?   2017년 1회

① $\{7\}$ ② $\{1, 7\}$

③ $\{3, 5\}$ ④ $\{1, 3, 5\}$

주목

13 두 집합 $A = \{1, 3, 5, 7\}$, $B = \{2, 3, 5\}$에 대하여
$B - A$는?

① $\{7\}$ ② $\{2\}$

③ $\{3, 5\}$ ④ $\{1, 3, 5\}$

14 전체집합 $U = \{1, 2, 3, 4, 5, 6\}$의 두 부분집합
$A = \{1, 3, 5\}$, $B = \{3, 6\}$에 대하여 $A \cap B^c$은?

① $\{6\}$ ② $\{1, 5\}$

③ $\{2, 4\}$ ④ $\{1, 3, 5\}$

15 전체집합 $U = \{1, 2, 3, 4, 5, 6\}$의 두 부분집합
$A = \{x \mid x$는 6의 약수$\}$, $B = \{x \mid x$는 2의 배수$\}$에 대
하여 집합 $A - B^c$의 모든 원소의 합은?

① 4   ② 6

③ 8   ④ 10

16 두 집합 $A=\{1, 2, 5, 10\}$, $B=\{2, 3, 5, 7\}$에 대하여 $n(A \cap B)$의 값은?   2019년 2회

① 2   ② 4
③ 6   ④ 8

17 두 집합 $A=\{1, 2, 3, 6\}$, $B=\{2, 5, 7\}$에 대하여 $n(A \cup B)$의 값은?   2019년 1회

① 1   ② 2
③ 4   ④ 6

주목

18 두 집합 A, B에 대하여
$A=\{x \,|\, x$는 20 이하의 5의 배수$\}$,
$B=\{x \,|\, x$는 18의 약수$\}$일 때, $n(A \cup B)$는?

① 6   ② 8
③ 10   ④ 12

19 두 집합 A, B에 대하여 $n(A)=20$, $n(B)=15$, $n(A \cup B)=29$일 때, $n(A \cap B)$는?

① 6   ② 8
③ 10   ④ 12

20 전체집합 U의 두 부분집합 A, B에 대하여
$n(U)=30$, $n(A)=20$, $n(B)=15$,
$n(A^c \cap B^c)=4$일 때, $n(A \cap B)$는?

① 3   ② 5
③ 7   ④ 9

21 다음 중 명제가 <u>아닌</u> 것은?   2017년 2회

① $x-2 < 6$
② 8은 짝수이다.
③ 9는 3의 배수이다.
④ $x=1$이면 $x+3 > 2$이다.

빠른 정답 체크

10 ④	11 ①	12 ②	13 ②	14 ②	15 ③	16 ①
17 ④	18 ③	19 ①	20 ④	21 ①		

22 다음 중 명제가 아닌 것은?

① $2 \times 2 = 2$
② 백두산은 높은 산이다.
③ 모든 새는 날 수 있다.
④ 정삼각형은 이등변삼각형이다.

주제 8	명제의 참과 거짓 판별

23 참인 명제가 아닌 것은?   2018년 2회

① 정사각형은 직사각형이다.
② 12의 약수는 6의 약수이다.
③ 두 유리수의 합은 유리수이다.
④ 정삼각형의 세 내각의 크기는 같다.

24 다음 중 참인 명제는?   2016년 2회

① $4 + 3 < 5$이다.
② $2x + 3 = 5$이다.
③ 3은 6의 약수이다.
④ $x^2 = 1$이면 $x = 1$이다.

25 다음 중 참인 명제는?   2016년 1회

① $1 + 2 > 5$이다.
② $x + 3 = 5$이다.
③ $x = 2$이면 $2x = 4$이다.
④ 2의 배수는 4의 배수이다.

주제 9	명제의 역

26 명제 '$x = 0$이면 $x^2 = 0$이다.'의 역은?   2020년 1회

① $x^2 = 0$이면 $x = 0$이다.
② $x = 0$이면 $x^2 \neq 0$이다.
③ $x^2 \neq 0$이면 $x = 0$이다.
④ $x \neq 0$이면 $x^2 \neq 0$이다.

27 명제 'a가 짝수이면 a는 4의 배수이다.'의 역은?   2019년 1회

① a가 4의 배수이면 a는 짝수이다.
② a가 4의 배수가 아니면 a는 짝수가 아니다.
③ a가 짝수이면 a는 4의 배수가 아니다.
④ a가 짝수가 아니면 a는 4의 배수가 아니다.

28 명제 'x가 4의 약수이면 x는 8의 약수이다.'의 역은?

2017년 1회

① x가 8의 약수이면 x는 4의 약수이다.
② x가 4의 약수이면 x는 8의 약수가 아니다.
③ x가 4의 약수가 아니면 x는 8의 약수가 아니다.
④ x가 8의 약수가 아니면 x는 4의 약수가 아니다.

주목

29 다음 명제 중 그 역이 참인 것은?

① 사람이면 동물이다.
② $x=1$이면 x는 홀수이다.
③ $x^2-x=0$이면 $x=0$이다.
④ $x+y=0$이면 $xy=0$이다.

30 x, y가 실수일 때, 다음 중 그 역이 참인 명제는?

① $x=0$이면 $xy=0$이다.
② $3x-7>0$이면 $x>2$이다.
③ x, y가 짝수이면 xy는 짝수이다.
④ $|x|+|y|=0$이면 $x=0$이고 $y=0$이다.

주제 10　명제의 대우

31 명제 '$x>1$이면 $x^2>1$이다.'의 대우는?

2019년 2회

① $x<1$이면 $x^2<1$이다.
② $x\leq 1$이면 $x^2\leq 1$이다.
③ $x^2>1$이면 $x>1$이다.
④ $x^2\leq 1$이면 $x\leq 1$이다.

32 명제 '정사각형이면 직사각형이다.'의 대우는?

2018년 1회

① 직사각형이면 정사각형이다.
② 정사각형이면 직사각형이 아니다.
③ 직사각형이면 정사각형이 아니다.
④ 직사각형이 아니면 정사각형이 아니다.

33 명제 'x가 소수이면 x는 홀수이다.'의 대우는?

① x가 소수이면 x는 짝수이다.
② x가 홀수가 아니면 x는 소수가 아니다.
③ x가 홀수이면 x는 소수가 아니다.
④ x가 홀수가 아니면 x는 소수이다.

빠른 정답 체크

| 22 ② | 23 ② | 24 ③ | 25 ③ | 26 ① | 27 ① | 28 ① |
| 29 ③ | 30 ④ | 31 ④ | 32 ④ | 33 ② | | |

단원을 끝내는
엔드노트

01 집합

(1) 집합과 원소

① 주어진 조건에 따라 그 대상을 분명하게 결정할 수 있는 것들의 모임을 집합, 집합을 이루는 대상 하나 하나를 원소라고 한다.

② a가 집합 A의 원소일 때, a $\boxed{^1 \quad}$ A
  b가 집합 B의 원소가 아닐 때, $b \notin B$

(2) 집합 사이의 포함 관계

① 집합 A의 모든 원소가 집합 B에 속할 때, 집합 A를 집합 B의 부분집합이라고 하고,
  A $\boxed{^2 \quad}$ B와 같이 나타낸다.

② $A \subset B$이고 $A \neq B$일 때, 집합 A를 집합 B의 진부분집합이라고 한다.

(3) 합집합과 교집합: 집합 A, B에서

① $A \cup B = \{x \mid x \in A \boxed{^3 \quad} x \in B\}$

② $A \cap B = \{x \mid x \in A \boxed{^4 \quad} x \in B\}$

02 집합의 연산

(1) 집합의 연산 법칙: 세 집합 A, B, C에 대하여

① 교환법칙 $A \cup B = B \cup A$, $A \cap B = B \cap A$

② 결합법칙 $A \cup (B \cup C) = (A \cup B) \cup C$,
  $A \cap (B \cap C) = (A \cap B) \cap C$

③ 분배법칙 $A \cup (B \cap C) = (A \cup B) \cap (A \cup C)$,
  $A \cap (B \cup C) = (A \cap B) \cup (A \cap C)$

(2) 여집합과 차집합

① 집합 A가 전체집합 U의 부분집합일 때
  $A^C = \{x \mid x \in U$ 그리고 $x \boxed{^5 \quad} A\}$

② 집합 A, B에서
  $A - B = \{x \mid x \in A$ 그리고 $x \boxed{^6 \quad} B\}$

03 명제

(1) 명제와 조건

① 참, 거짓을 명확하게 판별할 수 있는 문장이나 식을 명제라고 한다.

② 변수의 값에 따라 참, 거짓을 판별할 수 있는 문장이나 식을 조건이라고 한다.

(2) 명제 $p \longrightarrow q$의 참과 거짓

조건 p, q의 진리집합을 각각 P, Q라고 할 때

① $P \subset Q$이면 명제 $p \longrightarrow q$는 $\boxed{^7 \quad}$ 이다.

② $P \not\subset Q$이면 명제 $p \longrightarrow q$는 $\boxed{^8 \quad}$ 이다.

(3) 명제의 역과 대우

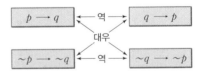

(4) 충분조건과 필요조건

p, q가 조건일 때

① $p \Longrightarrow q$이면 p는 q이기 위한 $\boxed{^9 \quad}$ 조건, q는 p이기 위한 $\boxed{^{10} \quad}$ 조건이라고 한다.

② $p \Longleftrightarrow q$일 때, p는 q이기 위한 $\boxed{^{11} \quad}$ 조건이라고 한다.

(5) 절대부등식: 주어진 집합의 모든 원소에 대하여 항상 성립하는 부등식을 절대부등식이라 한다.

정답 　1 $\in$ 　2 $\subset$ 　3 또는 　4 그리고 　5 $\notin$ 　6 $\notin$ 　7 참 　8 거짓 　9 충분 　10 필요 　11 필요충분

01 두 집합 A, B가 오른쪽 벤다
이어그램과 같을 때, 다음 중
옳지 <u>않은</u> 것은?

① $1 \in B$
② $4 \notin A$
③ $\{1, 2, 3\} \in B$
④ $\{0\} \not\subset A$

02 두 집합 $A = \{3, 6, 8\}$, $B = \{8, x+1, 6\}$에 대하
여 $A \subset B$, $B \subset A$일 때, 상수 x의 값은?

① 2   ② 3
③ 4   ④ 5

03 집합 $A = \{1, 2, a+1\}$, $B = \{5, a-3\}$에서
$A \cap B = \{2\}$일 때, $A \cup B$는?

(단, a는 실수이다.)

① $\{2, 5, 6\}$
② $\{1, 2, 4, 5\}$
③ $\{1, 2, 5, 6\}$
④ $\{1, 2, 3, 5, 6\}$

04 집합 A, B가 전체집합 U의 부분집합이고
$n(U) = 20$, $n(A) = 10$, $n(B) = 13$,
$n(A \cup B) = 17$일 때, $n(A^C \cup B^C)$은?

① 5   ② 8
③ 12   ④ 14

05 다음 중에서 명제가 <u>아닌</u> 것은?

① $|x| < 2$
② 3은 10의 약수이다.
③ 4는 집합 $\{1, 3\}$의 원소가 아니다.
④ $x = 1$이면 $x^2 = 1$이다.

06 다음은 실수 a, b에 대하여 부등식 $a^2 + b^2 \geq ab$
가 성립함을 증명하는 과정이다. (가), (나)에 들어
갈 알맞은 말을 써넣어라.

> **증명**
>
> $a^2 + b^2 - ab = \left(a - \boxed{\text{(가)}}\right)^2 + \dfrac{3}{4}b^2$
>
> a, b가 실수이므로 $\left(a - \boxed{\text{(가)}}\right)^2 \geq 0$, $\dfrac{3}{4}b^2 \geq 0$
>
> 따라서 $\left(a - \boxed{\text{(가)}}\right)^2 + \dfrac{3}{4}b^2 \geq 0$이므로
>
> $a^2 + b^2 \geq ab$이고, 등호는 $\boxed{\text{(나)}}$일 때 성립한다.

단원을
닫으며

기초 개념을 묻는 문제 위주로 출제되고 있는 단원이에요. 복잡하고 어려운 개념 또는 공식을 이해하고 외우
려하기보다는 기출문제 위주로 집합과 명제에 대한 기초 개념을 확인할 수 있는 문제 위주로 연습해 보세요.

05

함수와 그래프

사람이 태어날 때
고유 번호인 주민 등록 번호!
이 세상에서 나의
주민 등록 번호는
오직 하나라고!

멍!

함수와 그래프

이번 단원에서는 함수의 뜻과 그래프, 합성함수, 역함수, 유리함수와 그 그래프, 무리함수와 그 그래프를 공부합니다.

기본 다지기 **1. 함수**

1 함수

정답과 해설 26쪽

1. 대응: 두 집합 X, Y에 대하여 X의 원소에 Y의 원소를 짝 짓는 것을 X에서 Y로의 대응이라 한다. 이때 X의 원소 x에 Y의 원소 y가 짝 지어지면 x에 y가 대응한다고 보며, 기호로 $x \longrightarrow y$와 같이 나타낸다.

2. 함수: 두 집합 X, Y에 대하여 X의 각 원소에 Y의 원소가 오직 하나씩 대응할 때, 이 대응을 X에서 Y로의 함수라 하고, 기호로
$f : X \longrightarrow Y$ 또는 $X \xrightarrow{\ f\ } Y$로 나타낸다.

쏙쏙 이해 더하기 | $X \longrightarrow Y$가 함수인지 판별하는 방법

방법 1 대응 관계에서의 판별
집합 X의 각 원소에 대응하는 집합 Y의 원소가 1개인 대응이 함수이다.

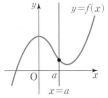

| X의 각 원소에 대하여 Y의 원소가 오직 하나씩 대응한다. | X의 원소 3에 대응하는 Y의 원소가 없다. | X의 원소 1에 대응하는 Y의 원소가 a, c로 2개이다. |

↓ ↓ ↓

대응 $X \longrightarrow Y$는 함수이다.   대응 $X \longrightarrow Y$는 함수가 아니다.

방법 2 그래프에서의 판별
y축에 평행한 직선 $x=a$를 그었을 때, 그래프와 한 점에서 만나면 함수의 그래프이다.

직선 $x=a$와 주어진 그래프의 교점이 1개이다.
➡ 함수의 그래프이다.

직선 $x=a$와 주어진 그래프의 교점이 2개이다.
➡ 함수의 그래프가 아니다.

➕ 함수를 활을 쏘는 것으로 생각하면 모든 사람이 한 개씩만 쏘아야 해요.

TIP 이렇게 공부하세요

함수가 될 수 없는 경우

① X의 원소 중에서 대응하지 않고 남아 있는 원소가 있을 때, 함수가 될 수 없어요.

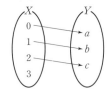

② X의 한 원소에 Y의 원소가 두 개 이상 대응할 때, 함수가 될 수 없어요.

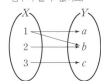

① **정의역**: 집합 X의 모든 원소
② **공역**: 집합 Y의 모든 원소
③ **함숫값**: 정의역 X의 원소 x에 대응하는 공역 Y의 원소 y를 $f(x)$라 할 때, $f(x)$를 x에 대한 함숫값이라 한다.

➡ 함수 $y=f(x)$에서 $f(a)$는 $x=a$일 때의 함숫값(y의 값)이다.

예 $f(x)=2x+5$에 대하여 $f(1)=2\times1+5=7$

④ **치역**: 함숫값 전체의 집합, 즉 $\{f(x)|x\in X\}$

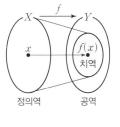

TIP 이렇게 공부하세요

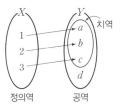

① 정의역: $X=\{1, 2, 3\}$
② 공역: $Y=\{a, b, c, d\}$
③ 치역: $\{a, b, c\}$
④ 치역⊂공역

3. **서로 같은 함수**: 두 함수 f, g에 대하여 정의역과 공역이 각각 같고 정의역 기호로 모든 원소 x에 대하여 $f(x)=g(x)$일 때, 두 함수 f와 g는 서로 같다고 하고, 기호로 $f=g$와 같이 나타낸다.

┌ **예시**
│ 두 집합 $X=\{-1, 0, 1\}$, $Y=\{-2, -1, 0, 1, 2\}$에 대하여
│ X에서 Y로의 두 함수 f, g가 $f(x)=x$, $g(x)=x^3$일 때,
│ $f(-1)=g(-1)=-1$, $f(0)=g(0)=0$, $f(1)=g(1)=1$
│ $\therefore f=g$

4. **함수의 그래프**: 함수 $f:X \longrightarrow Y$에서 정의역 X의 원소 x와 이에 대응하는 함숫값 $f(x)$의 순서쌍 $(x, f(x))$ 전체의 집합 $\{(x, f(x))|x\in X\}$를 함수 f의 그래프라 한다.

01 다음 대응 중 집합 X에서 집합 Y로의 함수인 것을 찾고, 그 함수의 정의역, 공역, 치역을 구하여라.

(1) 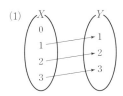   (2) 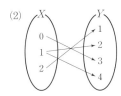   (3)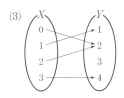

02 다음 함수의 정의역과 치역을 구하여라.

(1) $y=2x-5$ (2) $y=|x|+1$ (3) $y=-\dfrac{6}{x}$

03 다음 두 함수가 서로 같은 함수인지 알아보아라.

(1) $f(x)=|x|$, $g(x)=\sqrt{x^2}$ (2) $f(x)=x-2$, $g(x)=\dfrac{x^2-4}{x+2}$

✚ 두 함수 f와 g가 서로 같다면 즉 $f=g$이면
① 정의역과 공역이 각각 같아요.
② 함숫값이 서로 같아요.

TIP 이렇게 공부하세요

일대일대응의 그래프인지 판별하려면 함수 $y=f(x)$의 그래프를 지나는 직선 $y=k(k$는 상수)를 그려 보고, 두 그래프의 교점의 개수가 1개이고 (치역)=(공역)이면 일대일대응이에요.

· 일대일대응(○)

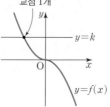

· 일대일대응(×)

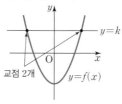

1. 일대일함수
① 함수 $f:X \longrightarrow Y$에서 정의역 X의 두 원소 x_1, x_2에 대하여
$x_1 \neq x_2$이면 $f(x_1) \neq f(x_2)$인 함수
② 함수 $f:X \longrightarrow Y$는 정의역 X의 서로 다른 두 원소에 대응하는 공역 Y의 원소가 항상 서로 다르다.

2. 일대일대응: 함수 $f:X \longrightarrow Y$가 일대일함수이고, 치역과 공역이 같은 함수

쏙쏙 이해 더하기 | 일대일함수와 일대일대응 판별

정의역의 원소 1, 2, 3의 함숫값이 각각 a, b, c로 서로 다르다.
➡ 일대일함수이다.
➡ 일대일대응이다.

정의역의 원소 1, 2, 3의 함숫값이 각각 b, a, c로 서로 다르다.
➡ 일대일함수이다.
➡ 일대일대응이 아니다.

정의역의 두 원소 1, 2의 함숫값이 모두 a이다.
➡ 일대일함수가 아니다.

일대일대응이면 일대일함수이지만, 일대일함수라고 해서 모두 일대일대응은 아니다.

3. 항등함수: 함수 $f:X \longrightarrow X$에서 정의역 X의 각 원소 x에 그 자신 x가 대응하는 함수, 즉 $f(x)=x$인 함수

＋ 항등함수의 그래프

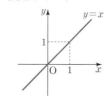

항등함수 f의 함수식은 $f(x)=x(x \in X)$이므로 그 그래프는 직선 $y=x$ 위에 나타나요.

4. 상수함수: 함수 $f:X \longrightarrow Y$에서 정의역 X의 모든 원소 x에 공역 Y의 오직 하나의 원소 c가 대응하는 함수, 즉 $f(x)=c$인 함수

＋ 상수함수의 그래프

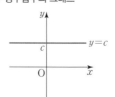

상수함수 f의 함수식은 $f(x)=c(c$는 상수)이므로 그 그래프는 x축과 평행한 직선 $y=c$ 위에 나타나요.

예 ① 일대일함수 　② 일대일대응 　③ 항등함수 　④ 상수함수

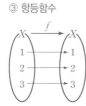

04 다음 중 일대일함수, 항등함수, 상수함수의 그래프를 각각 찾아라.

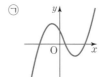   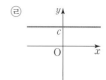

05 두 집합 $X=\{x|1 \leq x \leq 3\}$, $Y=\{y|5 \leq y \leq 9\}$에 대하여 X에서 Y로의 함수 $f(x)=ax+b$가 일대일대응일 때, 상수 a, b의 값을 구하여라. (단, $a>0$)

정답과 해설 26쪽

3 합성함수

TIP 이렇게 공부하세요

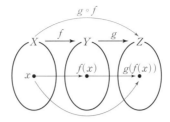

1. **합성함수**: 두 함수 $f:X \longrightarrow Y$, $g:Y \longrightarrow Z$가 주어질 때, 집합 X의 각 원소 x에 집합 Z의 원소 $g(f(x))$를 대응시키는 함수를 f와 g의 합성함수라 하고, 기호로 $g \circ f$와 같이 나타낸다. 즉

$$g \circ f : X \longrightarrow Z, \ (g \circ f)(x) = g(f(x))$$

작품과 작가, 작가가 태어난 국가의 분류를 이용하여 두 함수를 연속적으로 대응시키면 그 결과가 또다시 함수가 되는 것을 알 수 있어요.

예시

오른쪽 그림과 같은 두 함수 f, g에 대하여

$(g \circ f)(-1) = g(f(-1)) = g(2) = 4$

$(g \circ f)(0) = g(f(0)) = g(1) = 3$

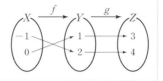

★ 2. **두 함수 f, g에서 $(f \circ g)(a)$의 값 구하기**

① 합성함수 $(f \circ g)(x) = f(g(x))$에 x 대신 a를 대입한다.

② $(f \circ g)(a) = f(g(a))$이므로 $g(a)$의 값을 구하여 $f(x)$에 대입한다.

➕ $g \circ f$

함수 f를 함수 g에 합성한 함수

➡ $(g \circ f)(x) = g(f(x))$

$f \circ g$

함수 g를 함수 f에 합성한 함수

➡ $(f \circ g)(x) = f(g(x))$

쏙쏙 이해 더하기

$(g \circ f)(x) = g(f(x))$ ⟵ $g(x)$의 x 대신 $f(x)$를 대입하라는 뜻

$(f \circ g)(x) = f(g(x))$ ⟵ $f(x)$의 x 대신 $g(x)$를 대입하라는 뜻

3. **합성함수의 성질**

세 함수 f, g, h에 대하여

① $g \circ f \neq f \circ g$ ⬅ 교환법칙이 성립하지 않는다.

② $f \circ (g \circ h) = (f \circ g) \circ h$ ⬅ 결합법칙이 성립한다.

③ $f \circ I = I \circ f = f$ (단, I는 X에서의 항등함수이다.)

TIP 이렇게 공부하세요

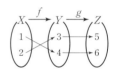

예 (1) 두 함수 $f(x) = x+1$, $g(x) = 3x$에 대하여

$(f \circ g)(1) = f(g(1)) = f(3) = 4$

$(g \circ f)(1) = g(f(1)) = g(2) = 6$

$(f \circ g)(x) = f(g(x)) = f(3x) = 3x+1$

$(g \circ f)(x) = g(f(x)) = g(x+1) = 3(x+1) = 3x+3$

$\therefore (f \circ g)(x) \neq (g \circ f)(x)$ ➡ 교환법칙이 성립하지 않는다.

(2) $(h \circ (g \circ f))(x) = h((g \circ f)(x)) = h(g(f(x)))$

$((h \circ g) \circ f)(x) = (h \circ g)(f(x)) = h(g(f(x)))$

$\therefore h \circ (g \circ f) = (h \circ g) \circ f$ ➡ 결합법칙 성립

(3) 항등함수 I에 대하여 ⟹ $I(x) = x$이므로

$(f \circ I)(x) = f(I(x)) = f(x)$

$(I \circ f)(x) = I(f(x)) = f(x)$

$\therefore f \circ I = I \circ f = f$

$(g \circ f)(1) = g(f(1))$

$\qquad = g(4) = 6$

$(g \circ f)(2) = g(f(2))$

$\qquad = g(3) = 5$

06 두 함수 $f:X \longrightarrow Y$, $g:Y \longrightarrow Z$가 오른쪽 그림과 같이 정의되어 있을 때, 다음을 구하여라.

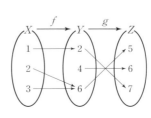

(1) $(g \circ f)(1)$

(2) $(g \circ f)(3)$

07 두 함수 $f(x)=2x-1$, $g(x)=x+1$에 대하여 다음 합성함수를 구하여라.

(1) $(g \circ f)(0)$

(2) $(f \circ g)(0)$

(3) $(f \circ f)(1)$

(4) $(g \circ g)(1)$

---

4 역함수

정답과 해설 26쪽

1. 역함수: 함수 $f:X \longrightarrow Y$가 일대일대응일 때, 집합 Y의 각 원소 y에 대하여 $f(x)=y$인 집합 X의 원소 x를 대응시키는 함수를 f의 역함수라 하고, 기호로 $f^{-1}(x)$와 같이 나타낸다. 즉

$$f^{-1}:Y \longrightarrow X, \quad \underbrace{x=f^{-1}(y)}_{\Leftrightarrow y=f(x)}$$

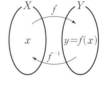

✚ **역함수가 존재하기 위한 조건**
함수 $f(x)$의 역함수가 존재하기 위한 필요충분조건은 함수 $y=f(x)$가 일대일대응인 것이에요.

예시

함수 $f:X \longrightarrow Y$에서 다음 물음에 답하여라.
(1) $f^{-1}(2)$의 값은 3
(2) $f(4)+f^{-1}(4)$의 값은 8
(3) $f^{-1}(a)=3$을 만족시키는 a의 값은 2

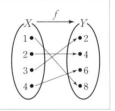

✚ 함수 f의 정의역 X는 역함수 f^{-1}의 치역이고, 함수 f의 치역 Y는 역함수 f^{-1}의 정의역이에요.

2. 역함수 구하기

① 주어진 함수 $y=f(x)$가 일대일대응인지 확인한다.
② $y=f(x)$에서 x를 y에 대한 식 $x=f^{-1}(y)$ 꼴로 나타낸다.
③ x와 y를 서로 바꾸어 $y=f^{-1}(x)$로 나타낸다.
④ 주어진 함수 $y=f(x)$의 치역을 역함수의 정의역으로 한다.

예시

함수 $y=3x+2$의 역함수를 구하면

$3x=y-2$ $\quad \therefore x=\dfrac{1}{3}y-\dfrac{2}{3}$

여기서 x와 y를 서로 바꾸면 $y=\dfrac{1}{3}x-\dfrac{2}{3}$

✚ ① 함수 $f(x)$의 역함수 $f^{-1}(x)$에 대하여
$f(a)=b \Leftrightarrow f^{-1}(b)=a$
로 나타내요.
② 함수 $y=f(x)$와 그 역함수 $y=f^{-1}(x)$의 그래프는 직선 $y=x$에 대하여 대칭이에요.

08 오른쪽 그림과 같은 함수 $f:X \longrightarrow Y$에 대하여 다음을 구하여라.

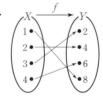

(1) $f^{-1}(2)$

(2) $(f^{-1})^{-1}(4)$

(3) $(f^{-1} \circ f)(2)$

(4) $(f \circ f^{-1})(8)$

TIP 이렇게 공부하세요

$(f \circ g)^{-1}(1)=k$라 하면
$(f \circ g)(k)=1$이에요.
즉, $f^{-1}(a)=k$이면
$f(k)=a$

09 다음 함수의 역함수를 구하여라.

(1) $y=2x+3$

(2) $y=\dfrac{1}{2}x-\dfrac{1}{4}$

5 역함수의 성질

함수 $f:X \longrightarrow Y$가 일대일대응일 때, 그 역함수 $f^{-1}:Y \longrightarrow X$에 대하여

① $(f^{-1})^{-1}=f$ ← 함수 f의 역함수의 역함수는 f이다.

② $(f^{-1} \circ f)(x)=x \ (x \in X)$ ← 집합 X에서의 항등함수

③ $(f \circ f^{-1})(y)=y \ (y \in Y)$ ← 집합 Y에서의 항등함수

④ 함수 $g:Y \longrightarrow Z$가 일대일대응이고 그 역함수가 g^{-1}일 때,
$(g \circ f)^{-1}=f^{-1} \circ g^{-1}$

쏙쏙 이해 더하기

역함수의 정의에 의해서 집합 X의 임의의 원소 x에 대하여

$y=f(x) \Leftrightarrow x=f^{-1}(y)$이므로

$(f^{-1} \circ f)(x)=f^{-1}(f(x))=f^{-1}(y)=x \ (x \in X)$

$(f \circ f^{-1})(y)=f(f^{-1}(y))=f(x)=y \ (y \in Y)$

임을 알 수 있다.

즉, 합성함수 $f^{-1} \circ f$는 집합 X에서의 항등함수이고, $f \circ f^{-1}$는 집합 Y에서의 항등함수이다.

예시

함수 f가 일대일대응이고, $f(3)=2$, $f(8)=3$일 때, 다음을 구하여라.

(1) $f^{-1}(2)$ (2) $(f \circ f^{-1})(3)$

➡ (1) $f^{-1}(2)=3$

(2) $(f \circ f^{-1})(3)=f(f^{-1}(3))=f(8)=3 \ (\because f(8)=3$에서 $f^{-1}(3)=8)$

TIP 이렇게 공부하세요

일차함수의 역함수 구하는 방법

$y=ax+b \ (a \neq 0)$에 대하여

① x를 y에 대한 식으로 나타내요.

➡ $x=\dfrac{1}{a}y-\dfrac{b}{a}$

② x와 y를 서로 바꿔요.

➡ $y=\dfrac{1}{a}x-\dfrac{b}{a}$

10 함수 f가 $f(x)=\dfrac{1}{3}x+2$일 때, $(g \circ f)(x)=x$를 만족시키는 함수 $g(x)$를 구하여라.

11 실수 전체의 집합에서 정의된 두 함수 $f(x)=2x-3$, $g(x)=x+4$에 대하여 $(g^{-1} \circ f)(5)$의 값을 구하여라.

12 함수 f, g가 $f(x)=-2x+5$, $g(x)=3x-2$일 때, $(f \circ (g \circ f)^{-1} \circ f)(2)$의 값을 구하여라.

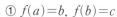**6 함수와 그 역함수의 그래프**

정답과 해설 26쪽

➕ 함수 $f(x)$에 대하여
역함수 $f^{-1}(x)$가 존재할 때, 함수
$y=f(x)$의 그래프와 직선 $y=x$
의 교점이 존재하면 그 교점은 두
함수 $y=f(x)$, $y=f^{-1}(x)$의 그
래프의 교점과 같아요.

1. 함수 $y=f(x)$와 그 역함수 $y=f^{-1}(x)$에 대하여
   ① 함수 $y=f(x)$의 그래프와 그 역함수 $y=f^{-1}(x)$의 그래프는
      직선 $y=x$에 대하여 대칭이다.
   ② 함수 $y=f(x)$의 그래프가 점 (a, b)를 지나면
      그 역함수 $y=f^{-1}(x)$의 그래프는 점 (b, a)를 지난다.

2. 함수 $y=f(x)$의 그래프와 직선 $y=x$가 오른쪽 그림
   과 같을 때,
   ① $f(a)=b$, $f(b)=c$
   ② $(f \circ f)(a)=f(f(a))=f(b)=c$
   ③ $f^{-1}(c)=b$, $f^{-1}(b)=a$

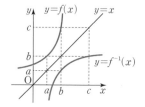

---

13 함수 $y=f(x)$의 그래프와 그 역함수 $y=3x-5$의 그래프의 교점의 좌표를 구하여라.

14 함수 $y=f(x)$의 그래프와 직선 $y=x$가 오른쪽 그림과 같을 때, 다음을 구하여라. (단, 모든 점선은 x축 또는 y축에 평행하다.)

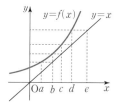

(1) $(f \circ f)(a)$　　　　(2) $(f \circ f)^{-1}(d)$

15 함수 $f(x)=ax+b$의 그래프와 역함수 $y=f^{-1}(x)$의 그래프가 점 $(6, 1)$에서 만날 때, ab의 값을 구하여라. (단, a, b는 상수이다.)

TIP 이렇게 공부하세요

점 (a, b)가 함수 $y=f(x)$의
그래프 위의 점이면 (b, a)는
역함수 $y=f^{-1}(x)$의 그래프
위의 점이다.

1 유리식의 뜻과 성질

정답과 해설 28쪽

1. **유리식:** 두 다항식 A, $B(B \neq 0)$에 대하여 $\dfrac{A}{B}$의 꼴로 나타낼 수 있는 식

2. **분수식:** 유리식 중에서 다항식의 꼴로 나타낼 수 없는 식
   (분모가 일차 이상의 다항식인 유리식)

3. **유리식의 성질:** 다항식 A, B, C ($B \neq 0$, $C \neq 0$)

   ① $\dfrac{A}{B} = \dfrac{A \times C}{B \times C}$ ② $\dfrac{A}{B} = \dfrac{A \div C}{B \div C}$

   ➡ 유리식을 통분할 때에는 ①의 성질을, 약분할 때에는 ②의 성질을 이용한다.

   예 $\dfrac{1}{x^2+x} + \dfrac{1}{x+1} = \dfrac{1}{x(x+1)} + \dfrac{x}{x(x+1)} = \dfrac{x+1}{x(x+1)} = \dfrac{1}{x}$

   $\dfrac{x}{x+3} \times \dfrac{x+3}{x^2-x} = \dfrac{x}{x+3} \times \dfrac{x+3}{x(x-1)} = \dfrac{x(x+3)}{x(x+3)(x-1)} = \dfrac{1}{x-1}$

TIP 이렇게 공부하세요

유리식 $\dfrac{A}{B}$ ($B \neq 0$)

① 다항식: B가 상수일 때

$3x,\ 2x^2-1,\ \dfrac{x^2+1}{2} \cdots$

② 분수식: B가 일차 이상의
   다항식일 때

$\dfrac{1}{x},\ \dfrac{x-1}{x^2+1}+1,\ \dfrac{5}{2x-1} \cdots$

✚ ┌─ 유리식 ─┐
   │ 다항식 │ 분수식 │
   └────────┘

01 〈보기〉의 식에 대하여 다음에 답하여라.

> **보기**
>
> ㉠ $\dfrac{x+1}{2x}$ ㉡ $\dfrac{x}{2} + \dfrac{1}{3}$ ㉢ $\dfrac{x^2-5x}{3}$ ㉣ $\dfrac{x-1}{x(x+1)}$

(1) 다항식인 것만을 있는 대로 골라라.

(2) 다항식이 아닌 유리식인 것만을 있는 대로 골라라.

02 다음 유리식을 간단히 하여라.

(1) $\dfrac{18x^2yz^3}{24x^2y^2z^2}$ (2) $\dfrac{x^3-2x^2-8x}{x^2-4x}$

2 유리식의 계산

정답과 해설 28쪽

1. **유리식의 사칙연산:** 네 다항식 A, B, C, D ($C \neq 0$, $D \neq 0$)에 대하여

   ① $\dfrac{A}{C} \pm \dfrac{B}{C} = \dfrac{A \pm B}{C}$, $\dfrac{A}{C} \pm \dfrac{B}{D} = \dfrac{AD \pm BC}{CD}$ (복호동순)

   ② $\dfrac{A}{C} \times \dfrac{B}{D} = \dfrac{AB}{CD}$, $\dfrac{A}{C} \div \dfrac{B}{D} = \dfrac{A}{C} \times \dfrac{D}{B} = \dfrac{AD}{BC}$ (단, $B \neq 0$)

2. **부분분수로의 변형**

   $\dfrac{1}{AB} = \dfrac{1}{B-A}\left(\dfrac{1}{A} - \dfrac{1}{B}\right)$ (단, $A \neq B$)

03 다음 식을 계산하여라.

(1) $\dfrac{x+2}{x-3} - \dfrac{x-1}{x-2}$ (2) $\dfrac{1}{(x+1)(x+2)} + \dfrac{1}{(x+2)(x+3)}$

3 유리함수의 뜻

1. 유리함수: $y=f(x)$에서 $f(x)$가 x에 대한 유리식인 함수

2. 다항함수: $y=f(x)$에서 $f(x)$가 x에 대한 다항식인 함수

04 〈보기〉의 함수에 대하여 다음에 답하여라.

> **보기**
> ㉠ $y=\dfrac{x+1}{3}$ ㉡ $y=\dfrac{4}{x}$
> ㉢ $y=\dfrac{5x-5}{x+2}$ ㉣ $y=2x^2-\dfrac{1}{3}$

(1) 다항함수인 것만을 있는 대로 골라라.

(2) 다항함수가 아닌 유리함수인 것만을 있는 대로 골라라.

＋ 유리함수
① 다항함수: $y=x+1$,
   $y=x^2+3x-2$, …
② 분수함수: $y=\dfrac{1}{x}$, $y=\dfrac{2x-3}{x+2}$ …

TIP 이렇게 공부하세요
① 함수 $y=\dfrac{3}{x}$의 정의역은
   $\{x\,|\,x\neq0$인 실수$\}$이에요.
② 함수 $y=\dfrac{x}{x^2+2}$의 정의역
   은 실수 전체의 집합이에
   요. (단, $x^2+2>0$)

＋ 분수함수
$y=f(x)$에서 $f(x)$가 x에 대한 분수
식인 함수를 말해요.

유리함수 ⎡ 다항함수
        ⎣ 분수함수

4 유리함수 $y=\dfrac{k}{x}$ $(k\neq0)$의 그래프

1. 유리함수 $y=\dfrac{k}{x}$ $(k\neq0)$의 그래프

① 정의역과 치역은 모두 0이 아닌 실수 전체의 집합이다.
② $k>0$이면 그래프는 제1, 3사분면에 있고,
   $k<0$이면 그래프는 제2, 4사분면에 있다.
③ 원점 및 두 직선 $y=x$, $y=-x$에 대하여 대칭이다.
④ 점근선은 x축, y축이다.

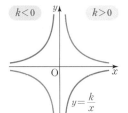

2. 유리함수 $y=\dfrac{k}{x}$ $(k\neq0)$의 그래프는 $|k|$의 값이 클수록 원점으로부터 멀어진다.

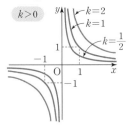   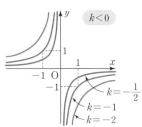

TIP 이렇게 공부하세요

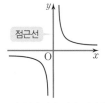
점근선

곡선 위의 점이 어떤 직선에
한없이 가까워질 때, 이 직선
을 그 곡선의 점근선이라고
해요.

05 다음 유리함수의 그래프를 그려라.

(1) $y=\dfrac{2}{x}$

(2) $y=\dfrac{1}{3x}$

(3) $y=-\dfrac{3}{x}$

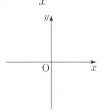

⑤ 유리함수 $y=\dfrac{k}{x-p}+q\ (k\neq0)$의 그래프

1. 유리함수 $y=\dfrac{k}{x}$의 그래프를 x축의 방향으로 p만큼, y축의 방향으로 q만큼 평행 이동한 것이다.

2. 정의역은 $\{x\,|\,x\neq p$인 실수$\}$, 치역은 $\{y\,|\,y\neq q$인 실수$\}$이다.

3. 점 $(p,\ q)$에 대하여 대칭이다.

4. 점근선은 두 직선 $x=p$, $y=q$이다.

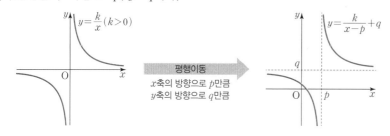

06 다음 유리함수의 그래프를 x축의 방향으로 1만큼, y축의 방향으로 2만큼 평행이동 한 식과 그 그래프를 그려라.

(1) $y=\dfrac{1}{x}$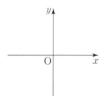

(2) $y=\dfrac{3}{x}$

(3) $y=-\dfrac{1}{x}$

⑥ 유리함수 $y=\dfrac{ax+b}{cx+d}\ (c\neq0,\ ad-bc\neq0)$의 그래프

1. 함수 $y=\dfrac{ax+b}{cx+d}\ (c\neq0,\ ad-bc\neq0)$의 그래프는

$y=\dfrac{k}{x-p}+q\ (k\neq0)$의 꼴로 변형하여 그린다.

➡ 분자를 분모로 나누어 $\dfrac{(\text{나머지})}{(\text{분모})}+(\text{몫})$의 꼴로 변형한다.

예 유리함수 $y=\dfrac{3x-1}{x-1}$ 은 $y=\dfrac{3x-1}{x-1}=\dfrac{3(x-1)+2}{x-1}=\dfrac{2}{x-1}+3$으로 변형할수 있다.

$$\begin{array}{r} +\qquad 3 \\ x-1\overline{\smash{)}\,3x-1} \\ \underline{3x-3} \\ 2 \end{array}$$

2. 점근선의 방정식

$x=-\dfrac{d}{c}$ (분모를 0으로 하는 x의 값), $y=\dfrac{a}{c}$ (일차항 x의 계수의 비)

3. 점 $\left(-\dfrac{d}{c},\ \dfrac{a}{c}\right)$에 대하여 대칭이다.

07 오른쪽 그림과 같이 함수 $y=\dfrac{ax+b}{x+c}$ 의 그래프가
점 $(0,\ 4)$를 지나고, 점근선의 방정식이 $x=-4,\ y=2$일
때, 상수 $a,\ b,\ c$의 값을 구하여라.

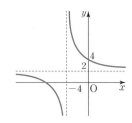

정답과 해설 **28**쪽

7 유리함수 $y=\dfrac{ax+b}{cx+d}\ (c\neq0,\ ad-bc\neq0)$**의 역함수**

1. 역함수를 구하는 방법

　　유리함수 $y=\dfrac{ax+b}{cx+d}(c\neq0,\ ad-bc\neq0)$의 역함수는 다음과 같은 순서로 구한다.

　　① x를 y에 대한 식으로 나타낸다. ➡ $x=\dfrac{-dy+b}{cy-a}$

　　② x와 y를 서로 바꾼다. ➡ $y=\dfrac{-dx+b}{cx-a}$

> **예시**
>
> $y=\dfrac{1}{x-1}$ 의 역함수를 구하면
>
> ① $y(x-1)=1$에서　$x=\dfrac{1}{y}+1$
>
> ② x와 y를 서로 바꾸어 대입하면　$y=\dfrac{1}{x}+1$ ← 역함수의 식
>
> ③ 역함수의 정의역은 함수 $y=\dfrac{1}{x-1}$ 의 치역인 $\{y\,|\,y\neq0$인 실수$\}$에서 y를 x로 바꾼
> $\{x\,|\,x\neq0$인 실수$\}$이다.

2. $y=\dfrac{-dx+b}{cx-a}$ 의 점근선의 방정식: $x=\dfrac{a}{c},\ y=-\dfrac{d}{c}$

---

08 함수 $f(x)=\dfrac{4x-1}{2x+3}$ 의 역함수가 $f^{-1}(x)=\dfrac{ax+b}{2x+c}$ 일 때, 상수 $a,\ b,\ c$의 값을 구하여라.

09 함수 $f(x)=\dfrac{2x+3}{x-1}$ 의 역함수가 $f^{-1}(x)=\dfrac{ax+b}{x+c}$ 일 때, 상수 $a,\ b,\ c$의 값을 구하여라.

TIP 이렇게 공부하세요

유리함수 $y=\dfrac{ax+b}{cx+d}$ 의 역함수

$y=\dfrac{-dx+b}{cx-a}$ 는 원래 함수의 식에서 분자의 x의 계수인 a와 분모의 상수항인 d의 위치가 서로 바뀌고, 그 부호가 각각 바뀐 것과 같아요.

8 무리식의 뜻

정답과 해설 28쪽

1. 무리식: 근호 안에 문자가 포함된 식 중에서 유리식으로 나타낼 수 없는 식

예 $\sqrt{x-3}$, $\sqrt{x}+\sqrt{y}$, $\dfrac{x}{\sqrt{x+2}}$ 은 무리식, $\dfrac{\sqrt{3}}{x}$, $\dfrac{1}{x+\sqrt{2}}$ 은 유리식이다.

2. 무리식을 계산할 때에는

(근호 안에 있는 식의 값)≥ 0, (분모)$\neq 0$이 되는 문자의 값의 범위에서만 생각한다.

예 ① 무리식 $\sqrt{x+2}$의 값이 실수가 되려면 $x+2\geq 0$ $\therefore x\geq -2$

② 무리식 $\dfrac{x}{\sqrt{x-1}}$의 값이 실수가 되려면 $x-1>0$ $\therefore x>1$

> **TIP** 이렇게 공부하세요
>
> **무리식의 값이 실수가 되는 조건**
>
> ➡ (근호 안의 식의 값)≥ 0, (분모)$\neq 0$

---

10 다음 무리식의 값이 실수가 되도록 하는 실수 x의 값의 범위를 구하여라.

(1) $\sqrt{3x+5}$

(2) $\dfrac{1}{\sqrt{x-2}}$

(3) $\sqrt{3-x}+\sqrt{3x+6}$

(4) $\sqrt{x-2}+\dfrac{1}{\sqrt{3-x}}$

> ➕ ① $\sqrt{A}$가 실수 $\Leftrightarrow A\geq 0$
>
> ② $\dfrac{1}{\sqrt{A}}$이 실수 $\Leftrightarrow A>0$

---

9 무리함수의 뜻

정답과 해설 28쪽

1. 무리함수: 함수 $y=f(x)$에서 $f(x)$가 x에 대한 무리식인 함수

예 $y=\sqrt{x}$, $y=\sqrt{3x-1}$

2. 무리함수에서 정의역이 주어져 있지 않은 경우에는 근호 안의 식의 값이 0 이상이 되도록 하는 실수 전체의 집합을 정의역으로 한다.

즉, (근호 안의 식의 값)≥ 0

예 함수 $y=\sqrt{x}$의 정의역은 $\{x \mid x\geq 0\}$이고,

함수 $y=\sqrt{3x-1}$의 정의역은 $\left\{x \mid x\geq \dfrac{1}{3}\right\}$이다.

---

11 다음 함수의 정의역을 구하여라.

(1) $y=\sqrt{x+1}$

(2) $y=\sqrt{-x+2}$

1. 함수 $y=\sqrt{ax}\ (a\neq0)$의 그래프
① $a>0$일 때
정의역: $\{x\,|\,x\geq0\}$
치역: $\{y\,|\,y\geq0\}$
② $a<0$일 때
정의역: $\{x\,|\,x\leq0\}$
치역: $\{y\,|\,y\geq0\}$

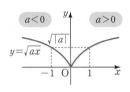

✚ 함수 $y=\sqrt{ax}\ (a\neq0)$의 역함수는
$y=\dfrac{x^2}{a}\ (x\geq0)$이므로
함수 $y=\sqrt{ax}$의 그래프와 함수
$y=\dfrac{x^2}{a}\ (x\geq0)$의 그래프는 직선
$y=x$에 대하여 대칭이에요

2. 함수 $y=-\sqrt{ax}\ (a\neq0)$의 그래프
① $a>0$일 때
정의역: $\{x\,|\,x\geq0\}$
치역: $\{y\,|\,y\leq0\}$
② $a<0$일 때
정의역: $\{x\,|\,x\leq0\}$
치역: $\{y\,|\,y\leq0\}$

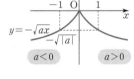

3. 함수 $y=\pm\sqrt{ax}\ (a\neq0)$의 그래프는 $|a|$의 값이 클수록 x축으로부터 멀어진다.

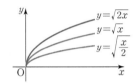

4. 함수 $y=\pm\sqrt{ax}\ (a\neq0)$의 그래프의 대칭이동

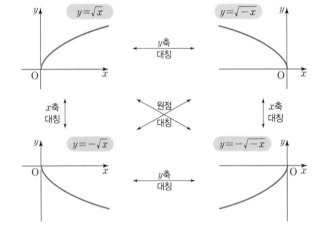

---

12 다음 무리함수의 그래프를 그려라.

(1) $y=\sqrt{-2x}$

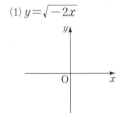

(2) $y=-\sqrt{2x}$

(3) $y=-\sqrt{-2x}$

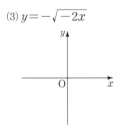

1. 함수 $y=\sqrt{a(x-p)}+q \ (a\neq0)$의 그래프

  ① 함수 $y=\sqrt{ax}$의 그래프를 x축의 방향으로 p만큼, y축의 방향으로 q만큼 평행이 동한 것이다.

  ② $a>0$일 때 정의역: $\{x\,|\,x\geq p\}$, 치역: $\{y\,|\,y\geq q\}$

     $a<0$일 때 정의역: $\{x\,|\,x\leq p\}$, 치역: $\{y\,|\,y\geq q\}$

$\text{+} \ y=-\sqrt{a(x-p)}+q \ (a\neq0)$

에서

  ① $a>0$일 때

     정의역: $\{x\,|\,x\geq p\}$,

     치역: $\{y\,|\,y\leq q\}$

  ② $a<0$일 때

     정의역: $\{x\,|\,x\leq p\}$,

     치역: $\{y\,|\,y\leq q\}$

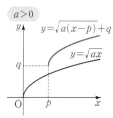 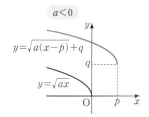

  예 무리함수 $y=\sqrt{2(x-1)}+1$의 그래프는 함수 $y=\sqrt{2x}$의 그래프를 x축의 방향으로 1만큼, y축의 방향으로 1만큼 평행이동한 것이다. 따라서 구하는 그래프는 오른쪽 그림과 같고, 정의역은 $\{x\,|\,x\geq1\}$, 치역은 $\{y\,|\,y\geq1\}$이다.

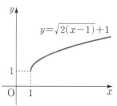

2. 함수 $y=\sqrt{ax+b}+c \ (a\neq0)$의 그래프

  함수 $y=\sqrt{ax+b}+c \ (a\neq0)$의 그래프는 $y=\sqrt{a\left(x+\dfrac{b}{a}\right)}+c$의 꼴로 변형하여 그린다.

  ① 함수 $y=\sqrt{ax}$의 그래프를 x축의 방향으로 $-\dfrac{b}{a}$만큼, y축의 방향으로 c만큼 평행이동한 것이다.

  ② $a>0$일 때 정의역: $\left\{x\,\middle|\,x\geq-\dfrac{b}{a}\right\}$, 치역: $\{y\,|\,y\geq c\}$

     $a<0$일 때 정의역: $\left\{x\,\middle|\,x\leq-\dfrac{b}{a}\right\}$, 치역: $\{y\,|\,y\geq c\}$

  예 $y=\sqrt{2x+1}-1=\sqrt{2\left(x+\dfrac{1}{2}\right)}-1$이므로 함수 $y=\sqrt{2x+1}-1$의 그래프는 함수 $y=\sqrt{2x}$의 그래프를 x축의 방향으로 $-\dfrac{1}{2}$만큼, y축의 방향으로 -1만큼 평행이동한 것이다.

---

13 다음 무리함수의 그래프를 그리고, 정의역과 치역을 구하여라.

  (1) $y=\sqrt{2x+4}+1$ (2) $y=\sqrt{4-2x}-1$

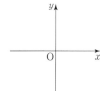   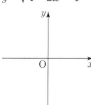

14 함수 $y=\sqrt{5x}$의 그래프를 x축의 방향으로 -1만큼, y축의 방향으로 1만큼 평행이 동한 그래프의 방정식을 구하여라.

쏙딱 TEST

이론 쏙! 핵심 딱!

05

정답과 해설 **46**쪽

함수와 그래프

1. 함수

2. 유리함수와 무리함수

📢 선생님이 알려 주는 **출제 경향**

역함수와 합성함수, 유리함수와 무리함수의 개념을 확실히 알고 있어야 합니다. 역함수에서 그래프를 통해 해 또는 근을 찾는 방법, 유리함수와 무리함수의 그래프를 보고 방정식을 만들 수 있는 방법 등을 반드시 익혀 두어야 합니다.

주제 1   함수의 그래프

01 정의역이 실수 전체의 집합일 때, 함수의 그래프가 아닌 것은?

2015년 1회

①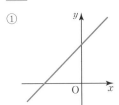

②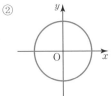

③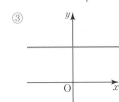

④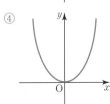

02 다음 중 함수의 그래프인 것은?

①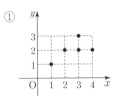

②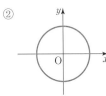

③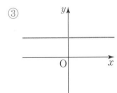

④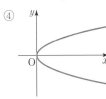

주제 2   상수함수

03 두 집합 $X = \{1, 2, 3\}$, $Y = \{4, 5, 6, 7\}$에 대하여 함수 $f : X \longrightarrow Y$가 상수함수이고 $f(3) = 4$일 때, $f(1)$의 값은?

2018년 1회

① 4

② 5

③ 6

④ 7

04 다음 중 상수함수는?

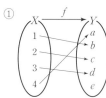

①

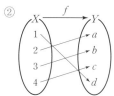

②

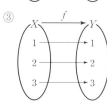

③

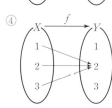

④

주제 3   합성함수의 정의

05 집합 $X = \{1, 2, 3, 4\}$, $Y = \{a, b, c, d\}$,
$Z = \{5, 6, 7, 8\}$에 대하여 함수 $f: X \longrightarrow Y$,
$g: Y \longrightarrow Z$가 그림과 같을 때, $(g \circ f)(2)$의 값은?

2020년 1회

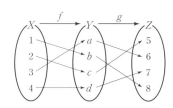

① 5   ② 6

③ 7   ④ 8

06 함수 $f: X \longrightarrow Y$와 함수 $g: Y \longrightarrow Z$가 그림과 같을 때, $(g \circ f)(5)$의 값은?

2019년 1회

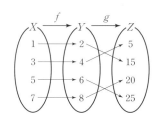

① 5   ② 15

③ 20   ④ 25

07 세 집합 $X = \{1, 2, 3, 4\}$, $Y = \{4, 5, 6, 7\}$,
$Z = \{7, 8, 9, 10\}$에 대하여 두 함수 $f: X \longrightarrow Y$,
$g: Y \longrightarrow Z$가 그림과 같을 때, $(g \circ f)(2)$의 값은?

2017년 1회

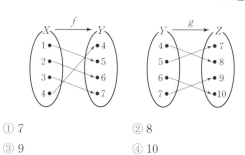

① 7   ② 8

③ 9   ④ 10

08 가영, 예슬, 하경, 찬규가 분식집에서 각자 원하는 메뉴를 주문하고, 금액을 지불하려고 한다. 이때, 세 집합 X, Y, Z에 대하여 두 함수 $f: X \longrightarrow Y$, $g: Y \longrightarrow Z$가 그림과 같을 때, $(g \circ f)$(하경)의 값은?

(단, $g \circ f$는 f와 g의 합성함수) 2016년 2회

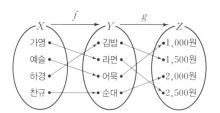

① 1,000원   ② 1,500원

③ 2,000원   ④ 2,500원

빠른 정답 체크

01 ②   02 ③   03 ①   04 ④   05 ①   06 ④   07 ④

08 ②

09 두 함수 $f(x)=3x^2+1$, $g(x)=\dfrac{1}{2}x+3$에 대한 합성 함수 $(g\circ f)(x)$에 대하여 $(g\circ f)(1)$의 값은?

2014년 1회

① 4 　　　　　　　② 5

③ 6 　　　　　　　④ 7

10 두 함수 $f(x)=2x+1$, $g(x)=x^2-1$에 대하여 합성 함수 $(f\circ g)(1)$의 값은?

2013년 2회

① 1 　　　　　　　② 2

③ 4 　　　　　　　④ 8

주목

11 함수 $f(x)=2x-1$, $g(x)=x^2+x$에 대하여 $(f\circ g)(3)$의 값은?

① 23 　　　　　　② 30

③ −7 　　　　　　④ 0

주제 5　　역함수의 정의

12 함수 $f:X\longrightarrow Y$가 그림과 같을 때, $f^{-1}(a)=4$를 만족하는 상수 a의 값은? (단, f^{-1}는 f의 역함수이다.)

2019년 2회

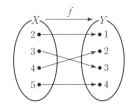

① 2 　　　　　　　② 3

③ 4 　　　　　　　④ 5

13 함수 $f(x)=x+3$의 역함수를 f^{-1}라고 할 때, $f^{-1}(1)$의 값은?

2016년 2회

① −2 　　　　　　② 0

③ 2 　　　　　　　④ 4

14 함수 $f:X\longrightarrow Y$가 그림과 같을 때, $f(4)+f^{-1}(4)$의 값은? (단, f^{-1}는 f의 역함수이다.)

2018년 2회

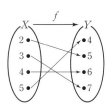

① 5 　　　　　　　② 7

③ 9 　　　　　　　④ 11

주제 6　　역함수의 성질

15 함수 $y=f(x)$와 그 역함수 $y=f^{-1}(x)$의 그래프가 그림과 같을 때, $(f^{-1}\circ f)(1)$의 값은?

2017년 2회

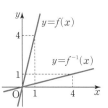

① 0 　　　　　　　② 1

③ 2 　　　　　　　④ 3

16 그림의 함수 $f:X \longrightarrow Y$와 그 역함수 $f^{-1}:Y \longrightarrow X$에 대하여 $(f^{-1} \circ f)(4)$의 값은?　　2015년 2회

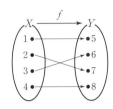

① 1　　　　　　② 2

③ 3　　　　　　④ 4

주목

17 함수 $f(x)=2x+3$에 대하여 $(f^{-1} \circ f)(3)$의 값은?

① 1　　　　　　② 2

③ 3　　　　　　④ 4

주제 7　유리함수의 그래프

18 유리함수 $y=\dfrac{1}{x-2}+3$의 그래프로 알맞은 것은?

2019년 1회

① 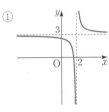　　②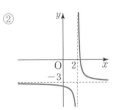

③ 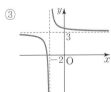　　④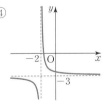

---

19 분수함수 $y=-\dfrac{1}{x-2}+a$의 그래프가 그림과 같을 때, 상수 a의 값은?　　2016년 1회

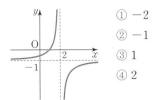

① -2

② -1

③ 1

④ 2

20 그림은 분수함수 $y=\dfrac{a}{x+1}+b$의 그래프이다. $a-b$의 값은? (단, a, b는 상수)　　2015년 2회

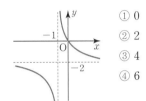

① 0

② 2

③ 4

④ 6

주제 8　유리함수의 그래프의 평행이동

21 그림은 유리함수 $y=\dfrac{2}{x}$의 그래프를 x축의 방향으로 1만큼, y축의 방향으로 -2만큼 평행이동한 $y=\dfrac{2}{x+a}+b$의 그래프이다. 두 상수 a, b에 대하여 $a+b$의 값은?　　2018년 2회

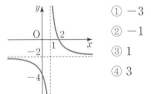

① -3

② -1

③ 1

④ 3

빠른 정답 체크

09 ②	10 ①	11 ①	12 ①	13 ①	14 ④	15 ②
16 ④	17 ③	18 ①	19 ②	20 ③	21 ①	

22 유리함수 $y=\dfrac{1}{x}$의 그래프를 x축의 방향으로 a만큼, y축의 방향으로 b만큼 평행이동하면 $y=\dfrac{1}{x-2}+1$의 그래프가 된다. $a+b$의 값은? (단, a, b는 상수)

2017년 2회

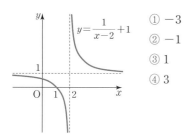

① -3

② -1

③ 1

④ 3

23 분수함수 $y=\dfrac{a}{x-p}+q$의 그래프가 그림과 같을 때, $a+p+q$의 값은? (단, a, p, q는 상수)　2014년 2회

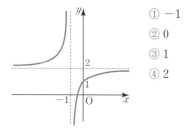

① -1

② 0

③ 1

④ 2

주제 9　　무리함수의 그래프

24 다음 중 무리함수 $y=\sqrt{x+2}-1$의 그래프로 알맞은 것은?　2019년 2회

①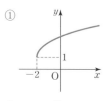

②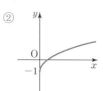

③

④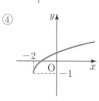

25 무리함수 $y=\sqrt{x-2}$의 그래프로 알맞은 것은?

2017년 1회

①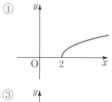

②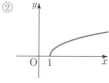

③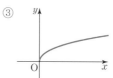

④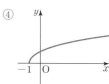

26 무리함수 $y=\sqrt{x-a}+b$의 그래프가 그림과 같을 때, $a+b$의 값은? (단, a, b는 상수)

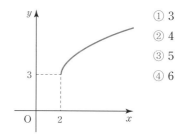

① 3

② 4

③ 5

④ 6

주목

27 다음 중 함수 $y=\sqrt{2(x-2)}-1$의 그래프는?

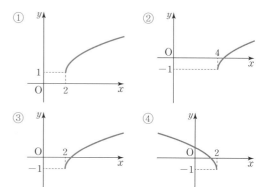

28 무리함수 $y=\sqrt{x-1}+2$의 그래프는 함수 $y=\sqrt{x}$의 그래프를 x축 방향으로 a만큼, y축 방향으로 b만큼 평행이동한 것이다. $a+b$의 값은? 　2020년 1회

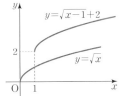

① -3
② -1
③ 1
④ 3

29 그림은 무리함수 $y=\sqrt{x}$의 그래프와 $y=\sqrt{x}$를 x축의 방향으로 a만큼 평행이동한 $y=\sqrt{x-a}$의 그래프이다. 상수 a의 값은? 　2018년 1회

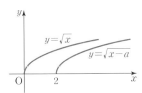

① -1　　　　② 0
③ 1　　　　④ 2

30 무리함수 $y=\sqrt{2x}$의 그래프를 x축의 방향으로 a만큼 평행이동하면 $y=\sqrt{2(x-1)}$의 그래프가 된다. a의 값은? 　2016년 2회

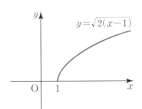

① -1　　　　② 0
③ 1　　　　④ 2

31 무리함수 $y=\sqrt{x}$의 그래프를 x축의 방향으로 p만큼, y축의 방향으로 q만큼 평행이동하면 $y=\sqrt{x-1}+2$의 그래프가 된다. $p+q$의 값은? 　2015년 1회

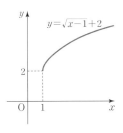

① 1　　　　② 2
③ 3　　　　④ 4

주목

32 함수 $y=-\sqrt{x-5}+2$의 그래프는 함수 $y=-\sqrt{x}$의 그래프를 x축의 방향으로 a만큼, y축의 방향으로 b만큼 평행이동한 것이다. 이때 ab의 값은?

① -3　　　　② 3
③ 7　　　　④ 10

33 함수 $y=\sqrt{a(x-1)}+3$의 그래프를 x축의 방향으로 b만큼, y축의 방향으로 c만큼 평행이동하면 함수 $y=\sqrt{6-3x}$의 그래프와 일치한다. 이때 상수 a, b, c에 대하여 abc의 값은?

① 3　　　　② 6
③ 9　　　　④ 12

빠른 정답 체크

22 ④　　23 ②　　24 ④　　25 ①　　26 ③　　27 ③　　28 ④
29 ④　　30 ③　　31 ③　　32 ④　　33 ③

단원을 끝내는 엔드노트

01 함수

(1) 일대일함수와 일대일대응

① 일대일함수: 함수 $f:X \longrightarrow Y$에서 정의역 X의 두 원소 x_1, x_2에 대하여 $x_1 \neq x_2$이면 $f(x_1) \neq f(x_2)$인 함수

② 일대일대응: 함수 $f:X \longrightarrow Y$가 일대일함수이고, 치역과 $\boxed{1}$ 이 같은 함수

(2) 항등함수와 상수함수

① 항등함수: 함수 $f:X \longrightarrow Y$에서 정의역 X의 각 원소 x에 그 자신 x가 대응하는 함수, 즉 $f(x)=x$인 함수

② 상수함수: 함수 $f:X \longrightarrow Y$에서 정의역 X의 모든 원소 x에 공역 Y의 오직 하나의 원소 c가 대응하는 함수, 즉 $f(x)=\boxed{2}$ 인 함수

(3) 합성함수

$f:X \longrightarrow Y$, $g:Y \longrightarrow Z$가 주어질 때, 집합 X의 각 원소 x에 집합 Z의 원소 $g(f(x))$를 대응시키는 함수를 f와 g의 합성함수라 하고, 기호로 $g\boxed{3}f$와 같이 나타낸다.

(4) 역함수

① 함수 $f:X \longrightarrow Y$가 일대일대응일 때, 집합 Y의 각 원소 y에 대하여 $f(x)=y$인 집합 X의 원소 x를 대응시키는 함수를 f의 역함수라 하고, 기호로 $\boxed{4}(x)$로 나타낸다.

② 함수 $y=f(x)$의 그래프와 그 역함수 $y=f^{-1}(x)$의 그래프는 직선 $\boxed{5}$ 에 대하여 대칭이다.

02 유리함수와 무리함수

(1) 유리함수와 그 그래프

① 함수 $y=f(x)$에서 $f(x)$가 x에 대한 유리식일 때, 이 함수를 유리함수라고 한다.

② 유리함수 $y=\dfrac{k}{x-p}+q$ $(k \neq 0)$의 그래프는 함수 $y=\dfrac{k}{x}$의 그래프를 x축의 방향으로 $\boxed{6}$ 만큼, y축의 방향으로 $\boxed{7}$ 만큼 평행이동한 것이고, 이 그래프의 점근선은 두 직선 $x=p$, $y=q$이다.

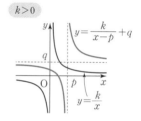

(2) 무리함수와 그 그래프

① 함수 $y=f(x)$에서 $f(x)$가 x에 대한 무리식일 때, 이 함수를 무리함수라고 한다.

② 무리함수 $y=\sqrt{a(x-p)}+q$ $(a \neq 0)$의 그래프는 함수 $y=\sqrt{ax}$의 그래프를 x축의 방향으로 $\boxed{8}$ 만큼, y축의 방향으로 $\boxed{9}$ 만큼 평행이동한 것이다.

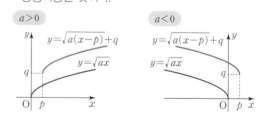

정답   **1** 공역   **2** c **3** $\circ$ **4** f^{-1} **5** $y=x$ **6** p **7** q **8** p **9** q

정답과 해설 49쪽

01 다음 대응 중 X에서 Y로의 함수인 것은?

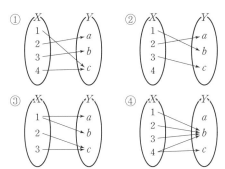

02 일대일대응의 그래프인 것만을 〈보기〉에서 모두 찾아라.

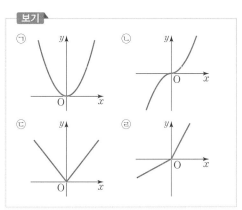

03 함수 f가 $f(x)=ax+b$이고
$$f^{-1}(-8)=-1,\ f^{-1}(2)=1$$
일 때, 실수 a, b의 값을 각각 구하여라.

04 유리함수 $y=\dfrac{4x+2}{x+a}$의 그래프의 점근선의 방정식이 $x=-3$, $y=b$일 때 상수 a, b의 값을 각각 구하여라.

05 유리함수 $y=\dfrac{k}{x+a}+b$의 그래프가 오른쪽 그림과 같을 때, 상수 a, b, k의 값을 각각 구하여라.

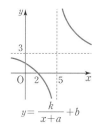

$$y=\frac{k}{x+a}+b$$

06 무리함수 $y=\sqrt{ax+b}+c$의 그래프가 다음 그림과 같을 때, 상수 a, b, c의 값을 각각 구하여라.

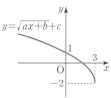

단원을 닫으며 그래프가 많이 등장하는 단원이에요. '도형의 방정식' 단원과 마찬가지로 단순히 공식을 외우기보다는 그래프를 보고 이해하며 공식을 외우면 문제를 좀 더 쉽게 풀 수 있어요.

06

순열과 조합

여러 경우를
빠짐없이 생각하는 것.
우리 사회의 의사결정과
문제 해결에 중요한
역할을 해빙

멍!

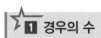

순열과 조합

이번 단원에서는 경우의 수, 순열, 조합을 공부합니다.

---

1. 순열과 조합

☆ 1 경우의 수

정답과 해설 **30쪽**

1. 합의 법칙

두 사건 A, B가 동시에 일어나지 않을 때, 사건 A가 일어나는 경우의 수가 m, 사건 B가 일어나는 경우의 수가 n이면

사건 A 또는 사건 B가 일어나는 경우의 수 ➡ $m+n$

> **예시**
> 빨간 공 4개, 노란 공 3개가 들어 있는 주머니에서 한 개의 공을 꺼낼 때, 빨간 공 또는 노란 공이 나오는 경우의 수는 $4+3=7$

2. 곱의 법칙

두 사건 A, B에 대하여 사건 A가 일어나는 경우의 수가 m이고, 그 각각에 대하여 사건 B가 일어나는 경우의 수가 n일 때,

두 사건 A, B가 잇달아 일어나는 경우의 수 ➡ $m \times n$

> **예시**
> 오른쪽 그림에서
> A지점에서 B지점으로 가는 방법은 a_1, a_2의 2가지
> B지점에서 C지점으로 가는 방법은 b_1, b_2, b_3의 3가지
> 따라서 A지점에서 B지점을 거쳐 C지점으로 가는 방법의 수는
> $2 \cdot 3 = 6$

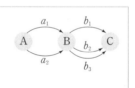

---

01 서로 다른 두 개의 주사위를 동시에 던질 때, 나오는 눈의 수의 합이 4 또는 7이 되는 경우의 수를 구하여라.

02 1부터 50까지의 자연수가 각각 하나씩 적힌 50개의 공이 들어 있는 주머니에서 한 개의 공을 꺼낼 때, 다음을 구하여라.

　(1) 5의 배수 또는 11의 배수가 적힌 공이 나오는 경우의 수

　(2) 3의 배수 또는 7의 배수가 적힌 공이 나오는 경우의 수

TIP 이렇게 공부하세요

① 시행: 실험이나 관찰을 하는 행위
② 사건: 시행에 의해 나타나는 결과
③ 경우의 수: 어떤 사건이 일어날 수 있는 모든 경우의 수

시행	한 개의 주사위를 던진다.
사건	짝수의 눈이 나온다.
경우	⚁ ⚃ ⚅
경우의 수	3

➕ 두 사건 A, B가 일어나는 경우의 수가 각각 m, n이고, 두 사건 A, B가 동시에 일어나는 경우의 수가 l이면 사건 A 또는 사건 B가 일어나는 경우의 수는
$$m+n-l$$

➕ ① 합의 법칙: 두 사건 A, B가 동시에 일어나지 않을 때
② 곱의 법칙: 두 사건 A, B가 서로 영향을 주지 않을 때

---

03 영희네 샌드위치 가게는 손님의 선택에 따라 샌드위치를 만들어 판매하고 있다. 손님의 선택사항은 빵, 야채 토핑, 고기 토핑 각각 하나씩이며 그 종류가 아래 표와 같다고 할 때, 손님이 샌드위치 하나를 주문하는 경우의 수는?

빵	야채 토핑	고기 토핑
플레인 오레가노 오트밀	모둠 샐러드 파프리카와 피클	닭가슴살 소고기 베이컨 살라미

① 9   ② 12   ③ 21   ④ 24

04 175의 약수의 개수는?

① 4   ② 5   ③ 6   ④ 7

---

2 순열

정답과 해설 **30**쪽

1. 순열: 서로 다른 n개에서 r $(0<r\leq n)$개를 택하여 일렬로 나열하는 것을 n개에서 r개를 택하는 순열이라 하고, 이 순열의 수를 기호로 $_n\mathrm{P}_r$와 같이 나타낸다.

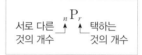

서로 다른 $\underset{\text{것의 개수}}{\uparrow} {}_n\mathrm{P}_r \underset{\text{것의 개수}}{\uparrow}$ 택하는

⭐2. 순열의 수

① $_n\mathrm{P}_r = \underbrace{n(n-1)(n-2)\cdots(n-r+1)}_{r\text{개}}$ (단, $0<r\leq n$)

② $_n\mathrm{P}_n = n!$, $_n\mathrm{P}_0 = 1$, $0! = 1$ ③ $_n\mathrm{P}_r = \dfrac{n!}{(n-r)!}$ (단, $0\leq r\leq n$)

3. 한 줄로 세우는 경우의 수

① n명을 한 줄로 세우는 경우의 수

$_n\mathrm{P}_n = n\times(n-1)\times(n-2)\times\cdots\times2\times1$

예 3명을 한 줄로 세우는 경우의 수: $3\times2\times1=6$

② n명 중에서 2명을 뽑아 한 줄로 세우는 경우의 수

$_n\mathrm{P}_2 = n\times(n-1)$

예 4명 중에서 2명을 뽑아 한 줄로 세우는 경우의 수: $4\times3=12$

③ n명 중에서 3명을 뽑아 한 줄로 세우는 경우의 수

$_n\mathrm{P}_3 = n\times(n-1)\times(n-2)$

예 4명 중에서 3명을 뽑아 한 줄로 세우는 경우의 수: $4\times3\times2=24$

4. 대표 뽑기(뽑는 순서가 있는 경우)

① n명 중에서 반장, 부반장을 뽑는 경우의 수: $_n\mathrm{P}_2$

예 4명 중에서 반장, 부반장을 뽑는 경우의 수: $4\times3=12$

② n명 중에서 반장, 부반장, 총무를 뽑는 경우의 수: $_n\mathrm{P}_3$

예 4명 중에서 반장, 부반장, 총무를 뽑는 경우의 수: $4\times3\times2=24$

TIP 이렇게 공부하세요

$n!$: 서로 다른 n개의 수를 일렬로 배열하는 경우의 수를 구할 때 사용해요.

$_n\mathrm{P}_n = n\times(n-1)\times(n-2)$
$\times\cdots\times3\times2\times1 = n!$

✚ $_5\mathrm{P}_3 = 5\times4\times3 = 60$
$_4\mathrm{P}_4 = 4\times3\times2\times1 = 24$

✚ 회원이 10명인 어느 동아리에서 회장 1명, 부회장 1명을 뽑는 경우의 수는 10명 중에서 서로 다른 2명을 택하여 일렬로 세우는 순열의 수와 같아요.
따라서 구하는 경우의 수는
$_{10}\mathrm{P}_2 = 10\times9 = 90$

5. 만들 수 있는 정수의 개수

① **0이 포함되지 않을 때**: 0이 아닌 서로 다른 한 자리 숫자가 각각 적힌 n장의 카드 중에서

    ㉠ 2장을 뽑아 만들 수 있는 두 자리 정수의 개수 ➡ $_n\mathrm{P}_2 = n \times (n-1)$

    ㉡ 3장을 뽑아 만들 수 있는 세 자리 정수의 개수

      ➡ $_n\mathrm{P}_3 = n \times (n-1) \times (n-2)$

    예 1, 2, 3, 4, 5가 각각 적힌 5장의 숫자 카드가 있다. 다음을 구하여라.

      ① 2장을 뽑아 만들 수 있는 두 자리 정수의 개수 $5 \times 4 = 20$

      ② 3장을 뽑아 만들 수 있는 세 자리 정수의 개수 $5 \times 4 \times 3 = 60$

② **0이 포함될 때**: 0을 포함한 서로 다른 한 자리 숫자가 각각 적힌 n장의 카드 중에서

    ㉠ 2장을 뽑아 만들 수 있는 두 자리 정수의 개수 ➡ $(n-1) \times (n-1)$

    ㉡ 3장을 뽑아 만들 수 있는 세 자리 정수의 개수

      ➡ $(n-1) \times (n-1) \times (n-2)$

    예 0부터 4까지의 숫자가 각각 적힌 5장의 숫자 카드가 있다. 다음을 구하여라.

      ① 2장을 뽑아 만들 수 있는 두 자리 정수의 개수 $4 \times 4 = 16$

      ② 3장을 뽑아 만들 수 있는 세 자리 정수의 개수 $4 \times 4 \times 3 = 48$

➕ 0이 포함될 때, 만들 수 있는 정수의 가장 앞자리에는 0이 올 수 없어요.

6. 조건이 있는 순열

① **이웃할 경우**

    ㉠ 이웃하는 것을 한 묶음으로 생각하여 일렬로 나열하는 방법의 수를 구한다.

    ㉡ ㉠의 결과와 이웃하는 것끼리 자리를 바꾸는 방법의 수를 구한다.

    ㉢ ㉠과 ㉡의 결과를 곱한다.

② **이웃하지 못할 경우**

    ㉠ 이웃해도 상관없는 것을 일렬로 나열하는 방법의 수를 구한다.

    ㉡ ㉠에서 나열한 것 사이사이와 양 끝에 이웃하지 않는 것을 나열하는 방법의 수를 구한다.

    ㉢ ㉠과 ㉡의 결과를 곱한다.

➕ (이웃하는 것을 하나로 묶어 한 줄로 세우는 경우의 수)×(묶음 안에서 자리를 바꾸는 경우의 수)

    예 여학생 3명, 남학생 4명을 일렬로 세울 때, 다음을 구하여라.

    ① 여학생 3명이 이웃하도록 세우는 방법의 수

    [풀이] 여학생 3명을 묶어서 한 사람으로 보면 모두(여학생 한 무리)+(남학생 4명)으로 5명을 일렬로 세우는 방법의 수는 $5! = 120$

        그 각각에 대하여 여자끼리 서로 자리를 바꾸는 방법의 수는 $3! = 6$

        따라서 구하는 방법의 수는 $120 \times 6 = 720$

    ② 여학생끼리 이웃하지 않도록 세우는 방법의 수

    [풀이] 남학생 4명을 먼저 일렬로 세우는 경우는 $4! = 24$가지

        남학생 사이사이와 양 끝의 5개 자리 중 3개의 자리에 여학생 3명을 세우는 방법의 수는 $_5\mathrm{P}_3 = 5 \times 4 \times 3 = 60$

        따라서 구하는 방법의 수는 $24 \times 60 = 1440$

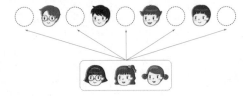

TIP 이렇게 공부하세요

일반적으로 문제의 사건보다 여사건이 간단할 때나 '적어도', '~아닐', '~못할'이라는 표현이 있는 경우에는 여사건을 이용해요.

(사건 A가 적어도 한 번 일어나는 경우 순열의 수)
=(모든 경우 순열의 수)−
  (사건 A가 일어나지 않는 경우 순열의 수)

05 0에서 5까지의 숫자가 각각 적힌 6장의 카드 중에서 3장을 뽑아 만들 수 있는 세 자리 정수의 개수는?

① 12　　　　　② 24　　　　　③ 48　　　　　④ 100

06 1, 2, 3, 4, 5의 숫자가 각각 하나씩 적힌 5장의 카드 중에서 서로 다른 3장을 뽑아 세 자리 자연수를 만들려고 한다. 다음을 구하여라.

(1) 세 자리 자연수의 개수　　　　　(2) 짝수의 개수

07 0에서 4까지의 숫자가 각각 적힌 4장의 카드 중에서 3장을 뽑아 만들 수 있는 세 자리의 정수의 개수는?

① 18개　　　　　② 24개　　　　　③ 48개　　　　　④ 100개

08 영철이와 지희를 포함한 여섯 명의 동아리 회원이 일렬로 서서 행사장에 입장하려고 한다. 영철이와 지희가 서로 이웃하게 서는 경우의 수를 구하여라.

09 인원이 8명인 동창회 모임에서 모임 대표 1명, 부대표 1명, 총무 1명을 뽑는 경우의 수를 구하여라.

10 다음 값을 구하여라.

(1) $_4P_2 + _3P_1$　　　　　(2) $_5P_5 + _5P_0$

1. 조합: 서로 다른 n개에서 순서를 생각하지 않고 $r(0<r\leq n)$개를 택하는 것을 n개에서 r개를 택하는 조합이라 하고, 이 조합의 수를 기호로 $_n\text{C}_r$와 같이 나타낸다.

$$\underset{\text{서로 다른}\atop\text{것의 개수}}{}\,{}_n\text{C}\underset{\text{택하는}\atop\text{것의 개수}}{_r}$$

$$_n\text{C}_r$$
$$=\frac{_n\text{P}_r}{r!}\ (단,\ 0\leq r\leq n)$$
$$=\frac{n(n-1)(n-2)\cdots(n-r+1)}{r!}$$
$$(단,\ 0\leq r\leq n)$$

2. 조합의 수

① $_n\text{C}_r=\dfrac{_n\text{P}_r}{r!}=\dfrac{n!}{r!(n-r)!}$ (단, $0\leq r\leq n$)

② $_n\text{C}_0=1,\ _n\text{C}_n=1$

③ $_n\text{C}_r=_n\text{C}_{n-r}$ (단, $0\leq r\leq n$)

④ $_n\text{C}_r=_{n-1}\text{C}_r+_{n-1}\text{C}_{r-1}$ (단, $1\leq r<n$)

예 서로 다른 7개에서 5개를 택하는 조합의 수: $_7\text{C}_5=_7\text{C}_2=\dfrac{_7\text{P}_2}{2!}=\dfrac{7\cdot6}{2\cdot1}=21$

✚ 뽑아서 나열하는 것
➡ (조합의 수)×(순열의 수)

✚ 서로 다른 5명 중 3명을 뽑아 순서대로 나열하는 수는 $_5\text{P}_3$
이것을 순서를 없애는 $3!$으로 나누면 조합이 되므로 $\dfrac{_5\text{P}_3}{3!}=_5\text{C}_3$

쏙쏙 이해 더하기

서로 다른 n개에서 $r(0<r\leq n)$개를 택하는 조합의 수는 $_n\text{C}_r$이고, 그 각각에 대하여 r개를 일렬로 나열하는 순열의 수는 $r!$이다. 이때 $_n\text{C}_r\times r!$은 서로 다른 n개에서 r개를 택하는 순열의 수 $_n\text{P}_r$와 같으므로

$$_n\text{C}_r\times r!=_n\text{P}_r\qquad\therefore\ _n\text{C}_r=\frac{_n\text{P}_r}{r!}=\frac{n!}{r!(n-r)!}$$

이때 위의 등식이 $r=0$일 때, $_n\text{C}_0=\dfrac{n!}{0!(n-0)!}$이 성립하도록 $_n\text{C}_0=1$로 정한다.

---

3. 조합을 이용한 순열의 해석: 순서 없이 뽑은 후 순서를 가지고 나열한다.

(순열의 수)=(조합의 수)×(원소를 일렬로 배열)

예 순서 없이 5명 중 3명을 뽑은 후, 순서를 가지고 3명을 나열한다.

$$_5\text{P}_3=_5\text{C}_3\times3!$$

4. 대표 뽑기(뽑는 순서가 상관이 없는 경우)

① n명 중에서 2명의 대표를 뽑는 경우의 수: $_n\text{C}_2=\dfrac{n\times(n-1)}{2\times1}$

예 4명 중에서 대표 2명을 뽑는 경우의 수: $_4\text{C}_2=\dfrac{4\times3}{2\times1}=6$

② n명 중에서 3명의 대표를 뽑는 경우의 수: $_n\text{C}_3=\dfrac{n\times(n-1)\times(n-2)}{3\times2\times1}$

5. '적어도' 조건이 있는 조합의 수: (사건 A가 적어도 한 번 일어나는 경우의 수)＝(모든 경우의 수)－(사건 A가 일어나지 않는 경우의 수)

예시

1, 2, 3, 4, 5, 6의 자연수가 하나씩 쓰여 있는 6장의 카드 중에서 2장의 카드를 뽑을 때, 짝수가 쓰여 있는 카드를 적어도 1장 뽑는 경우의 수를 구하면

(i) 6장의 카드 중에서 2장의 카드를 뽑는 경우의 수는 $_6\text{C}_2=\dfrac{6\cdot5}{2\cdot1}=15$

(ii) 홀수가 쓰여 있는 3장의 카드에서 2장의 카드를 뽑는 경우의 수는 $_3\text{C}_2=\dfrac{3\times2}{2\times1}=3$

(i), (ii)에서 구하는 경우의 수는 $15-3=12$

6. 특정한 것을 포함하거나 포함하지 않는 조합의 수

① 서로 다른 n개에서 특정한 k개를 포함하여 r개를 뽑는 방법의 수

➡ $(n-k)$개에서 $(r-k)$개를 뽑는 방법의 수와 같다.

➡ $_{n-k}C_{r-k}$

② 서로 다른 n개에서 특정한 k개를 제외하고 r개를 뽑는 방법의 수

➡ $(n-k)$개에서 r개를 뽑는 방법의 수와 같다.

➡ $_{n-k}C_r$

예시

다른 색이 칠해진 10개의 공이 들어 있는 주머니에서 5개의 공을 꺼낼 때, 특정한 2가지의 색이 칠해진 공을 꺼내는 방법의 수는 특정한 2가지의 색이 칠해진 공을 꺼내고 나머지 8개의 공 중에서 3개의 공을 꺼내면 되므로

$$_8C_3 = \frac{8 \times 7 \times 6}{3 \times 2 \times 1} = 56$$

---

11 다음 값을 구하여라.

(1) $_9C_2$

(2) $_{10}C_8$

12 서로 다른 9개의 과자 중에서 6개를 고르는 방법의 수를 구하여라.

13 할미꽃을 포함한 서로 다른 8종류의 꽃 중에서 5종류의 꽃을 택하여 꽃다발을 만들려고 한다. 이 때, 할미꽃을 포함하지 않는 경우의 수는?

① 7   ② 14   ③ 21   ④ 28

쏙딱 TEST

정답과 해설 **50**쪽

순열과 조합

1. 순열과 조합

📢 선생님이 알려 주는 **출제 경향**

합의 법칙과 곱의 법칙이 적용되는 상황을 확실히 구분하여 알고 있어야 합니다. 순열과 조합은 기본적인 개념을 물어보는 문제가 출제되므로 기초 개념을 반드시 익혀 두어야 합니다.

주제 1 　　합의 법칙

01 과자가 3가지, 빵이 2가지, 아이스크림이 4가지 있는 슈퍼마켓에서 간식을 하나 사 먹으려고 한다. 경희가 간식 하나를 택하는 경우의 수는?

① 6　　　　　　　　② 7
③ 8　　　　　　　　④ 9

02 1부터 15까지의 자연수 중에서 3의 배수 또는 7의 배수의 개수는?

① 5　　　　　　　　② 6
③ 7　　　　　　　　④ 8

주제 2 　　곱의 법칙

03 그림과 같이 P도시에서 Q도시로 가는 길은 3가지이고, Q도시에서 R도시로 가는 길은 2가지이다. P도시를 출발하여 Q도시를 거쳐 R도시로 가는 경우의 수는?

2015년 1회

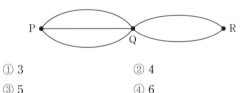

① 3　　　　　　　　② 4
③ 5　　　　　　　　④ 6

04 그림과 같이 세 종류의 과일과 두 종류의 채소가 있다. 정민이가 한 종류의 과일과 한 종류의 채소를 섞어 주스를 만들려고 한다. 과일과 채소에서 각각 한 종류씩 선택할 수 있는 경우의 수는?

2016년 1회

① 4　　　　　　　　② 6
③ 8　　　　　　　　④ 10

05 A, B 두 개의 주사위를 동시에 던질 때, 주사위 A의 눈의 수는 짝수, 주사위 B의 눈의 수는 3의 배수가 나오는 경우의 수는? 2015년 2회

① 3 　　　　　　　② 4
③ 5 　　　　　　　④ 6

주목
06 서로 다른 두 개의 주사위를 동시에 던질 때, 나오는 눈의 수의 곱이 홀수가 되는 경우의 수는?

① 8 　　　　　　　② 9
③ 10 　　　　　　　④ 15

주제 3　　순열

07 그림과 같이 3장의 글자 카드가 있다. 이 중에서 서로 다른 2장의 카드를 택하여 일렬로 나열하는 경우의 수는? 2021년 1회

복 　 사 　 기

① 4 　　　　　　　② 6
③ 8 　　　　　　　④ 10

08 그림과 같은 세 장의 숫자 카드가 있다. 이 중에서 서로 다른 두 장의 카드를 택하여 만들 수 있는 두 자리 정수의 개수는? 2016년 2회

1 　 2 　 3

① 6개 　　　　　　② 8개
③ 10개 　　　　　　④ 12개

09 희연이네 학교는 수학여행 장소를 정하려고 한다. 거제, 부산, 김해, 경주, 포항 중에서 세 곳을 택한 후 여행을 하는 경우의 수는?

① 20 　　　　　　　② 40
③ 60 　　　　　　　④ 80

주제 4　　조합

10 그림과 같이 4개의 민속놀이가 있다. 이 중에서 서로 다른 2개의 민속놀이를 선택하는 경우의 수는? 2021년 1회

연날리기　제기차기　그네 타기　팽이치기

① 2 　　　　　　　② 4
③ 6 　　　　　　　④ 8

11 회원이 7명인 과학 동아리에서 대표 2명을 뽑는 경우의 수는?

① 7 　　　　　　　② 14
③ 21 　　　　　　　④ 28

빠른 정답 체크

01 ④　　02 ③　　03 ④　　04 ②　　05 ④　　06 ②　　07 ②
08 ①　　09 ③　　10 ③　　11 ③

01 순열

(1) 합의 법칙과 곱의 법칙

① 합의 법칙

두 사건 A, B가 동시에 일어나지 않을 때, 사건 A가 일어나는 경우의 수가 m, 사건 B가 일어나는 경우의 수가 n이면

사건 A 또는 사건 B가 일어나는 경우의 수

➡ $m \boxed{^1}\ n$

② 곱의 법칙

두 사건 A, B에 대하여 사건 A가 일어나는 경우의 수가 m이고, 그 각각에 대하여 사건 B가 일어나는 경우의 수가 n일 때,

두 사건 A, B가 잇달아 일어나는 경우의 수

➡ $m \boxed{^2}\ n$

(2) 순열

① 서로 다른 n개에서 $r(0<r\leq n)$개를 택하여 일렬로 나열하는 것을 n개에서 r개를 택하는 순열이라 하고, 이 순열의 수를 기호로 $_n\mathrm{P}_r$와 같이 나타낸다.

$$\underset{\substack{\text{서로 다른}\\\text{것의 개수}}}{\uparrow}\ _n\mathrm{P}_r\ \underset{\substack{\text{택하는}\\\text{것의 개수}}}{\uparrow}$$

② 서로 다른 n개에서 r개를 택하는 순열의 수는

$$_n\mathrm{P}_r = \underbrace{n(n-1)(n-2)\cdots(n-r+1)}_{r개}$$

(단, $0\leq r\leq n$)

③ 계승: 1부터 n까지의 자연수의 곱

$n! = \boxed{^3}$

$\quad = n(n-1)(n-2)\times\cdots\times 3\times 2\times 1$

④ $\boxed{^4} = \dfrac{n!}{(n-r)!}$ (단, $0<r\leq n$)

02 조합

(1) 조합

① 서로 다른 n개에서 순서를 생각하지 않고 $r(0<r\leq n)$개를 택하는 것을 n개에서 r개를 택하는 조합이라 하고, 이 조합의 수를 기호로 $_n\mathrm{C}_r$와 같이 나타낸다.

$$\underset{\substack{\text{서로 다른}\\\text{것의 개수}}}{\uparrow}\ _n\mathrm{C}_r\ \underset{\substack{\text{택하는}\\\text{것의 개수}}}{\uparrow}$$

② 서로 다른 n개에서 r개를 택하는 조합의 수는

$$_n\mathrm{C}_r = \frac{\boxed{^5}}{r!} = \frac{n!}{r!(n-r)!}$$ (단, $0\leq r\leq n$)

③ $_n\mathrm{C}_0 = \boxed{^6}$, $_n\mathrm{C}_n = 1$

④ $_n\mathrm{C}_r = {_n\mathrm{C}}\,\boxed{^7}$ (단, $0\leq r\leq n$)

⑤ $_n\mathrm{C}_r = {_{n-1}\mathrm{C}_r} + {_{n-1}\mathrm{C}_{r-1}}$ (단, $1\leq r<n$)

(2) 대표 뽑기(뽑는 순서가 상관이 없는 경우)

① n명 중에서 2명의 대표를 뽑는 경우의 수는

$$_n\mathrm{C}_2 = \frac{n\times(n-1)}{2} (가지)$$

② n명 중에서 3명의 대표를 뽑는 경우의 수는

$$_n\mathrm{C}_3 = \frac{n\times(n-1)\times(n-2)}{3\times 2\times 1} (가지)$$

(3) 특수한 경우의 조합

① 특정한 것이 반드시 포함되는 경우

➡ 특정한 것을 이미 뽑았다고 생각하고 나머지에서 필요한 것을 뽑는다.

② 서로 다른 n개에서 r개를 뽑을 때

㉠ 특정한 k개를 포함하는 경우의 수

➡ $_{n-k}\mathrm{C}_{r-k}$

㉡ 특정한 k개를 제외하는 경우의 수 ➡ $_{n-k}\mathrm{C}_r$

정답   1 +   2 ×   3 $_n\mathrm{P}_n$ 4 $_n\mathrm{P}_r$ 5 $_n\mathrm{P}_r$ 6 1   7 $_{n-r}$

06 순열과 조합

정답과 해설 51쪽

01 오른쪽과 같이 4개의 도시 A, B, C, D를 연결하는 도로가 있다. A도시에서 출발하여 C도시로 가는 방법의 수를 구하여라. (단, 한 번 지나간 도시는 다시 지나지 않는다.)

02 서로 다른 두 개의 주사위를 동시에 던질 때 나오는 눈의 수의 합이 5의 배수가 되는 경우의 수를 구하여라.

03 4종류의 일간 신문과 3종류의 월간 잡지가 있다. 일간 신문과 월간 잡지를 각각 한 가지씩 택하여 정기 구독하려고 할 때, 택하는 경우의 수는?

① 3   ② 4

③ 7   ④ 12

04 남학생 4명, 여학생 6명 중에서 반장 1명, 부반장 1명을 뽑을 때, 다음을 구하여라.

(1) 모든 방법의 수

(2) 반장, 부반장 모두 남학생을 뽑는 방법의 수

(3) 반장, 부반장 중에서 적어도 한 명은 여학생을 뽑는 방법의 수

05 의사 7명과 간호사 6명 중에서 3명을 뽑을 때, 3명의 직업이 모두 같은 경우의 수를 구하여라.

06 남자 6명, 여자 6명으로 구성된 모임에서 4명의 대표를 뽑을 때, 남자와 여자가 적어도 1명씩 포함되도록 뽑는 방법의 수는?

① 455   ② 465

③ 475   ④ 485

단원을 닫으며 어려운 개념은 거의 등장하지 않는 단원이에요. 합의 법칙과 곱의 법칙과 관련된 기본적인 공식, 순열과 조합에 대한 기본적인 공식을 외워두면 문제를 쉽게 풀 수 있어요.

모바일 OMR
채점 & 성적 분석

**QR 코드를 활용하여, 쉽고 빠른
응시 – 채점 – 성적 분석을 해 보세요!**

STEP 1　QR 코드 스캔

STEP 2　모바일 OMR 작성

STEP 3　채점 결과 & 성적 분석 확인

해당 서비스는 2025. 08. 31까지만 이용하실 수 있습니다.

▶ QR 코드는 어떻게 스캔하나요?
_____

① 네이버앱 ⇨ 그린닷 ⇨ 렌즈

② 카카오톡 ⇨ 더보기 ⇨ 코드스캔(우측 상단 ⦂ 모양)

③ 스마트폰 내장 카메라 사용(촬영 버튼을 누르지 않고 카메라
　 화면에 QR 코드를 비추면 URL이 자동으로 뜬답니다)

실전
모의고사

실전 **모의고사 1**회

⏱ 제한시간: 40분

정답과 해설 **52**쪽

01 두 다항식 $A = x^2 - xy + 2y$, $B = 3x^2 - 2xy + 3y$에 대하여 $A + B$는?

① $4x^2 - 3xy + y$ ② $4x^2 + 5y$

③ $4x^2 - 3xy + 5y$ ④ $-3xy - 4y$

02 등식 $(x+3)(x-1) = x^2 + ax - 3$이 x에 대한 항등식일 때, 실수 a의 값은?

① -3 ② -2

③ 2 ④ 3

03 다항식 $x^2 - 2x + 1$을 $x - 1$로 나누었을 때의 나머지는?

① 0 ② 2

③ 4 ④ 6

04 $(-2 + 4i) + (4 - 3i)$을 계산하면?

① $-2 + i$ ② $2 + i$

③ $-2 - i$ ④ $2 - i$

05 이차방정식 $2x^2 + 2x - 3 = 0$의 두 근을 α, β라 할 때, $\alpha^2 + \beta^2$의 값은?

① 3 ② 4

③ 5 ④ 6

06 $-1 \le x \le 2$일 때, 이차함수 $f(x) = -2(x+1)^2 + 7$의 최 댓값은?

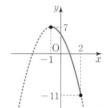

① 5

② 6

③ 7

④ 8

07 부등식 $x^2 - 5x + 6 < 0$의 해가 $a < x < b$일 때, $b - a$ 의 값은?

① 1 ② 2

③ 3 ④ 4

08 점 $(3, 1)$과 직선 $x+y-2=0$ 사이의 거리는?

① $\sqrt{2}$　　　　　　② $\sqrt{3}$

③ 1　　　　　　　④ $2\sqrt{3}$

09 중심의 좌표가 $(1, 3)$이고 반지름의 길이가 2인 원의 방정식은?

① $(x-1)^2+(y+1)^2=2$

② $(x+1)^2+(y+3)^2=2$

③ $(x-1)^2+(y+1)^2=4$

④ $(x-1)^2+(y-3)^2=4$

10 직선 $y=\dfrac{1}{2}x-1$에 평행하고 점 $(-2, 3)$을 지나는 직선의 방정식은?

① $y=2x+4$　　　　② $y=2x-4$

③ $y=\dfrac{1}{2}x+4$　　　④ $y=\dfrac{1}{2}x-4$

11 점 $(3, -2)$를 원점에 대하여 대칭이동한 점은?

① $(-3, -2)$　　　② $(3, 2)$

③ $(-3, 2)$　　　　④ $(3, -2)$

12 점 $(2, 1)$을 x축의 방향으로 3만큼, y축의 방향으로 -3만큼 평행이동한 점의 좌표가 (a, b)일 때, $a+b$의 값은?

① 1　　　　　　　② 2

③ 3　　　　　　　④ 4

13 두 집합 $A=\{1, 2, 4\}$, $B=\{2, 3, a+2\}$에 대하여 $A \cap B=\{2, 4\}$일 때, a의 값은?

① 1　　　　　　　② 2

③ 3　　　　　　　④ 4

14 명제 'x가 2의 약수이면 x는 4의 약수이다.'의 역은?

① x가 4의 약수이면 x는 2의 약수이다.

② x가 2의 약수이면 x는 4의 약수가 아니다.

③ x가 2의 약수가 아니면 x는 4의 약수가 아니다.

④ x가 4의 약수가 아니면 x는 2의 약수가 아니다.

15 함수 $f(x)=7x-2$에 대하여 $f^{-1}(-9)$의 값은?

① -1 ② 0

③ 1 ④ 2

16 집합 $X=\{1,\ 2,\ 3,\ 4\}$에 대하여 X에서 X로의 함수 f가 그림과 같을 때, $f(1)+(f\circ f)(2)$의 값은?

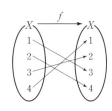

① 4 ② 5

③ 6 ④ 7

17 무리함수 $y=\sqrt{x-1}$의 그래프로 알맞은 것은?

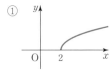 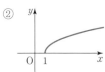

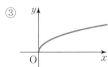 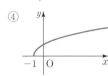

18 유리함수 $y=\dfrac{1}{x+2}-3$의 그래프로 알맞은 것은?

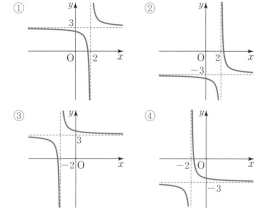

19 서울에서 제주도를 오가는 교통편으로 비행기는 2가지, 배는 3가지가 있다. 서울에서 제주도를 왕복하는데 갈 때는 배를, 올 때는 비행기를 이용하는 경우의 수는?

① 5 ② 6

③ 7 ④ 8

20 어느 디저트 가게에서는 케이크 3가지, 쿠키 4가지, 마카롱 2가지를 판매하고 있다. 이 가게에서 디저트를 하나 택하는 경우의 수는?

① 8 ② 9

③ 10 ④ 11

⏱ 제한시간: 40분

정답과 해설 **54**쪽

01 두 다항식 $A=2x^2+3xy$, $B=x^2-2xy$에 대하여 $A+B$는?

① x^2-2xy

② x^2+3xy

③ $2x^2+xy$

④ $3x^2+xy$

02 다항식 x^3+ax^2-4가 $x-2$로 나누어떨어질 때, 상수 a의 값은?

① -3

② -1

③ 0

④ 1

03 다음은 조립제법을 이용하여 다항식 $2x^3+5x^2+3$을 $x+1$로 나눈 몫과 나머지를 구하는 과정이다. 나머지 R의 값은?

① 1

② 3

③ 5

④ 6

04 복소수 $3+2i$의 켤레복소수는? (단, $i=\sqrt{-1}$)

① $3+i$

② $3-2i$

③ $-3-i$

④ $-3+2i$

05 부등식 $|x-1|\leq2$의 해를 수직선 위에 나타낸 것은?

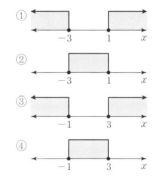

06 연립부등식 $\begin{cases} x^2+6x+5\geq0 \\ x^2-x-6\leq0 \end{cases}$ 의 해는?

① $-1\leq x\leq3$

② $-2\leq x\leq-1$

③ $-2\leq x\leq3$

④ $x\leq-5$

07 두 점 $A(1, -3)$, $B(6, 9)$ 사이의 거리는?

① 9 　　　　② 10

③ 12 　　　　④ 13

08 점 $(2, -3)$을 중심으로 하고, x축에 접하는 원의 방정식은?

① $(x-2)^2+(y+3)^2=9$

② $(x+2)^2+(y-3)^2=9$

③ $(x-2)^2+(y+3)^2=4$

④ $(x+2)^2+(y-3)^2=4$

09 점 $(2, 1)$을 직선 $y=x$에 대하여 대칭이동한 점의 좌표는?

① $(-2, 1)$ 　　　　② $(1, 2)$

③ $(2, -1)$ 　　　　④ $(-2, -1)$

10 이차방정식 $x^2-4x+k=0$의 한 근이 $2-2\sqrt{3}$일 때, 유리수 k의 값은?

① -8 　　　　② -4

③ 2 　　　　④ 4

11 x에 대한 이차방정식 $x^2+ax+3a=0$이 허근을 갖도록 하는 정수 a의 값의 범위는?

① $a<0$ 또는 $a>12$ 　　　② $-12<a<0$

③ $0<a<12$ 　　　④ $0<a\leq12$

12 점 $(3, 5)$를 지나고 직선 $y=-\dfrac{1}{2}x+9$와 수직인 직선의 방정식은?

① $y=2x+1$ 　　　② $y=-\dfrac{1}{2}x+1$

③ $y=2x-1$ 　　　④ $y=-2x+1$

13 두 집합 A, B에 대하여 $n(A)=15$, $n(A\cap B)=6$일 때, $n(A-B)$는?

① 6 　　　　② 8

③ 9 　　　　④ 12

14 명제 '모든 학생들은 수학을 좋아한다.'의 부정으로 옳은 것은?

① 모든 학생들은 수학을 좋아하지 않는다.
② 모든 학생들은 영어를 좋아한다.
③ 어떤 학생들은 수학을 좋아한다.
④ 어떤 학생들은 수학을 좋아하지 않는다.

15 다음 그림에서 $(g \circ g^{-1})(9)$의 값은?

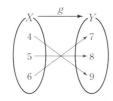

① 6   ② 7
③ 8   ④ 9

16 자연수 전체의 집합에서 정의된 함수 f는 상수함수이다. $f(2)=2$일 때, $f(3)$의 값은?

① 1   ② 2
③ 3   ④ 4

17 함수 $f(x)=x^2+1$에 대하여 $(f \circ f)(2)$의 값은?

① 5   ② 12
③ 20   ④ 26

18 다음 중 무리함수 $y=\sqrt{x+2}+1$의 그래프로 알맞은 것은?

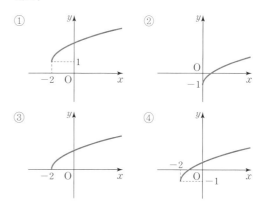

19 유리함수 $y=\dfrac{k}{x+a}+b$의 그래프가 오른쪽 그림과 같을 때, 상수 $k+a+b$의 값은?

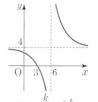

① 8   ② 10
③ 12   ④ 15

20 남학생 6명과 여학생 3명이 있다. 이 중에서 남학생과 여학생을 각각 한 명씩 뽑는 방법의 수는?

① 9   ② 10
③ 18   ④ 22

끝이 좋아야 시작이 빛난다.

– 마리아노 리베라(Mariano Rivera)

2025 고졸 검정고시 기본서 수학

발 행 일	2024년 7월 30일 초판
편 저 자	최주연
펴 낸 이	양형남
개 발	정상욱, 김성미, 최승철
펴 낸 곳	(주)에듀윌
등록번호	제25100–2002–000052호
주 소	08378 서울특별시 구로구 디지털로34길 55
	코오롱싸이언스밸리 2차 3층

www.eduwill.net

대표전화 1600-6700

여러분의 작은 소리
에듀윌은 크게 듣겠습니다.

본 교재에 대한 여러분의 목소리를 들려주세요.
공부하시면서 어려웠던 점, 궁금한 점,
칭찬하고 싶은 점, 개선할 점, 어떤 것이라도 좋습니다.

에듀윌은 여러분께서 나누어 주신 의견을
통해 끊임없이 발전하고 있습니다.

에듀윌 도서몰 book.eduwill.net
- 부가학습자료 및 정오표: 에듀윌 도서몰 → 도서자료실
- 교재 문의: 에듀윌 도서몰 → 문의하기 → 교재(내용, 출간) / 주문 및 배송

중졸·고졸 검정고시 답안지

문번	답 란
1	① ② ③ ④
2	① ② ③ ④
3	① ② ③ ④
4	① ② ③ ④
5	① ② ③ ④
6	① ② ③ ④
7	① ② ③ ④
8	① ② ③ ④
9	① ② ③ ④
10	① ② ③ ④

문번	답 란
11	① ② ③ ④
12	① ② ③ ④
13	① ② ③ ④
14	① ② ③ ④
15	① ② ③ ④
16	① ② ③ ④
17	① ② ③ ④
18	① ② ③ ④
19	① ② ③ ④
20	① ② ③ ④

문번	답 란
21	① ② ③ ④
22	① ② ③ ④
23	① ② ③ ④
24	① ② ③ ④
25	① ② ③ ④

※ 수학 과목은 20문항임.

응시자 유의사항

1. 답안지는 지정된 필기도구(컴퓨터용 수성사인펜)만을 사용하여 아래 예시와 같이 표기해야 합니다.
   ("예시" ① 정답일 경우 : ● ② ③ ④)
2. 수험번호 (1)란에는 아라비아 숫자를 쓰고, (2)란은 해당 숫자란에 까맣게 표기(●)해야 합니다.
3. 응시회차, 학력구분 및 교시란에는 반드시 까맣게 표기(●)해야 하고, 과목명란에는 해당 교시 응시과목명("예시" 국어)을 기재해야 합니다.
4. 답안지를 긁거나 구기면 안 되며 수정하거나 두개 이상 표기한 문항은 무효처리됩니다.

학력구분	
중졸	○
고졸	○

교시	표기란	과목명
1	○	
2	○	
3	○	
4	○	
5	○	
6	○	
7	○	

※ 중졸 검정고시는 6과목임.

성 명 (한 글)

수 험 번 호

(1)						
(2)	⓪	⓪	⓪	⓪	⓪	⓪
	①	①	①	①	①	①
	②	②	②	②	②	②
	③	③	③	③	③	③
	④	④	④	④	④	④
	⑤	⑤	⑤	⑤	⑤	⑤
	⑥	⑥	⑥	⑥	⑥	⑥
	⑦	⑦	⑦	⑦	⑦	⑦
	⑧	⑧	⑧	⑧	⑧	⑧
	⑨	⑨	⑨	⑨	⑨	⑨

※ 응시자는 표기하지 마시오.

결시자표기란	○

감독관확인란	

※ 응시회차, 학력, 교시 확인 후 감독관 날인.

중졸·고졸 검정고시 답안지

문번	답 란
1	① ② ③ ④
2	① ② ③ ④
3	① ② ③ ④
4	① ② ③ ④
5	① ② ③ ④
6	① ② ③ ④
7	① ② ③ ④
8	① ② ③ ④
9	① ② ③ ④
10	① ② ③ ④

문번	답 란
11	① ② ③ ④
12	① ② ③ ④
13	① ② ③ ④
14	① ② ③ ④
15	① ② ③ ④
16	① ② ③ ④
17	① ② ③ ④
18	① ② ③ ④
19	① ② ③ ④
20	① ② ③ ④

문번	답 란
21	① ② ③ ④
22	① ② ③ ④
23	① ② ③ ④
24	① ② ③ ④
25	① ② ③ ④

※ 수학 과목은 20문항임.

응시자 유의사항

1. 답안지는 지정된 필기도구(컴퓨터용 수성사인펜)만을 사용하여 아래 예시와 같이 표기해야 합니다.
   ("예시" ① 정답일 경우 : ● ② ③ ④)
2. 수험번호 (1)란에는 아라비아 숫자를 쓰고, (2)란은 해당 숫자란에 까맣게 표기(●)해야 합니다.
3. 응시회차, 학력구분 및 교시란에는 반드시 까맣게 표기(●)해야 하고, 과목명란에는 해당 응시과목명("예시" 국어)을 기재해야 합니다.
4. 답안지를 긁거나 구기면 안 되며 수정하거나 두 개 이상 표기한 문항은 무효처리됩니다.

학 력 구 분	
중졸	○
고졸	○

교시	표기란	과목명
1	○	
2	○	
3	○	
4	○	
5	○	
6	○	
7	○	

※ 중졸 검정고시는 6과목임.

성 명 (한 글)					

수 험 번 호					
⓪	⓪	⓪	⓪	⓪	⓪
①	①	①	①	①	①
②	②	②	②	②	②
③	③	③	③	③	③
④	④	④	④	④	④
⑤	⑤	⑤	⑤	⑤	⑤
⑥	⑥	⑥	⑥	⑥	⑥
⑦	⑦	⑦	⑦	⑦	⑦
⑧	⑧	⑧	⑧	⑧	⑧
⑨	⑨	⑨	⑨	⑨	⑨

(1) (2)

※ 응시자는 표기하지 마시오.

결시자표기란
○

감독관확인란

※ 응시회차, 학력, 교시 확인 후 감독관 날인.

중졸 · 고졸 검정고시 답안지

문번	답 란
1	① ② ③ ④
2	① ② ③ ④
3	① ② ③ ④
4	① ② ③ ④
5	① ② ③ ④
6	① ② ③ ④
7	① ② ③ ④
8	① ② ③ ④
9	① ② ③ ④
10	① ② ③ ④

문번	답 란
11	① ② ③ ④
12	① ② ③ ④
13	① ② ③ ④
14	① ② ③ ④
15	① ② ③ ④
16	① ② ③ ④
17	① ② ③ ④
18	① ② ③ ④
19	① ② ③ ④
20	① ② ③ ④

문번	답 란
21	① ② ③ ④
22	① ② ③ ④
23	① ② ③ ④
24	① ② ③ ④
25	① ② ③ ④

※ 수학 과목은 20문항임.

응시자 유의사항

1. 답안지는 지정된 필기도구(컴퓨터용 수성사인펜)만을 사용하여 아래 예시와 같이 표기해야 합니다.
   ("예시" ① 정답일 경우 : ● ② ③ ④)
2. 수험번호 (1)란에는 아라비아 숫자를 쓰고, (2)란은 해당 숫자란에 까맣게 표기(●)해야 합니다.
3. 응시회차, 학력구분 및 교시 란에는 반드시 까맣게 표기(●)해야 하고, 과목명란에는 해당 응시과목명("예시" 국어)을 기재해야 합니다.
4. 답안지를 긁거나 구기면 안 되며 수정하거나 두께 이상 표기한 문항은 무효처리됩니다.

학력구분	
중졸	○
고졸	○

교시	표기란	과목명
1	○	
2	○	
3	○	
4	○	
5	○	
6	○	
7	○	

※ 중졸 검정고시는 6과목임.

성 명 (한 글)						
수 험 번 호						

(1)

(2)
⓪	⓪	⓪	⓪	⓪	⓪	⓪
①	①	①	①	①	①	①
②	②	②	②	②	②	②
③	③	③	③	③	③	③
④	④	④	④	④	④	④
⑤	⑤	⑤	⑤	⑤	⑤	⑤
⑥	⑥	⑥	⑥	⑥	⑥	⑥
⑦	⑦	⑦	⑦	⑦	⑦	⑦
⑧	⑧	⑧	⑧	⑧	⑧	⑧
⑨	⑨	⑨	⑨	⑨	⑨	⑨

※ 응시자는 표기하지 마시오.

결시자표기란	○

감독관확인란	

※ 응시회차, 학력구분, 교시 확인 후 감독관란 날인.

이제 국비무료 교육도
에듀윌

수강생을 반겨주는 에듀윌의 환한 복도 (구로)

언제나 전문 학습 매니저와 상담이 가능한 안내데스크 (부평)

고품질 영상 및 음향 장비를 갖춘 최고의 강의실 (구로)

재충전을 위한 카페 분위기의 아늑한 휴게실 (부평)

다용도로 활용이 가능한 휴게실 (성남)

전기/소방/건축/쇼핑몰/회계/컴활 자격증 취득
국민내일배움카드제

에듀윌 국비교육원 대표전화

서울 구로	02)6482-0600	구로디지털단지역 2번 출구
경기 성남	031)604-0600	모란역 5번 출구

인천 부평	032)262-0600	부평역 5번 출구
인천 부평2관	032)263-2900	부평역 5번 출구

국비교육원
바로가기

2025 최신판

에듀윌
고졸 검정고시
기본서 수학

정답과 해설

eduwill

2025 최신판

에듀윌
고졸 검정고시
기본서 수학

정답과 해설

기본 다지기

01 다항식

1. 다항식의 연산

01	$7x-8y$
02	(1) x^3+x^2+x-4 (2) $-x^2+7xy-2y^2$
03	(1) $x^2+2xy-2y^2$ (2) $5x^2+6xy+2y^2$
04	(1) x^3y^4 (2) $a^{10}b^{15}$ (3) -2^3x^6 (4) x^4 (5) $\dfrac{x^{12}}{2^4y^8}$ (6) $\dfrac{3^6x^6}{5^6}$
05	(1) $3a^4b-6a^3b^3-9ab^4$ (2) $2x^3-9x^2+13x-12$ (3) $4a^2+12ab+9b^2$ (4) $9a^2-4b^2$ (5) $x^2-6x-16$ (6) $6x^2-11x+3$ (7) $a^2+b^2+c^2-2ab+2bc-2ca$ (8) x^3+3x^2+3x+1
06	(1) 11 (2) 13 (3) 36
07	-2
08	(1) 2 (2) 0
09	(1) 몫: $2x+3$, 나머지: 2 (2) 몫: x^2+x+3, 나머지: 14 (3) 몫: $2x+1$, 나머지: $-5x+2$ (4) 몫: $2x+1$, 나머지: $4x+2$
10	(1) $2x^3+9x^2+5x-9$ (2) $2x^3+3x^2-5x+5$
11	x^3-3x^2+8x-5
12	(1) 몫: x^2+2x+2, 나머지: 7 (2) 몫: $2x^3-2x^2+5x-5$, 나머지: 1
13	(1) 몫: x^2+3x+3, 나머지: 9 (2) 몫: x^2-x+2, 나머지: 2
14	④
15	몫: x^2-3x+1, 나머지: 2
16	몫: x^2+2x+3, 나머지: 4

01

| 정답 | $7x-8y$

| 풀이 | (주어진 식)$=(10x-3x)+(7y-15y)$
$\qquad\qquad\quad =7x-8y$

03

| 정답 | (1) $x^2+2xy-2y^2$ (2) $5x^2+6xy+2y^2$

| 풀이 | (1) $A-B=(2x^2+3xy-y^2)-(x^2+xy+y^2)$
$\qquad\qquad =2x^2+3xy-y^2-x^2-xy-y^2$
$\qquad\qquad =(2-1)x^2+(3-1)xy+(-1-1)y^2$
$\qquad\qquad =x^2+2xy-2y^2$

(2) $A+3B=(2x^2+3xy-y^2)+3(x^2+xy+y^2)$
$\qquad\qquad =2x^2+3xy-y^2+3x^2+3xy+3y^2$
$\qquad\qquad =(2+3)x^2+(3+3)xy+(-1+3)y^2$
$\qquad\qquad =5x^2+6xy+2y^2$

05

| 정답 | (1) $3a^4b-6a^3b^3-9ab^4$ (2) $2x^3-9x^2+13x-12$
(3) $4a^2+12ab+9b^2$ (4) $9a^2-4b^2$ (5) $x^2-6x-16$
(6) $6x^2-11x+3$ (7) $a^2+b^2+c^2-2ab+2bc-2ca$
(8) x^3+3x^2+3x+1

| 풀이 | (1) (주어진 식)
$\qquad =3ab\cdot a^3-3ab\cdot 2a^2b^2-3ab\cdot 3b^3$
$\qquad =3a^4b-6a^3b^3-9ab^4$

(2) (주어진 식)
$\quad =x(2x^2-3x+4)-3(2x^2-3x+4)$
$\quad =2x^3-3x^2+4x-6x^2+9x-12$
$\quad =2x^3-9x^2+13x-12$

(3) (주어진 식)$=(2a)^2+2\cdot 2a\cdot 3b+(3b)^2$
$\qquad\qquad\qquad =4a^2+12ab+9b^2$

(4) (주어진 식)$=(3a)^2-(2b)^2=9a^2-4b^2$

(5) (주어진 식)$=x^2+\{(-8)+2\}x+(-8)\cdot 2$
$\qquad\qquad\qquad =x^2-6x-16$

(6) (주어진 식)
$\quad =3\cdot 2x^2+\{3\cdot(-3)+(-1)\cdot 2\}x+(-1)\cdot(-3)$
$\quad =6x^2-11x+3$

(7) (주어진 식)$=a^2+(-b)^2+(-c)^2+2a\cdot(-b)$
$\qquad\qquad\qquad +2\cdot(-b)\cdot(-c)+2\cdot(-c)\cdot a$
$\qquad\qquad =a^2+b^2+c^2-2ab+2bc-2ca$

(8) (주어진 식)$=x^3+3x^2\cdot 1+3x\cdot 1^2+1^3$
$\qquad\qquad =x^3+3x^2+3x+1$

06

| 정답 | (1) 11 (2) 13 (3) 36

| 풀이 | (1) $a^2+b^2=(a+b)^2-2ab$
$$=3^2-2\cdot(-1)$$
$$=9+2=11$$

(2) $(a-b)^2=(a+b)^2-4ab$
$$=3^2-4\cdot(-1)$$
$$=9+4=13$$

(3) $a^3+b^3=(a+b)^3-3ab(a+b)$
$$=3^3-3\cdot(-1)\cdot3$$
$$=27+9=36$$

07

| 정답 | -2

| 풀이 | $a^2+b^2+c^2=(a+b+c)^2-2(ab+bc+ca)$의 식을 정리하면 다음과 같으므로

$$ab+bc+ca=\frac{1}{2}\{(a+b+c)^2-(a^2+b^2+c^2)\}$$
$$=\frac{1}{2}(2^2-8)=-2$$

08

| 정답 | (1) 2 (2) 0

| 풀이 | (1) $x^2+\dfrac{1}{x^2}=\left(x+\dfrac{1}{x}\right)^2-2=(-2)^2-2=2$

(2) $\left(x-\dfrac{1}{x}\right)^2=\left(x+\dfrac{1}{x}\right)^2-4=(-2)^2-4=0$

$$\therefore x-\frac{1}{x}=0$$

09

| 정답 | (1) 몫: $2x+3$, 나머지: 2
(2) 몫: x^2+x+3, 나머지: 14
(3) 몫: $2x+1$, 나머지: $-5x+2$
(4) 몫: $2x+1$, 나머지: $4x+2$

| 풀이 | (1)
$$\begin{array}{r}2x+3\\x+2\overline{)2x^2+7x+8}\\\underline{2x^2+4x}\\3x+8\\\underline{3x+6}\\2\end{array}$$

$\therefore$ 몫: $2x+3$, 나머지: 2

(2)
$$\begin{array}{r}x^2+x+3\\x-3\overline{)x^3-2x^2+5}\\\underline{x^3-3x^2}\\x^2+5\\\underline{x^2-3x}\\3x+5\\\underline{3x-9}\\14\end{array}$$

$\therefore$ 몫: x^2+x+3, 나머지: 14

(3)
$$\begin{array}{r}2x+1\\x^2+x+2\overline{)2x^3+3x^2+4}\\\underline{2x^3+2x^2+4x}\\x^2-4x+4\\\underline{x^2+x+2}\\-5x+2\end{array}$$

$\therefore$ 몫: $2x+1$, 나머지: $-5x+2$

(4)
$$\begin{array}{r}2x+1\\x^2-2x-1\overline{)2x^3-3x^2+1}\\\underline{2x^3-4x^2-2x}\\x^2+2x+1\\\underline{x^2-2x-1}\\4x+2\end{array}$$

$\therefore$ 몫: $2x+1$, 나머지: $4x+2$

10

| 정답 | (1) $2x^3+9x^2+5x-9$ (2) $2x^3+3x^2-5x+5$

| 풀이 | (1) $P(x)=(2x+3)(x^2+3x-2)-3$
$$=2x^3+9x^2+5x-9$$

(2) $P(x)=(x^2+2x-1)(2x-1)-x+4$
$$=2x^3+3x^2-5x+5$$

11

| 정답 | x^3-3x^2+8x-5

| 풀이 | $A=(x^2-2x+3)(x-1)+3x-2$
$$=x^3-3x^2+8x-5$$

12

| 정답 | (1) 몫: x^2+2x+2, 나머지: 7
(2) 몫: $2x^3-2x^2+5x-5$, 나머지: 1

| 풀이 | (1) $x^3-2x+3=x^3+0\cdot x^2-2x+3$이므로

$$\begin{array}{r|rrrr}2&1&0&-2&3\\&&2&4&4\\\hline&1&2&2&7\end{array}$$

$\therefore$ 몫: x^2+2x+2, 나머지: 7

(2) $2x^4+3x^2-4=2x^4+0\cdot x^3+3x^2+0\cdot x-4$이므로

$$
\begin{array}{r|rrrrr}
-1 & 2 & 0 & 3 & 0 & -4 \\
  &   & -2 & 2 & -5 & 5 \\
\hline
  & 2 & -2 & 5 & -5 & 1
\end{array}
$$

∴ 몫: $2x^3-2x^2+5x-5$, 나머지: 1

13

| 정답 | (1) 몫: x^2+3x+3, 나머지: 9
(2) 몫: x^2-x+2, 나머지: 2

| 풀이 | (1) 다음과 같이 조립제법을 이용하면

$$
\begin{array}{r|rrrr}
2 & 1 & 1 & -3 & 3 \\
  &   & 2 & 6 & 6 \\
\hline
  & 1 & 3 & 3 & 9
\end{array}
$$

∴ 몫: x^2+3x+3, 나머지: 9

(2) 다음과 같이 조립제법을 이용하면

$$
\begin{array}{r|rrrr}
-1 & 1 & 0 & 1 & 4 \\
   &   & -1 & 1 & -2 \\
\hline
   & 1 & -1 & 2 & 2
\end{array}
$$

∴ 몫: x^2-x+2, 나머지: 2

14

| 정답 | ④

| 풀이 | 다항식 $f(x)$를 $4x-1$로 나누었을 때의 몫과 나머지를 각각 $Q'(x)$, R'이라고 하면
$$f(x)=(4x-1)Q'(x)+R'$$
다항식 $f(x)$를 $x-\dfrac{1}{4}$로 나누었을 때의 몫과 나머지가 각각 $Q(x)$, R이므로
$$f(x)=\left(x-\frac{1}{4}\right)Q(x)+R$$
$$=(4x-1)\times\frac{1}{4}Q(x)+R$$
즉, $Q'(x)=\dfrac{1}{4}Q(x)$, $R'=R$

15

| 정답 | 몫: x^2-3x+1, 나머지: 2

| 풀이 | 조립제법을 이용하여 $x-\dfrac{1}{2}$로 나눈 몫과 나머지를 구하면

$$
\begin{array}{r|rrrr}
\frac{1}{2} & 2 & -7 & 5 & 1 \\
   &   & 1 & -3 & 1 \\
\hline
   & 2 & -6 & 2 & 2
\end{array}
$$

이므로
$$2x^3-7x^2+5x+1$$
$$=\left(x-\frac{1}{2}\right)(2x^2-6x+2)+2$$
$$=\left(x-\frac{1}{2}\right)\cdot 2\cdot(x^2-3x+1)+2$$
$$=(2x-1)(x^2-3x+1)+2$$
따라서 $2x^3-7x^2+5x+1$을 $2x-1$로 나눌 때의 몫은 x^2-3x+1, 나머지는 2

16

| 정답 | 몫: x^2+2x+3, 나머지: 4

| 풀이 | $3x-1=0$에서 $x=\dfrac{1}{3}$이므로

조립제법을 이용하면

$$
\begin{array}{r|rrrr}
\frac{1}{3} & 3 & 5 & 7 & 1 \\
   &   & 1 & 2 & 3 \\
\hline
   & 3 & 6 & 9 & 4
\end{array}
$$

이므로
$$3x^3+5x^2+7x+1$$
$$=\left(x-\frac{1}{3}\right)(3x^2+6x+9)+4$$
$$=(3x-1)(x^2+2x+3)+4$$
∴ 몫: x^2+2x+3, 나머지: 4

2. 항등식과 나머지정리

01	㉡, ㉣
02	(1) $a=-3$, $b=1$, $c=-2$ (2) $a=3$, $b=-2$, $c=-4$
03	$a=1$, $b=3$, $c=3$
04	(1) 6 (2) -18
05	1
06	$a=-8$, $b=14$

01

| 정답 | ㉡, ㉣
| 풀이 | ㉡ (좌변)$=3(x+2)=3x+6=$(우변)
㉣ (좌변)$=-3(x+1)+2=-3x-3+2$
$\qquad =-3x-1=$(우변)
따라서 항등식은 ㉡, ㉣이다.

02

| 정답 | (1) $a=-3$, $b=1$, $c=-2$
(2) $a=3$, $b=-2$, $c=-4$
| 풀이 | (1) 계수가 모두 0이 되어야 하므로
$\quad a+3=0$, $b-1=0$, $c+2=0$
$\quad \therefore a=-3$, $b=1$, $c=-2$
(2) 양변의 계수를 비교하면
$\quad a=3$, $b=-2$, $c=-4$

03

| 정답 | $a=1$, $b=3$, $c=3$
| 풀이 | 양변의 최고차항의 계수를 비교하면 $a=1$
즉, $x^2+x+1=(x-1)^2+b(x-1)+c$이므로
$x=1$을 대입하면 $c=3$
$x=0$을 대입하면 $1=1-b+c$에서
$1=1-b+3$이므로 $b=3$

04

| 정답 | (1) 6 (2) -18
| 풀이 | (1) $P(1)=1-2+3+4=6$
(2) $P(-2)=-8-8-6+4=-18$

05

| 정답 | 1
| 풀이 | $p(x)=x^3-2x+a$가 $x-1$로 나누어떨어지므로
$p(1)=0$에서
$1-2+a=0$ $\quad \therefore a=1$

06

| 정답 | $a=-8$, $b=14$
| 풀이 | $p(x)=2x^3+ax^2+bx-12$로 놓으면
$x-2$로 나누어떨어지므로 $p(2)=0$에서
$16+4a+2b\ 12=0$
$\therefore 2a+b+2=0$ $\qquad \cdots\cdots$ ㉠
$x-3$으로 나누면 나머지가 12이므로 $p(3)=12$에서
$54+9a+3b-12=12$
$\therefore 3a+b+10=0$ $\qquad \cdots\cdots$ ㉡
㉠, ㉡을 연립하여 풀면 $a=-8$, $b=14$

3. 인수분해

01	(1) $2b(ab+3)$ (2) $(a+b)(x-y)$
02	(1) $(3x+1)^2$ (2) $(4a-3b)^2$ (3) $(x+3)(x+7)$ (4) $(3a+1)(2a-5)$
03	(1) $(a+2)(a^2-2a+4)$ (2) $(3a-4b)(9a^2+12ab+16b^2)$
04	(1) $(x+4)(x-3)$ (2) $(x-1)(x-2)(x^2-3x+3)$ (3) $(x+1)(x-1)(x+3)(x-3)$ (4) $(x^2+2x+3)(x^2-2x+3)$
05	(1) $(x+1)(x-2)(x-3)$ (2) $(x+1)(x+2)(x-3)$
06	④
07	$(x-y+z)(x+y-z)$
08	$(x-1)(x^2-x+2)$

01

| 정답 | (1) $2b(ab+3)$ (2) $(a+b)(x-y)$

| 풀이 | (2) (주어진 식)$=a(x-y)+b(x-y)$
$$=(a+b)(x-y)$$

02

| 정답 | (1) $(3x+1)^2$ (2) $(4a-3b)^2$

(3) $(x+3)(x+7)$ (4) $(3a+1)(2a-5)$

| 풀이 | (1) (주어진 식)$=(3x)^2+2\cdot3x\cdot1+1^2$
$$=(3x+1)^2$$

(2) (주어진 식)$=(4a)^2-2\cdot4a\cdot3b+(3b)^2$
$$=(4a-3b)^2$$

(3) $x^2+10x+21$

$$
\begin{array}{cc}
1\cdot x & +7 \\
1\cdot x & +3
\end{array}
\quad
\begin{array}{c}
7x \\
3x \\
\hline
10x
\end{array}
$$

∴ $x^2+10x+21=(x+3)(x+7)$

(4) $6a^2-13a-5$

$$
\begin{array}{cc}
3\cdot a & 1 \\
2\cdot a & -5
\end{array}
\quad
\begin{array}{c}
2a \\
-15a \\
\hline
-13a
\end{array}
$$

∴ $6a^2-13a-5=(3a+1)(2a-5)$

03

| 정답 | (1) $(a+2)(a^2-2a+4)$

(2) $(3a-4b)(9a^2+12ab+16b^2)$

| 풀이 | (1) (주어진 식)$=a^3+2^3$
$$=(a+2)(a^2-2a+4)$$

(2) (주어진 식)$=(3a)^3-(4b)^3$
$$=(3a-4b)(9a^2+12ab+16b^2)$$

04

| 정답 | (1) $(x+4)(x-3)$

(2) $(x-1)(x-2)(x^2-3x+3)$

(3) $(x+1)(x-1)(x+3)(x-3)$

(4) $(x^2+2x+3)(x^2-2x+3)$

| 풀이 | (1) $x+1=t$로 놓으면

(주어진 식)$=t^2-t-12=(t+3)(t-4)$
$$=(x+1+3)(x+1-4)$$
$$=(x+4)(x-3)$$

(2) $x^2-3x=t$로 놓으면

(주어진 식)$=t(t+5)+6=t^2+5t+6$
$$=(t+2)(t+3)$$
$$=(x^2-3x+2)(x^2-3x+3)$$
$$=(x-1)(x-2)(x^2-3x+3)$$

(3) $x^2=X$로 놓으면

(주어진 식)$=X^2-10X+9$
$$=(X-1)(X-9)$$
$$=(x^2-1)(x^2-9)$$
$$=(x+1)(x-1)(x+3)(x-3)$$

(4) (주어진 식)$=(x^4+6x^2+9)-4x^2$
$$=(x^2+3)^2-(2x)^2$$
$$=(x^2+2x+3)(x^2-2x+3)$$

05

| 정답 | (1) $(x+1)(x-2)(x-3)$

(2) $(x+1)(x+2)(x-3)$

| 풀이 | (1) $P(x)=x^3-4x^2+x+6$이라 하면

$P(-1)=-1-4-1+6=0$

이므로 다음과 같이 조립제법을 이용하여 $P(x)$를 인수분해
하면

$$
\begin{array}{r|rrrr}
-1 & 1 & -4 & 1 & 6 \\
& & -1 & 5 & -6 \\
\hline
& 1 & -5 & 6 & 0
\end{array}
$$

$$P(x)=(x+1)(x^2-5x+6)$$
$$=(x+1)(x-2)(x-3)$$

(2) $P(x)=x^3-7x-6$으로 놓으면

$P(-1)=(-1)^3-7\times(-1)-6=0$이므로

$x+1$은 $P(x)$의 인수이다.

따라서 오른쪽과 같이 조립제법
을 이용하여 인수분해하면

$$x^3-7x-6$$
$$=(x+1)(x^2-x-6)$$
$$=(x+1)(x+2)(x-3)$$

	-1	1	0	-7	-6
			-1	1	6
		1	-1	-6	0

06

| 정답 | ④

| 풀이 | ① $16x^2-36y^2=(4x)^2-(6y)^2$
$$=(4x+6y)(4x-6y)$$
$$=4(2x+3y)(2x-3y)$$

② $x^4-16=(x^2)^2-4^2=(x^2+4)(x^2-4)$
$$=(x^2+4)(x-2)(x+2)$$

③ $2x^2-5x-3=(x-3)(2x+1)$

④ $x^3+8=(x+2)(x^2-2x+4)$

07

| 정답 | $(x-y+z)(x+y-z)$

| 풀이 | $x^2-y^2+2yz-z^2=x^2-(y^2-2yz+z^2)$
$$=x^2-(y-z)^2$$
$$=(x-y+z)(x+y-z)$$

08

| 정답 | $(x-1)(x^2-x+2)$

| 풀이 | $x=1$을 대입하면 $1-2+3-2=0$이므로 조립제법을
이용하면

	1	1	-2	3	-2
			1	-1	2
		1	-1	2	0

$\therefore (x-1)(x^2-x+2)$

02 방정식과 부등식

1. 복소수

36쪽

01	실수 2개, 허수 3개, 순허수 1개
02	(1) $a=1$, $b=-2$ (2) $a=1$, $b=2$
03	(1) $1-2i$ (2) $2+3i$ (3) -6
04	(1) $4-8i$ (2) $12-3i$ (3) $4+9i$
05	(1) $11+2i$ (2) $8+6i$ (3) 14
06	(1) $-i$ (2) $\dfrac{9}{13}-\dfrac{7}{13}i$
07	(1) -1 (2) $-i$ (3) 0 (4) 1
08	(1) -1 (2) i
09	(1) $3i$ (2) $2\sqrt{3}i$ (3) $-2\sqrt{2}i$ (4) $-\dfrac{3}{2}i$
10	(1) $\pm\sqrt{3}i$ (2) $\pm5i$ (3) $\pm3\sqrt{2}i$ (4) $\pm\dfrac{1}{4}i$
11	(1) $9i$ (2) $-4\sqrt{2}$ (3) $-7\sqrt{2}i$ (4) $3(1+\sqrt{3})i$ (5) $(4+5\sqrt{2})i$ (6) $\sqrt{2}i$ (7) $-\dfrac{\sqrt{5}}{2}i$ (8) $\dfrac{\sqrt{6}}{3}$

01

| 정답 | 실수 2개, 허수 3개, 순허수 1개

| 풀이 | ① 실수: -2, $\sqrt{10}$

② 허수: $1+i$, $-3i$, $-1+3i$

③ 순허수: $-3i$

따라서 실수는 2개, 허수는 3개, 순허수는 1개이다.

02

| 정답 | (1) $a=1$, $b=-2$ (2) $a=1$, $b=2$

| 풀이 | (2) $(3a+b)+(a-b)i=5-i$에서

$3a+b=5$, $a-b=-1$,

두 식을 연립하여 풀면

$a=1$, $b=2$

03

| 정답 | (1) $1-2i$ (2) $2+3i$ (3) -6

| 풀이 | (1) $\overline{1+2i}=1-2i$

(2) $\overline{-3i+2}=2+3i$

(3) $\overline{-6}=-6$

04

| 정답 | (1) $4-8i$ (2) $12-3i$ (3) $4+9i$

| 풀이 | (1) (주어진 식)$=(3+1)+(-2-6)i$
$$=4-8i$$
(2) (주어진 식)$=(7+5)+(-2-1)i$
$$=12-3i$$
(3) (주어진 식)$=(11-7)+(3+4+2)i$
$$=4+9i$$

05

| 정답 | (1) $11+2i$ (2) $8+6i$ (3) 14

| 풀이 | (1) (주어진 식)$=8+6i-4i-3i^2$
$$=8+2i-3\cdot(-1)$$
$$=11+2i$$
(2) (주어진 식)$=9+6i+i^2$
$$=9+6i-1$$
$$=8+6i$$
(3) (주어진 식)$=5-3\sqrt{5}i+3\sqrt{5}i-9i^2$
$$=14$$

06

| 정답 | (1) $-i$ (2) $\dfrac{9}{13}-\dfrac{7}{13}i$

| 풀이 | (1) (주어진 식)$=\dfrac{(1-i)(1-i)}{(1+i)(1-i)}$
$$=\dfrac{(1-i)^2}{1-i^2}$$
$$=\dfrac{1-2i+i^2}{2}$$
$$=\dfrac{-2i}{2}=-i$$
(2) (주어진 식)$=\dfrac{(3+i)(2-3i)}{(2+3i)(2-3i)}$
$$=\dfrac{6-9i+2i-3i^2}{2^2-(3i)^2}$$
$$=\dfrac{9-7i}{13}$$
$$=\dfrac{9}{13}-\dfrac{7}{13}i$$

07

| 정답 | (1) -1 (2) $-i$ (3) 0 (4) 1

| 풀이 | (1) (주어진 식)$=(i^2)^{15}=(-1)^{15}=-1$
(2) (주어진 식)$=(i^2)^{499}\times i=(-1)^{499}\times i=-i$
(3) (주어진 식)$=1-i-1+i=0$
(4) (주어진 식)$=i^{97+103}=i^{200}=(i^2)^{100}=(-1)^{100}=1$

| 다른풀이 |

(4) (주어진 식)$=i^{97+103}=i^{200}=(i^4)^{50}=1^{50}=1$

08

| 정답 | (1) -1 (2) i

| 풀이 | (1) $\dfrac{1+i}{1-i}=\dfrac{(1+i)^2}{(1-i)(1+i)}=\dfrac{1+2i+i^2}{1^2-i^2}=\dfrac{2i}{2}=i$

$\therefore$ (주어진 식)$=i^{102}=(i^2)^{51}=(-1)^{51}$
$$=-1$$
(2) (주어진 식)
$$=(1+i+i^2+i^3)+(i^4+i^5+i^6+i^7)+(i^8+i^9+i^{10})$$
$$=(1+i-1-i)+(1+i-1-i)+(1+i-1)$$
$$=i$$

09

| 정답 | (1) $3i$ (2) $2\sqrt{3}i$ (3) $-2\sqrt{2}i$ (4) $-\dfrac{3}{2}i$

| 풀이 | (1) $\sqrt{-9}=\sqrt{9}i=3i$
(2) $\sqrt{-12}=\sqrt{12}i=2\sqrt{3}i$
(3) $-\sqrt{-8}=-\sqrt{8}i=-2\sqrt{2}i$
(4) $-\sqrt{-\dfrac{9}{4}}=-\sqrt{\dfrac{9}{4}}i=-\dfrac{3}{2}i$

10

| 정답 | (1) $\pm\sqrt{3}i$ (2) $\pm5i$ (3) $\pm3\sqrt{2}i$ (4) $\pm\dfrac{1}{4}i$

| 풀이 | (1) $\pm\sqrt{-3}=\pm\sqrt{3}i$
(2) $\pm\sqrt{-25}=\pm\sqrt{25}i=\pm5i$
(3) $\pm\sqrt{-18}=\pm\sqrt{18}i=\pm3\sqrt{2}i$
(4) $\pm\sqrt{-\dfrac{1}{16}}=\pm\sqrt{\dfrac{1}{16}}i=\pm\dfrac{1}{4}i$

11

| 정답 | (1) $9i$ (2) $-4\sqrt{2}$ (3) $-7\sqrt{2}i$ (4) $3(1+\sqrt{3})i$

(5) $(4+5\sqrt{2})i$ (6) $\sqrt{2}i$ (7) $-\dfrac{\sqrt{5}}{2}i$ (8) $\dfrac{\sqrt{6}}{3}$

| 풀이 | (1) (주어진 식)$=\sqrt{3}i\times3\sqrt{3}=9i$

(2) (주어진 식)$=\sqrt{4}i\times\sqrt{8}i$

$\qquad\qquad\quad=2i\times2\sqrt{2}i$

$\qquad\qquad\quad=4\sqrt{2}i^2=-4\sqrt{2}$

(3) (주어진 식)$=3\sqrt{2}i-5\sqrt{8}i$

$\qquad\qquad\quad=3\sqrt{2}i-10\sqrt{2}i$

$\qquad\qquad\quad=-7\sqrt{2}i$

(4) (주어진 식)$=\sqrt{9}i+\sqrt{27}i$

$\qquad\qquad\quad=3i+3\sqrt{3}i$

$\qquad\qquad\quad=3(1+\sqrt{3})i$

(5) (주어진 식)$=\sqrt{2}i+\sqrt{16}i+\sqrt{32}i$

$\qquad\qquad\quad=\sqrt{2}i+4i+4\sqrt{2}i$

$\qquad\qquad\quad=(4+5\sqrt{2})i$

(6) $\dfrac{\sqrt{-6}}{\sqrt{3}}=\dfrac{\sqrt{6}i}{\sqrt{3}}=\sqrt{2}i$

(7) $\dfrac{\sqrt{5}}{\sqrt{-4}}=\dfrac{\sqrt{5}}{\sqrt{4}i}=\dfrac{\sqrt{5}}{2i}=\dfrac{\sqrt{5}i}{2i^2}=-\dfrac{\sqrt{5}}{2}i$

(8) $\dfrac{\sqrt{-2}}{\sqrt{-3}}=\dfrac{\sqrt{2}i}{\sqrt{3}i}=\dfrac{\sqrt{6}}{3}$

2. 이차방정식

01	(1) $x=1$ 또는 $x=\dfrac{5}{2}$ (2) $x=-1$ 또는 $x=3$ (3) $x=\dfrac{3\pm\sqrt{3}}{3}$ (4) $x=\dfrac{-3\pm\sqrt{11}i}{2}$
02	(1) 서로 다른 두 허근 (2) 중근 (3) 서로 다른 두 실근
03	(1) $k<\dfrac{9}{4}$ (2) $k=\dfrac{9}{4}$ (3) $k>\dfrac{9}{4}$
04	(1) 두 근의 합: $\dfrac{1}{2}$, 두 근의 곱: $-\dfrac{3}{4}$ (2) 두 근의 합: 0, 두 근의 곱: $\dfrac{5}{2}$
05	$-\dfrac{3}{4}$
06	④
07	(1) $x^2-7x+10=0$ (2) $x^2-2x-2=0$ (3) $x^2-3x-18=0$ (4) $x^2-4x+5=0$
08	(1) $(x-\sqrt{5})(x+\sqrt{5})$ (2) $(x+3i)(x-3i)$ (3) $\left(x+\dfrac{1-\sqrt{17}}{2}\right)\left(x+\dfrac{1+\sqrt{17}}{2}\right)$ (4) $3\left(x-\dfrac{1+\sqrt{5}i}{3}\right)\left(x-\dfrac{1-\sqrt{5}i}{3}\right)$
09	(1) $a=-2,\ b=-5$ (2) $a=-4,\ b=1$ (3) $a=-10,\ b=7$
10	(1) $a=-2,\ b=5$ (2) $a=-6,\ b=13$
11	$m=2,\ n=13$

01

| 정답 | (1) $x=1$ 또는 $x=\dfrac{5}{2}$ (2) $x=-1$ 또는 $x=3$

(3) $x=\dfrac{3\pm\sqrt{3}}{3}$ (4) $x=\dfrac{-3\pm\sqrt{11}i}{2}$

| 풀이 | (1) 좌변을 인수분해하면

$\qquad(x-1)(2x-5)=0$ $\qquad\therefore x=1$ 또는 $x=\dfrac{5}{2}$

(2) 우변을 좌변으로 이항한 후 양변을 -8로 나누면

$\qquad x^2-2x-3=0,\ (x+1)(x-3)=0$

$\qquad\therefore x=-1$ 또는 $x=3$

(3) 근의 공식에 의하여

$\qquad x=\dfrac{3\pm\sqrt{(-3)^2-3\cdot2}}{3}=\dfrac{3\pm\sqrt{3}}{3}$

(4) $(x+2)^2=x-1$에서 $x^2+3x+5=0$

$\qquad$ 근의 공식에 의하여

$\qquad x=\dfrac{-3\pm\sqrt{3^2-4\cdot1\cdot5}}{2}=\dfrac{-3\pm\sqrt{11}i}{2}$

02

| 정답 | (1) 서로 다른 두 허근 (2) 중근 (3) 서로 다른 두 실근

| 풀이 | (1) $x^2-5x+10=0$에서

$$D=(-5)^2-4\cdot1\cdot10=-15<0$$이므로

서로 다른 두 허근을 가진다.

(2) $4x^2-12x+9=0$에서

$$\frac{D}{4}=(-6)^2-4\cdot9=0$$이므로 중근을 가진다.

(3) $5x^2+3x-1=0$에서

$$D=3^2-4\cdot5\cdot(-1)=29>0$$이므로

서로 다른 두 실근을 가진다.

03

| 정답 | (1) $k<\dfrac{9}{4}$ (2) $k=\dfrac{9}{4}$ (3) $k>\dfrac{9}{4}$

| 풀이 | $x^2-3x+k=0$에서

$$D=(-3)^2-4\cdot1\cdot k=-4k+9$$

(1) 서로 다른 두 실근을 가지려면 $D>0$이어야 하므로

$$-4k+9>0 \qquad \therefore k<\frac{9}{4}$$

(2) 중근을 가지려면 $D=0$이어야 하므로

$$-4k+9=0 \qquad \therefore k=\frac{9}{4}$$

(3) 서로 다른 두 허근을 가지려면 $D<0$이어야 하므로

$$-4k+9<0 \qquad \therefore k>\frac{9}{4}$$

04

| 정답 | (1) 두 근의 합 $=\dfrac{1}{2}$, 두 근의 곱 $=\dfrac{-3}{4}$

(2) 두 근의 합 $=0$, 두 근의 곱 $=\dfrac{5}{2}$

| 풀이 | 근과 계수의 관계에 의하여

(1) $\alpha+\beta=-\left(\dfrac{-2}{4}\right)=\dfrac{1}{2}$, $\alpha\beta=\dfrac{-3}{4}$

(2) $\alpha+\beta=\dfrac{0}{2}=0$, $\alpha\beta=\dfrac{5}{2}$

05

| 정답 | $-\dfrac{3}{4}$

| 풀이 | 근과 계수의 관계에 의하여

$$\alpha+\beta=-\frac{-3}{2}=\frac{3}{2}, \quad \alpha\beta=\frac{-4}{2}=-2$$

$$\therefore \frac{1}{\alpha}+\frac{1}{\beta}=\frac{\alpha+\beta}{\alpha\beta}=\frac{3}{2}\div(-2)=-\frac{3}{4}$$

06

| 정답 | ④

| 풀이 | $x^2-3x+4=0$의 두 근을 α, β라고 하였으므로 근과 계수의 관계에 의하여

$$\alpha+\beta=3, \quad \alpha\beta=4$$

$$\therefore \alpha^2+\beta^2=(\alpha+\beta)^2-2\alpha\beta=3^2-2\times4=1$$

07

| 정답 | (1) $x^2-7x+10=0$ (2) $x^2-2x-2=0$

(3) $x^2-3x-18=0$ (4) $x^2-4x+5=0$

| 풀이 | (1) 두 근이 2, 5이고 x^2의 계수가 1인 이차방정식은

$$x^2-(2+5)x+2\cdot5=0$$

$$\therefore x^2-7x+10=0$$

(2) 두 근이 $1+\sqrt{3}$, $1-\sqrt{3}$이고 x^2의 계수가 1인 이차방정식은

$$x^2-\{(1+\sqrt{3})+(1-\sqrt{3})\}x+(1+\sqrt{3})(1-\sqrt{3})=0$$

$$\therefore x^2-2x-2=0$$

(3) 두 근이 -3, 6이고 x^2의 계수가 1인 이차방정식은

$$x^2-(-3+6)x+(-3)\cdot6=0$$

$$\therefore x^2-3x-18=0$$

(4) 두 근이 $2+i$, $2-i$이고 x^2의 계수가 1인 이차방정식은

$$x^2-\{(2+i)+(2-i)\}x+(2+i)(2-i)=0$$

$$\therefore x^2-4x+5=0$$

08

| 정답 | (1) $(x-\sqrt{5})(x+\sqrt{5})$ (2) $(x+3i)(x-3i)$

(3) $\left(x+\dfrac{1-\sqrt{17}}{2}\right)\left(x+\dfrac{1+\sqrt{17}}{2}\right)$

(4) $3\left(x-\dfrac{1+\sqrt{5}i}{3}\right)\left(x-\dfrac{1-\sqrt{5}i}{3}\right)$

| 풀이 | (1) $x^2-5=(x-\sqrt{5})(x+\sqrt{5})$

(2) $x^2+9=(x+3i)(x-3i)$

(3) $x^2+x-4=0$에서 근의 공식에 의하여

$$x=\frac{-1\pm\sqrt{1^2-4\cdot1\cdot(-4)}}{2}=\frac{-1\pm\sqrt{17}}{2}$$

$$\therefore x^2+x-4=\left(x-\frac{-1+\sqrt{17}}{2}\right)\left(x-\frac{-1-\sqrt{17}}{2}\right)$$

$$=\left(x+\frac{1-\sqrt{17}}{2}\right)\left(x+\frac{1+\sqrt{17}}{2}\right)$$

(4) $3x^2-2x+2=0$에서 근의 공식에 의하여

$$x=\frac{-(-1)\pm\sqrt{(-1)^2-3\cdot2}}{3}=\frac{1\pm\sqrt{-5}}{3}$$

$$=\frac{1\pm\sqrt{5}i}{3}$$

$$\therefore 3x^2-2x+2=3\left(x-\frac{1+\sqrt{5}i}{3}\right)\left(x-\frac{1-\sqrt{5}i}{3}\right)$$

09

| 정답 | (1) $a=-2$, $b=-5$ (2) $a=-4$, $b=1$

(3) $a=-10$, $b=7$

| 풀이 | (1) a, b가 유리수이고 한 근이 $1+\sqrt{6}$이므로 다른 한 근은 $1-\sqrt{6}$이다.

따라서 근과 계수의 관계에 의하여

$$(1+\sqrt{6})+(1-\sqrt{6})=-a, \ (1+\sqrt{6})(1-\sqrt{6})=b$$

$$\therefore a=-2, \ b=-5$$

(2) a, b가 유리수이고 한 근이 $2-\sqrt{3}$이므로 다른 한 근은 $2+\sqrt{3}$이다.

따라서 근과 계수의 관계에 의하여

$$(2-\sqrt{3})+(2+\sqrt{3})=-a, \ (2-\sqrt{3})(2+\sqrt{3})=b$$

$$\therefore a=-4, \ b=1$$

(3) a, b가 유리수이고 한 근이 $5+3\sqrt{2}$이므로 다른 한 근은 $5-3\sqrt{2}$이다.

따라서 근과 계수의 관계에 의하여

$$(5+3\sqrt{2})+(5-3\sqrt{2})=-a, \ (5+3\sqrt{2})(5-3\sqrt{2})=b$$

$$\therefore a=-10, \ b=7$$

10

| 정답 | (1) $a=-2$, $b=5$ (2) $a=-6$, $b=13$

| 풀이 | (1) a, b가 실수이고 주어진 이차방정식의 한 근이 $1-2i$이므로 다른 한 근은 $1+2i$이다.

따라서 근과 계수의 관계에 의하여

$$(1-2i)+(1+2i)=-a, \ (1-2i)(1+2i)=b$$

$$\therefore a=-2, \ b=5$$

(2) a, b가 실수이고 주어진 이차방정식의 한 근이 $3+2i$이므로 다른 한 근은 $3-2i$이다.

따라서 근과 계수의 관계에 의하여

$$(3+2i)+(3-2i)=-a, \ (3+2i)(3-2i)=b$$

$$\therefore a=-6, \ b=13$$

11

| 정답 | $m=2$, $n=13$

| 풀이 | 계수가 실수이고 한 근이 $2+3i$이므로 다른 한 근은 $2-3i$이다. 근과 계수의 관계에 의하여

$$(2+3i)+(2-3i)=2m \qquad \therefore m=2$$

$$(2+3i)(2-3i)=n \qquad \therefore n=13$$

3. 이차방정식과 이차함수

01	(1) -2, 1 (2) $\dfrac{1}{3}$, 2 (3) $\dfrac{3}{2}$
02	(1) 2 (2) 0 (3) 1
03	(1) 2 (2) -1, 3 (3) 1, 4 (4) 1, 2
04	(1) 최솟값: 2, 최댓값: 없다. (2) 최댓값: $\dfrac{3}{2}$, 최솟값: 없다.
05	13
06	(1) 최댓값: 6, 최솟값: -3 (2) 최댓값: 8, 최솟값: 0
07	3

01

| 정답 | (1) -2, 1 (2) $\dfrac{1}{3}$, 2 (3) $\dfrac{3}{2}$

| 풀이 | (1) 이차방정식 $x^2+x-2=0$에서

$$(x+2)(x-1)=0$$

$$\therefore x=-2 \text{ 또는 } x=1$$

(2) 이차방정식 $3x^2-7x+2=0$에서

$$(3x-1)(x-2)=0$$

$$\therefore x=\frac{1}{3} \text{ 또는 } x=2$$

(3) 이차방정식 $-4x^2+12x-9=0$에서

$$4x^2-12x+9=0, \ (2x-3)^2=0$$

$$\therefore x=\frac{3}{2}$$

02

| 정답 | (1) 2 (2) 0 (3) 1

| 풀이 | (1) 이차방정식 $x^2-5x+5=0$의 판별식을 D라 하면

$$D=(-5)^2-4\cdot1\cdot5=5>0$$

따라서 주어진 이차함수의 그래프와 x축의 교점은 2개이다.

(2) 이차방정식 $2x^2-x+5=0$의 판별식을 D라 하면

$$D=(-1)^2-4\cdot2\cdot5=-39<0$$

따라서 주어진 이차함수의 그래프와 x축의 교점은 없다.

(3) 이차방정식 $-4x^2+4x-1=0$의 판별식을 D라 하면

$$\frac{D}{4}=2^2-(-4)\cdot(-1)=0$$

따라서 주어진 이차함수의 그래프와 x축의 교점은 1개이다.

03

| 정답 | (1) 2 (2) -1, 3 (3) 1, 4 (4) 1, 2

| 풀이 | (1) $x^2-x+5=3x+1$에서 $x^2-4x+4=0$

　　　$(x-2)^2=0$　　∴ $x=2$

(2) $-3x^2+5x+7=-x-2$에서

　　$3x^2-6x-9=0$, $x^2-2x-3=0$

　　$(x+1)(x-3)=0$　　∴ $x=-1$ 또는 $x=3$

(3) $-x^2+4x+1=-x+5$에서 $x^2-5x+4=0$

　　$(x-1)(x-4)=0$　　∴ $x=1$ 또는 $x=4$

(4) $x^2-2x-3=x-5$에서 $x^2-3x+2=0$

　　$(x-1)(x-2)=0$　　∴ $x=1$ 또는 $x=2$

04

| 정답 | (1) 최솟값: 2, 최댓값: 없다.

(2) 최댓값: $\dfrac{3}{2}$, 최솟값: 없다.

| 풀이 | (1) $y=x^2+2x+3=(x+1)^2+2$

　　따라서 $x=-1$일 때 최솟값은 2이고, 최댓값은 없다.

(2) $y=-\dfrac{1}{2}x^2+x+1=-\dfrac{1}{2}(x-1)^2+\dfrac{3}{2}$

　　따라서 $x=1$일 때 최댓값은 $\dfrac{3}{2}$이고, 최솟값은 없다.

05

| 정답 | 13

| 풀이 | $y=(x^2-8x+16)-16+a+2$

　　　　$=(x-4)^2+a-14$

이므로 $a-14=-1$　　∴ $a=13$

06

| 정답 | (1) 최댓값: 6, 최솟값: -3

(2) 최댓값: 8, 최솟값: 0

| 풀이 | (1) $y=x^2-2x-2$

　　　　　$=(x-1)^2-3$

그래프를 그려 $0\le x\le 4$의 부분만 잘라내면 오른쪽 그림과 같다. 따라서 $x=4$일 때 최댓값 6, $x=1$일 때 최솟값 -3을 갖는다.

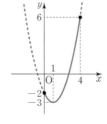

(2) $y=-x^2+4x+5$

　　　$=-(x-2)^2+9$

그래프를 그려 $-1\le x\le 1$의 부분만 잘라내면 오른쪽 그림과 같다. 따라서 $x=1$일 때 최댓값 8, $x=-1$일 때 최솟값 0을 갖는다.

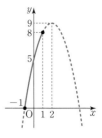

07

| 정답 | 3

| 풀이 | $y=x^2-2x+a$

　　　　$=(x-1)^2-1+a$

그래프는 오른쪽 그림과 같고 꼭짓점의 x좌표가 $0\le x\le 3$에 있으므로 $x=1$일 때, 최솟값을 갖는다. 주어진 조건에서 최솟값이 2이므로

$-1+a=2$　　∴ $a=3$

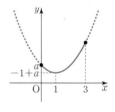

4. 여러 가지 방정식

01	(1) $x=1$ 또는 $x=\dfrac{-1\pm\sqrt{3}i}{2}$ (2) $x=\pm\sqrt{3}$ 또는 $x=\pm3i$
02	(1) -2 (2) $\dfrac{3+\sqrt{5}}{2},\ \dfrac{3-\sqrt{5}}{2}$
03	(1) -4 (2) 3 (3) 5
04	(1) 0 (2) 100
05	$x^3-2x^2-5x+6=0$
06	$x^3-7x^2+13x-7=0$
07	$a=-7,\ b=17,\ c=-15$
08	(1) 0 (2) -1
09	(1) $\begin{cases}x=-1\\y=-3\end{cases}$ 또는 $\begin{cases}x=3\\y=1\end{cases}$ (2) $\begin{cases}x=1\\y=3\end{cases}$ 또는 $\begin{cases}x=3\\y=1\end{cases}$ (3) $\begin{cases}x=-\sqrt{3}\\y=\sqrt{3}\end{cases}$ 또는 $\begin{cases}x=\sqrt{3}\\y=-\sqrt{3}\end{cases}$ 또는 $\begin{cases}x=2\\y=1\end{cases}$ 또는 $\begin{cases}x=-2\\y=-1\end{cases}$ (4) $\begin{cases}x=-\sqrt{5}\\y=\sqrt{5}\end{cases}$ 또는 $\begin{cases}x=\sqrt{5}\\y=-\sqrt{5}\end{cases}$ 또는 $\begin{cases}x=\sqrt{3}\\y=\sqrt{3}\end{cases}$ 또는 $\begin{cases}x=-\sqrt{3}\\y=-\sqrt{3}\end{cases}$

01

| 정답 | (1) $x=1$ 또는 $x=\dfrac{-1\pm\sqrt{3}i}{2}$

(2) $x=\pm\sqrt{3}$ 또는 $x=\pm3i$

| 풀이 | (1) $x^3-1=0$의 좌변을 인수분해하면

$(x-1)(x^2+x+1)=0$

$x-1=0$ 또는 $x^2+x+1=0$

$\therefore x=1$ 또는 $x=\dfrac{-1\pm\sqrt{3}i}{2}$

(2) $x^2=X$로 놓으면 주어진 방정식은

$X^2+6X-27=0,\ (X-3)(X+9)=0$

$X=3$ 또는 $X=-9$, 즉 $x^2=3$ 또는 $x^2=-9$

$\therefore x=\pm\sqrt{3}$ 또는 $x=\pm3i$

02

| 정답 | (1) -2 (2) $\dfrac{3+\sqrt{5}}{2},\ \dfrac{3-\sqrt{5}}{2}$

| 풀이 | (1) $P(x)=x^3-2x^2+ax+1$로 놓으면

$P(-1)=0$이므로 $-1-2-a+1=0$, 즉 $a=-2$

(2) (1)의 결과에 의하여 $P(x)=x^3-2x^2-2x+1$

$P(-1)=0$이므로 $x+1$은 $P(x)$의 인수이다.

조립제법을 이용하여 $P(x)$를 인수분해하면

$$
\begin{array}{r|rrrr}
-1 & 1 & -2 & -2 & 1\\
   &   & -1 & 3 & -1\\
\hline
   & 1 & -3 & 1 & 0
\end{array}
$$

$P(x)=(x+1)(x^2-3x+1)$

이므로 주어진 방정식은

$(x+1)(x^2-3x+1)=0$

그러므로 $x=-1$ 또는 $x=\dfrac{3\pm\sqrt{5}}{2}$

따라서 나머지 두 근은 $\dfrac{3+\sqrt{5}}{2},\ \dfrac{3-\sqrt{5}}{2}$이다.

03

| 정답 | (1) -4 (2) 3 (3) 5

| 풀이 | 삼차방정식의 근과 계수의 관계에 의하여

(1) $\alpha+\beta+\gamma=-4$

(2) $\alpha\beta+\beta\gamma+\gamma\alpha=3$

(3) $\alpha\beta\gamma=-\dfrac{-5}{1}=5$

04

| 정답 | (1) 0 (2) 100

| 풀이 | 삼차방정식의 근과 계수의 관계에 의하여

$\alpha+\beta+\gamma=-10,\ \alpha\beta+\beta\gamma+\gamma\alpha=0,\ \alpha\beta\gamma=-3$

(1) $\dfrac{1}{\alpha}+\dfrac{1}{\beta}+\dfrac{1}{\gamma}=\dfrac{\alpha\beta+\beta\gamma+\gamma\alpha}{\alpha\beta\gamma}=\dfrac{0}{-3}=0$

(2) $\alpha^2+\beta^2+\gamma^2=(\alpha+\beta+\gamma)^2-2(\alpha\beta+\beta\gamma+\gamma\alpha)$
$=(-10)^2-2\cdot0=100$

05

| 정답 | $x^3-2x^2-5x+6=0$

| 풀이 | $x^3-(-2+1+3)x^2+\{(-2)\cdot1+1\cdot3+3\cdot(-2)\}x$
$-(-2)\cdot1\cdot3=0$

$\therefore x^3-2x^2-5x+6=0$

06

| 정답 | $x^3-7x^2+13x-7=0$

| 풀이 | $x^3-\{1+(3+\sqrt{2})+(3-\sqrt{2})\}x^2$
$+\{1\cdot(3+\sqrt{2})+(3+\sqrt{2})(3-\sqrt{2})+(3-\sqrt{2})\cdot1\}x$
$-1\cdot(3+\sqrt{2})(3-\sqrt{2})=0$

$\therefore x^3-7x^2+13x-7=0$

07

| 정답 | $a=-7$, $b=17$, $c=-15$

| 풀이 | 계수가 실수이고 한 근이 $2+i$이므로 $2-i$가 다른 한 근이다. 세 근이 3, $2+i$, $2-i$이므로 삼차방정식의 근과 계수의 관계에 의하여

$3+(2+i)+(2-i)=-a$

$3\cdot(2+i)+(2+i)(2-i)+(2-i)\cdot3=b$

$3\cdot(2+i)(2-i)=-c$

$\therefore a=-7$, $b=17$, $c=-15$

08

| 정답 | (1) 0 (2) -1

| 풀이 | (1) (주어진 식)$=(\omega^3)^6\cdot\omega^2+(\omega^3)^3\cdot\omega+1$

$\qquad\qquad\quad =1^6\cdot\omega^2+1^3\cdot\omega+1\ (\because \omega^3=1)$

$\qquad\qquad\quad =\omega^2+\omega+1$

$\qquad\qquad\quad =0\ (\because \omega^2+\omega+1=0)$

(2) (주어진 식)$=\dfrac{(\omega^3)^6\cdot\omega^2}{(\omega^3)^3\cdot\omega+1}$

$\qquad\qquad\quad =\dfrac{\omega^2}{\omega+1}\ (\because \omega^3=1)$

$\qquad\qquad\quad =\dfrac{-(\omega+1)}{\omega+1}=-1\ (\because \omega^2=-(\omega+1))$

09

| 정답 | (1) $\begin{cases}x=-1\\y=-3\end{cases}$ 또는 $\begin{cases}x=3\\y=1\end{cases}$

(2) $\begin{cases}x=1\\y=3\end{cases}$ 또는 $\begin{cases}x=3\\y=1\end{cases}$

(3) $\begin{cases}x=-\sqrt{3}\\y=\sqrt{3}\end{cases}$ 또는 $\begin{cases}x=\sqrt{3}\\y=-\sqrt{3}\end{cases}$ 또는 $\begin{cases}x=2\\y=1\end{cases}$ 또는 $\begin{cases}x=-2\\y=-1\end{cases}$

(4) $\begin{cases}x=-\sqrt{5}\\y=\sqrt{5}\end{cases}$ 또는 $\begin{cases}x=\sqrt{5}\\y=-\sqrt{5}\end{cases}$ 또는 $\begin{cases}x=\sqrt{3}\\y=\sqrt{3}\end{cases}$ 또는 $\begin{cases}x=-\sqrt{3}\\y=-\sqrt{3}\end{cases}$

| 풀이 | (1) $x-y=2$에서 $y=x-2$ ...... ㉠

㉠을 $x^2+y^2=10$에 대입하면

$x^2+(x-2)^2=10$, $2x^2-4x-6=0$

$x^2-2x-3=0$, $(x+1)(x-3)=0$

$\therefore x=-1$ 또는 $x=3$

$x=-1$을 ㉠에 대입하면 $y=-3$

$x=3$을 ㉠에 대입하면 $y=1$

따라서 구하는 해는

$\begin{cases}x=-1\\y=-3\end{cases}$ 또는 $\begin{cases}x=3\\y=1\end{cases}$

(2) $x+y=4$에서 $y=-x+4$ ...... ㉠

㉠을 $x^2+xy+y^2=13$에 대입하면

$x^2+x(-x+4)+(-x+4)^2=13$

$x^2-4x+3=0$, $(x-1)(x-3)=0$

$\therefore x=1$ 또는 $x=3$

$x=1$을 ㉠에 대입하면 $y=3$

$x=3$을 ㉠에 대입하면 $y=1$

따라서 구하는 해는

$\begin{cases}x=1\\y=3\end{cases}$ 또는 $\begin{cases}x=3\\y=1\end{cases}$

(3) $x^2-xy-2y^2=0$에서 $(x+y)(x-2y)=0$

$\therefore x=-y$ 또는 $x=2y$

(ⅰ) $x=-y$를 $2x^2+y^2=9$에 대입하면

$2\cdot(-y)^2+y^2=9$, $3y^2=9$

$y^2=3$ $\therefore y=\pm\sqrt{3}$

$\therefore x=\mp\sqrt{3}$, $y=\pm\sqrt{3}$ (복호동순)

(ⅱ) $x=2y$를 $2x^2+y^2=9$에 대입하면

$2\cdot(2y)^2+y^2=9$, $9y^2=9$

$y^2=1$ $\therefore y=\pm1$

$\therefore x=\pm2$, $y=\pm1$ (복호동순)

(ⅰ), (ⅱ)에서 구하는 해는

$\begin{cases}x=-\sqrt{3}\\y=\sqrt{3}\end{cases}$ 또는 $\begin{cases}x=\sqrt{3}\\y=-\sqrt{3}\end{cases}$ 또는 $\begin{cases}x=2\\y=1\end{cases}$ 또는 $\begin{cases}x=-2\\y=-1\end{cases}$

(4) $x^2-y^2=0$에서 $(x+y)(x-y)=0$

$\therefore x=-y$ 또는 $x=y$

(ⅰ) $x=-y$를 $x^2+xy+3y^2=15$에 대입하면

$(-y)^2+(-y)\cdot y+3y^2=15$, $3y^2=15$

$y^2=5$ $\therefore y=\pm\sqrt{5}$

$\therefore x=\mp\sqrt{5}$, $y=\pm\sqrt{5}$ (복호동순)

(ⅱ) $x=y$를 $x^2+xy+3y^2=15$에 대입하면

$y^2+y\cdot y+3y^2=15$, $5y^2=15$

$y^2=3$ $\therefore y=\pm\sqrt{3}$

$\therefore x=\pm\sqrt{3}$, $y=\pm\sqrt{3}$ (복호동순)

(ⅰ), (ⅱ)에서 구하는 해는

$\begin{cases}x=-\sqrt{5}\\y=\sqrt{5}\end{cases}$ 또는 $\begin{cases}x=\sqrt{5}\\y=-\sqrt{5}\end{cases}$ 또는 $\begin{cases}x=\sqrt{3}\\y=\sqrt{3}\end{cases}$ 또는 $\begin{cases}x=-\sqrt{3}\\y=-\sqrt{3}\end{cases}$

5. 여러 가지 부등식

01	$(1)\ 2\leq 3x-1\leq 8$ $(2)\ \dfrac{1}{6}\leq\dfrac{1}{x+3}\leq\dfrac{1}{4}$
02	$(1)\ x<6$ $(2)\ x\geq -3$
03	③
04	$(1)\ -3<x<2$ $(2)\ -5<x\leq 1$
05	$(1)\ x<-2$ (2) 해가 없다.
06	$(1)\ -4<x<3$ $(2)\ x\leq -2$ 또는 $x\geq 6$
07	③
08	(1) 풀이참조 $(2)\ x<1$ 또는 $x>3$ $(3)\ 1<x<3$
09	$(1)\ -4<x<1$ (2) 모든 실수
10	$a=1,\ b=-2$
11	0, 1
12	$0<k<4$
13	$(1)\ -1\leq x<0$ $(2)\ 3<x\leq 5$
14	$(1)\ -\dfrac{1}{2}\leq x\leq 3$ $(2)\ -3\leq x<1$ $(3)\ -5\leq x<2$ $(4)\ \dfrac{1}{3}<x<2$ 또는 $\dfrac{5}{2}<x<3$ $(5)\ -6\leq x\leq -4$ 또는 $-1\leq x\leq 1$ $(6)\ 1<x<2$ 또는 $3<x<5$

01

| 정답 | $(1)\ 2\leq 3x-1\leq 8$ $(2)\ \dfrac{1}{6}\leq\dfrac{1}{x+3}\leq\dfrac{1}{4}$

| 풀이 | $(1)\ 1\leq x\leq 3$의 각 변에 3을 곱하면

$3\leq 3x\leq 9$

이 부등식의 각 변에서 1을 빼면

$2\leq 3x-1\leq 8$

$(2)\ 1\leq x\leq 3$의 각 변에 3을 더하면 $4\leq x+3\leq 6$

이 부등식의 각 변의 역수를 취하면

$\dfrac{1}{6}\leq\dfrac{1}{x+3}\leq\dfrac{1}{4}$

02

| 정답 | $(1)\ x<6$ $(2)\ x\geq -3$

| 풀이 | $(1)\ 4(x-3)<2x$에서 $4x-12<2x$

$2x<12$ ∴ $x<6$

$(2)\ \dfrac{1}{3}x+\dfrac{1}{2}\leq\dfrac{1}{2}x+1$의 양변에 6을 곱하면

$2x+3\leq 3x+6,\ -x\leq 3$ ∴ $x\geq -3$

03

| 정답 | ③

| 풀이 | $-3(x-1)>-x+7$에서 $-3x+3>-x+7$

$-2x>4$ ∴ $x<-2$

04

| 정답 | $(1)\ -3<x<2$ $(2)\ -5<x\leq 1$

| 풀이 | (1)

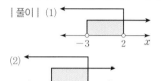

(2)

05

| 정답 | $(1)\ x<-2$ (2) 해가 없다.

| 풀이 | $(1)\ x+1<6$에서 $x<5$ ······ ㉠

$5x-2<2x-8$에서 $3x<-6$

∴ $x<-2$ ······ ㉡

㉠, ㉡의 공통부분을 구하면

$x<-2$

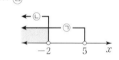

$(2)\ \begin{cases}7x-7\leq 3x+1 & \cdots\cdots\ ㉠\\ 3x+1<5(x-1) & \cdots\cdots\ ㉡\end{cases}$

㉠에서 $x\leq 2$

㉡에서 $3x+1<5x-5$ ∴ $x>3$

㉠, ㉡의 공통부분을 구하면 해가 없다.

06

| 정답 | $(1)\ -4<x<3$ $(2)\ x\leq -2$ 또는 $x\geq 6$

| 풀이 | $(1)\ |2x+1|<7$에서 $-7<2x+1<7$

즉, $\begin{cases}-7<2x+1\\ 2x+1<7\end{cases}$ 이므로

$\begin{cases}x>-4 & \cdots\cdots\ ①\\ x<3 & \cdots\cdots\ ②\end{cases}$

①, ②에서 $-4<x<3$

| 다른풀이 |

$(1)\ |2x+1|<7$에서 $-7<2x+1<7$ ······ (∗)

(∗)의 각 변에서 1을 빼면 $-8<2x<6$

이 부등식의 각 변을 2로 나누면 $-4<x<3$

(2) $|x-2| \geq 4$에서 $x-2 \geq 4$ 또는 $x-2 \leq -4$

$x-2 \geq 4$에서 $x \geq 6$ ...... ①

$x-2 \leq -4$에서 $x \leq -2$ ...... ②

①, ②에서 $x \leq -2$ 또는 $x \geq 6$

07

| 정답 | ③

| 풀이 | $|x-2| < a$는 $-a < x-2 < a$이므로

각 변에 2를 더하면 $-a+2 < x < a+2$이다.

이때 이 범위에 포함되는 모든 정수 x의 개수가 5이므로

$(a+2)-(-a+2)-1=5$

$2a-1=5$ ∴ $a=3$

08

| 정답 | (1) 풀이참조 (2) $x<1$ 또는 $x>3$ (3) $1<x<3$

| 풀이 |

x의 값 또는 범위	$x<1$	$x=1$	$1<x<3$	$x=3$	$x>3$
y의 값의 부호	+	0	−	0	+

09

| 정답 | (1) $-4<x<1$ (2) 모든 실수

| 풀이 | (1) $f(x)=x^2+3x-4$라 하면

$f(x)=(x+4)(x-1)$

따라서 $y=f(x)$의 그래프가 오른쪽 그림과 같으므로 부등식 $f(x)<0$의 해는 $-4<x<1$

(2) $f(x)=x^2+2x+1$이라 하면

$f(x)=(x+1)^2$

따라서 $y=f(x)$의 그래프가 오른쪽 그림과 같으므로 부등식 $f(x) \geq 0$의 해는 모든 실수이다.

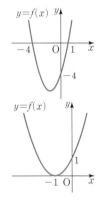

10

| 정답 | $a=1$, $b=-2$

| 풀이 | 해가 $-2<x<1$이고 x^2의 계수가 1인 이차부등식은

$(x+2)(x-1)<0$

따라서 이 식을 전개하여 정리하면

$x^2+x-2<0$ ∴ $a=1$, $b=-2$

11

| 정답 | 0, 1

| 풀이 | 이차방정식의 판별식을 이용한다.

모든 실수 x에 대하여 $x^2+2ax+a+2>0$이 항상 성립하려면 이차방정식 $x^2+2ax+a+2=0$의 판별식을 D라 할 때,

$\dfrac{D}{4}<0$이어야 한다.

$\dfrac{D}{4}=a^2-(a+2)<0$에서 $a^2-a-2<0$

$(a+1)(a-2)<0$ ∴ $-1<a<2$

따라서 정수 a의 값은 0, 1이다.

12

| 정답 | $0<k<4$

| 풀이 | 모든 실수 x에 대하여 이차부등식 $x^2+kx+k>0$이 항상 성립하려면 이차방정식 $x^2+kx+k=0$의 판별식 D가 0보다 작아야 하므로

$D=k^2-4\cdot 1\cdot k=k(k-4)<0$

∴ $0<k<4$

13

| 정답 | (1) $-1 \leq x<0$ (2) $3<x \leq 5$

| 풀이 | (1) $x^2-4x>0$에서 $x(x-4)>0$

∴ $x<0$ 또는 $x>4$ ...... ㉠

$x^2-x-2 \leq 0$에서 $(x+1)(x-2) \leq 0$

∴ $-1 \leq x \leq 2$ ...... ㉡

㉠, ㉡의 공통부분을 구하면

∴ $-1 \leq x<0$

(2) $x^2-4x-5 \leq 0$에서 $(x+1)(x-5) \leq 0$

∴ $-1 \leq x \leq 5$ ...... ㉠

$x^2-2x-3>0$에서 $(x+1)(x-3)>0$

∴ $x<-1$ 또는 $x>3$ ...... ㉡

㉠, ㉡의 공통부분을 구하면

∴ $3<x \leq 5$

14

| 정답 | (1) $-\dfrac{1}{2} \leq x \leq 3$ (2) $-3 \leq x<1$ (3) $-5 \leq x<2$

(4) $\dfrac{1}{3}<x<2$ 또는 $\dfrac{5}{2}<x<3$

(5) $-6\le x\le -4$ 또는 $-1\le x\le 1$

(6) $1<x<2$ 또는 $3<x<5$

| 풀이 | (1) $4x+10\ge6$에서 $4x\ge-4$

$\quad \therefore\ x\ge-1$ $\qquad\qquad\quad\cdots\cdots$ ㉠

$2x^2-5x-3\le0$에서 $(2x+1)(x-3)\le0$

$\quad \therefore\ -\dfrac{1}{2}\le x\le3$ $\qquad\cdots\cdots$ ㉡

㉠, ㉡의 공통부분을 구하면

$\quad -\dfrac{1}{2}\le x\le3$

(2) $2x+3>6x-1$에서 $-4x>-4$

$\quad \therefore\ x<1$ $\qquad\qquad\qquad\cdots\cdots$ ㉠

$6-x\ge x^2$에서 $x^2+x-6\le0$

$(x+3)(x-2)\le0$ $\quad \therefore\ -3\le x\le2$ $\quad\cdots\cdots$ ㉡

㉠, ㉡의 공통부분을 구하면

$\quad -3\le x<1$

(3) $x^2+2x-15\le0$에서 $(x+5)(x-3)\le0$

$\quad \therefore\ -5\le x\le3$ $\qquad\qquad\cdots\cdots$ ㉠

$x^2-7x+10>0$에서 $(x-2)(x-5)>0$

$\quad \therefore\ x<2$ 또는 $x>5$ $\qquad\cdots\cdots$ ㉡

㉠, ㉡의 공통부분을 구하면

$\quad -5\le x<2$

(4) $2x^2-9x+10>0$에서 $(x-2)(2x-5)>0$

$\quad \therefore\ x<2$ 또는 $x>\dfrac{5}{2}$ $\qquad\cdots\cdots$ ㉠

$3x^2-10x+3<0$에서 $(3x-1)(x-3)<0$

$\quad \therefore\ \dfrac{1}{3}<x<3$ $\qquad\qquad\cdots\cdots$ ㉡

㉠, ㉡의 공통부분을 구하면

$\quad \dfrac{1}{3}<x<2$ 또는 $\dfrac{5}{2}<x<3$

(5) $-5\le x^2+5x-1$에서 $x^2+5x+4\ge0$

$(x+4)(x+1)\ge0$

$\quad \therefore\ x\le-4$ 또는 $x\ge-1$ $\qquad\cdots\cdots$ ㉠

$x^2+5x-1\le5$에서 $x^2+5x-6\le0$

$(x+6)(x-1)\le0$

$\quad \therefore\ -6\le x\le1$ $\qquad\qquad\cdots\cdots$ ㉡

㉠, ㉡의 공통부분을 구하면

$\quad -6\le x\le-4$ 또는 $-1\le x\le1$

(6) $5x-1<x^2+5$에서 $x^2-5x+6>0$

$(x-2)(x-3)>0$

$\quad \therefore\ x<2$ 또는 $x>3$ $\qquad\qquad\cdots\cdots$ ㉠

$x^2+5<6x$에서 $x^2-6x+5<0$

$(x-1)(x-5)<0$

$\quad \therefore\ 1<x<5$ $\qquad\qquad\qquad\cdots\cdots$ ㉡

㉠, ㉡의 공통부분을 구하면

$\quad 1<x<2$ 또는 $3<x<5$

03 도형의 방정식

1. 평면좌표

		78쪽
01	(1) 5 (2) 4	
02	(1) P(2, 5), Q(14, 17) (2) $P\left(\dfrac{2}{5},\ -\dfrac{4}{5}\right)$, Q(10, −8)	
03	(1) G(0, 1) (2) G(0, −2)	

01

| 정답 | (1) 5 (2) 4

| 풀이 | (1) $\overline{AB}=\sqrt{(4-0)^2+(-3-0)^2}$

$\qquad\quad =\sqrt{16+9}=\sqrt{25}=5$

(2) $\overline{AB}=\sqrt{(0-\sqrt7)^2+\{1-(-2)\}^2}$

$\qquad\quad =\sqrt{7+9}=\sqrt{16}=4$

02

| 정답 | (1) P(2, 5), Q(14, 17)

(2) $P\left(\dfrac{2}{5},\ -\dfrac{4}{5}\right)$, Q(10, −8)

| 풀이 | (1) $P\left(\dfrac{3\cdot4+2\cdot(-1)}{3+2},\ \dfrac{3\cdot7+2\cdot2}{3+2}\right)$

$\quad \therefore\ P(2,\ 5)$

$\quad Q\left(\dfrac{3\cdot4-2\cdot(-1)}{3-2},\ \dfrac{3\cdot7-2\cdot2}{3-2}\right)$

$\quad \therefore\ Q(14,\ 17)$

(2) $P\left(\dfrac{3\cdot2+2\cdot(-2)}{3+2},\ \dfrac{3\cdot(-2)+2\cdot1}{3+2}\right)$

$\quad \therefore\ P\left(\dfrac{2}{5},\ -\dfrac{4}{5}\right)$

$\quad Q\left(\dfrac{3\cdot2-2\cdot(-2)}{3-2},\ \dfrac{3\cdot(-2)-2\cdot1}{3-2}\right)$

$\quad \therefore\ Q(10,\ -8)$

03

| 정답 | (1) G(0, 1) (2) G(0, −2)

| 풀이 | (1) $G\left(\dfrac{-2+2+0}{3},\ \dfrac{1+3-1}{3}\right)$ $\quad \therefore\ G(0,\ 1)$

(2) $G\left(\dfrac{-3+1+2}{3},\ \dfrac{1+3-10}{3}\right)$ $\quad \therefore\ G(0,\ -2)$

2. 직선의 방정식

01	(1) $y=-3x+2$ (2) $y=2x+1$ (3) $y=3x-1$ (4) $y=-4x+8$
02	$y=-2x+3$
03	$y=2x+10$
04	(1) 1 (2) 3 (3) 2
05	(1) $\sqrt{13}$ (2) $2\sqrt{10}$
06	$\sqrt{5}$

01

| 정답 | (1) $y=-3x+2$ (2) $y=2x+1$
(3) $y=3x-1$ (4) $y=-4x+8$

| 풀이 | (1) $y=mx+n$에 대입하면
$\quad y=-3x+2$

(2) $y-y_1=m(x-x_1)$에 대입하면
$\quad y-3=2(x-1)$
$\quad \therefore y=2x+1$

(3) $y-y_1=\dfrac{y_2-y_1}{x_2-x_1}(x-x_1)$에 대입하면
$\quad y-2=\dfrac{5-2}{2-1}(x-1)$
$\quad \therefore y=3x-1$

(4) $\dfrac{x}{a}+\dfrac{y}{b}=1$에 대입하면 $\dfrac{x}{2}+\dfrac{y}{8}=1$
$\quad \therefore y=-4x+8$

02

| 정답 | $y=-2x+3$

| 풀이 | 주어진 식을 정리하면 $y=-2x+1$이므로 이 직선의 기울기는 -2이다. 이 직선에 평행하므로 구하는 직선의 기울기는 -2이다.
따라서 점 $(2, -1)$을 지나고, 기울기가 -2인 직선의 방정식은
$y+1=-2(x-2)$
$\quad \therefore y=-2x+3$

03

| 정답 | $y=2x+10$

| 풀이 | 직선 $y=-\dfrac{1}{2}x+3$에 수직인 직선의 기울기를 m이라 하면 $-\dfrac{1}{2}\times m=-1$ $\quad \therefore m=2$
따라서 점 $(-3, 4)$를 지나고, 기울기가 2인 직선의 방정식은
$y-4=2(x+3)$ $\quad \therefore y=2x+10$

04

| 정답 | (1) 1 (2) 3 (3) 2

| 풀이 | (1) 두 직선이 평행할 조건은
$\quad \dfrac{a-2}{1}=\dfrac{1}{a-2}\neq\dfrac{3}{a}$
$\quad \dfrac{a-2}{1}=\dfrac{1}{a-2}$에서
$\quad a^2-4a+3=0$
$\quad (a-1)(a-3)=0$
$\quad \therefore a=1$ 또는 $a=3$
그런데 $\dfrac{1}{a-2}\neq\dfrac{3}{a}$에서 $a\neq3$이어야 하므로
$\quad a=1$

(2) 두 직선이 일치할 조건은
$\quad \dfrac{a-2}{1}=\dfrac{1}{a-2}=\dfrac{3}{a}$
$\quad \dfrac{a-2}{1}=\dfrac{1}{a-2}$에서
$\quad a^2-4a+3=0$
$\quad (a-1)(a-3)=0$
$\quad \therefore a=1$ 또는 $a=3$
그런데 $\dfrac{1}{a-2}=\dfrac{3}{a}$이므로
$\quad a=3$

(3) 두 직선이 서로 수직일 조건은
$\quad (a-2)\cdot1+1\cdot(a-2)=0$
$\quad 2a-4=0$ $\quad \therefore a=2$

05

| 정답 | (1) $\sqrt{13}$ (2) $2\sqrt{10}$

| 풀이 | (1) $\dfrac{|3\cdot1+2\cdot3+4|}{\sqrt{3^2+2^2}}=\dfrac{13}{\sqrt{13}}=\sqrt{13}$

(2) $y=\dfrac{1}{3}x+1$에서 $x-3y+3=0$이므로
$\quad \dfrac{|1\cdot2-3\cdot(-5)+3|}{\sqrt{1^2+(-3)^2}}=\dfrac{20}{\sqrt{10}}=2\sqrt{10}$

06

|정답| $\sqrt{5}$

|풀이| 두 직선 $2x-y+2=0$, $2x-y-3=0$이 평행하므로 두 직선 사이의 거리는 직선 $2x-y+2=0$ 위의 한 점 $(0, 2)$에서 직선 $2x-y-3=0$에 이르는 거리와 같다.

따라서 구하는 거리는 $\dfrac{|0-2-3|}{\sqrt{2^2+(-1)^2}}=\sqrt{5}$

3. 원의 방정식

01	(1) $x^2+y^2=9$ (2) $(x-2)^2+(y+3)^2=16$ (3) $(x+5)^2+(y-1)^2=5$
02	(1) $(-1, 2)$, 4 (2) $(4, 0)$, 4 (3) $(3, -2)$, 4
03	$(x-2)^2+(y-3)^2=2$
04	(1) $(x-2)^2+(y+3)^2=9$ (2) $(x+3)^2+(y-1)^2=9$ (3) $(x+2)^2+(y+2)^2=4$
05	(1) $-\sqrt{2}<k<\sqrt{2}$ (2) $k=\pm\sqrt{2}$ (3) $k<-\sqrt{2}$ 또는 $k>\sqrt{2}$
06	$y=-3x\pm2\sqrt{10}$
07	$2x+y=5$
08	$y=-3x+11$

02

|정답| (1) $(-1, 2)$, 4 (2) $(4, 0)$, 4 (3) $(3, -2)$, 4

|풀이| (1) $x^2+y^2+2x-4y-11=0$에서
$(x^2+2x+1)-1+(y^2-4y+4)-4-11=0$
$(x+1)^2+(y-2)^2=16$
따라서 중심의 좌표는 $(-1, 2)$, 반지름의 길이는 4이다.

(2) $x^2+y^2-8x=0$에서
$(x^2-8x+16)-16+y^2=0$
$(x-4)^2+y^2=16$
따라서 중심의 좌표는 $(4, 0)$, 반지름의 길이는 4이다.

(3) $x^2+y^2-6x+4y-3=0$에서
$(x^2-6x+9)-9+(y^2+4y+4)-4-3=0$
$(x-3)^2+(y+2)^2=16$
따라서 중심의 좌표는 $(3, -2)$, 반지름의 길이는 4이다.

03

|정답| $(x-2)^2+(y-3)^2=2$

|풀이| 원의 중심은 두 점을 잇는 선분의 중점이므로
$\left(\dfrac{1+3}{2}, \dfrac{2+4}{2}\right)=(2, 3)$
또, 원의 반지름의 길이는
$\dfrac{1}{2}\sqrt{(3-1)^2+(4-2)^2}=\sqrt{2}$
따라서 구하는 원의 방정식은
$(x-2)^2+(y-3)^2=(\sqrt{2})^2$
$\therefore (x-2)^2+(y-3)^2=2$

04

|정답| (1) $(x-2)^2+(y+3)^2=9$
(2) $(x+3)^2+(y-1)^2=9$
(3) $(x+2)^2+(y+2)^2=4$

|풀이| (1) x축에 접하므로
(반지름의 길이)$=|$중심의 y좌표$|=3$
$\therefore (x-2)^2+(y+3)^2=9$

(2) y축에 접하므로
(반지름의 길이)$=|$중심의 x좌표$|=3$
$\therefore (x+3)^2+(y-1)^2=9$

(3) x축과 y축에 동시에 접하므로
(반지름의 길이)$=|$중심의 x좌표$|$
$\qquad\qquad\quad =|$중심의 y좌표$|=2$
$\therefore (x+2)^2+(y+2)^2=4$

05

|정답| (1) $-\sqrt{2}<k<\sqrt{2}$ (2) $k=\pm\sqrt{2}$
(3) $k<-\sqrt{2}$ 또는 $k>\sqrt{2}$

|풀이| 직선의 방정식을 원의 방정식에 대입하면
$x^2+(x+k)^2=1$
$\therefore 2x^2+2kx+k^2-1=0$
이 이차방정식의 판별식을 D라 하면
$\dfrac{D}{4}=k^2-2(k^2-1)$
$\qquad =-k^2+2$
$\qquad =-(k+\sqrt{2})(k-\sqrt{2})$

(1) $\dfrac{D}{4}>0$에서 $-(k+\sqrt{2})(k-\sqrt{2})>0$
$\therefore -\sqrt{2}<k<\sqrt{2}$

(2) $\dfrac{D}{4}=0$에서 $-(k+\sqrt{2})(k-\sqrt{2})=0$
$\therefore k=\pm\sqrt{2}$

(3) $\dfrac{D}{4}<0$에서 $-(k+\sqrt{2})(k-\sqrt{2})<0$
$\therefore k<-\sqrt{2}$ 또는 $k>\sqrt{2}$

| 다른풀이 |

$x^2+y^2=1^2$은 중심이 원점이고 반지름의 길이가 1인 원이다. 원의 중심 $(0, 0)$과 직선 $x-y+k=0$ 사이의 거리 d는

$$d=\frac{|0-0+k|}{\sqrt{1^2+(-1)^2}}=\frac{|k|}{\sqrt{2}}$$

(1) $d<1$에서 $\frac{|k|}{\sqrt{2}}<1$, $|k|<\sqrt{2}$

   $\therefore -\sqrt{2}<k<\sqrt{2}$

(2) $d=1$에서 $\frac{|k|}{\sqrt{2}}=1$, $|k|=\sqrt{2}$

   $\therefore k=\pm\sqrt{2}$

(3) $d>1$에서 $\frac{|k|}{\sqrt{2}}>1$, $|k|>\sqrt{2}$

   $\therefore k<-\sqrt{2}$ 또는 $k>\sqrt{2}$

06

| 정답 | $y=-3x\pm2\sqrt{10}$

| 풀이 | 원 $x^2+y^2=4$에 접하고 기울기가 -3인 직선의 방정식은 $y=-3x\pm2\sqrt{(-3)^2+1}$

$\therefore y=-3x\pm2\sqrt{10}$

07

| 정답 | $2x+y=5$

| 풀이 | 공식 $x_1x+y_1y=5$에 대입하면 $2x+y=5$

| 다른풀이 |

원의 중심 $O(0, 0)$과 접점 $P(2, 1)$을 지나는 직선 OP의 기울기는 $\frac{1}{2}$이고 접선은 직선 OP에 수직이므로 접선의 기울기는 -2이다.

따라서 기울기가 -2이고 점 $P(2, 1)$을 지나는 접선의 방정식은

$y-1=-2(x-2)$, $y=-2x+5$

$\therefore 2x+y=5$

08

| 정답 | $y=-3x+11$

| 풀이 | 오른쪽 그림과 같이 원의 중심 $(1, -2)$와 접점 $(4, -1)$을 지나는 직선의 기울기는 $\frac{-1+2}{4-1}=\frac{1}{3}$

원의 중심과 접점을 지나는 직선은 접선에 수직이므로 접선의 기울기는 -3이다.

따라서 기울기가 -3이고 점 $(4, -1)$을 지나는 접선의 방정식은

$y+1=-3(x-4)$ $\therefore y=-3x+11$

| 다른풀이 |

공식 $(x_1-a)(x-a)+(y_1-b)(y-b)=r^2$을 이용하면

원 $(x-1)^2+(y+2)^2=10$ 위의 점 $(4, -1)$에서의 접선의 방정식은

$(4-1)(x-1)+(-1+2)(y+2)=10$

$\therefore y=-3x+11$

4. 도형의 이동

01	(1) $(-3, 2)$ (2) $(-1, 1)$ (3) $(-7, -1)$
02	(1) $x-y+1=0$ (2) $y=x^2+x+1$ (3) $(x-1)^2+(y+2)^2=4$
03	(1) $(2, -3)$ (2) $(-2, 3)$ (3) $(-2, -3)$ (4) $(3, 2)$ (5) $(-3, -2)$
04	(1) $y=-2x-3$ (2) $y=-2x+3$ (3) $y=2x-3$ (4) $y=\dfrac{1}{2}x-\dfrac{3}{2}$ (5) $y=\dfrac{1}{2}x+\dfrac{3}{2}$
05	(1) $(x-2)^2+(y+3)^2=1$ (2) $(x+2)^2+(y-3)^2=1$ (3) $(x+2)^2+(y+3)^2=1$ (4) $(x-3)^2+(y-2)^2=1$

01

| 정답 | (1) $(-3, 2)$ (2) $(-1, 1)$ (3) $(-7, -1)$

| 풀이 | (1) $(0, 0) \longrightarrow (0-3, 0+2)$

   $\therefore (-3, 2)$

(2) $(2, -1) \longrightarrow (2-3, -1+2)$

   $\therefore (-1, 1)$

(3) $(-4, -3) \longrightarrow (-4-3, -3+2)$

   $\therefore (-7, -1)$

02

| 정답 | (1) $x-y+1=0$ (2) $y=x^2+x+1$

(3) $(x-1)^2+(y+2)^2=4$

| 풀이 | 주어진 식에 x 대신 $x+1$, y 대신 $y-1$을 대입하면

(1) $(x+1)-(y-1)-1=0$

   $\therefore x-y+1=0$

(2) $y-1=(x+1)^2-(x+1)$

   $\therefore y=x^2+x+1$

(3) $\{(x+1)-2\}^2+\{(y-1)+3\}^2=4$

   $\therefore (x-1)^2+(y+2)^2=4$

04

| 정답 | (1) $y=-2x-3$ (2) $y=-2x+3$

(3) $y=2x-3$ (4) $y=\dfrac{1}{2}x-\dfrac{3}{2}$ (5) $y=\dfrac{1}{2}x+\dfrac{3}{2}$

| 풀이 | (1) $-y=2x+3$에서 $y=-2x-3$

(2) $y=2(-x)+3$에서 $y=-2x+3$

(3) $-y=-2x+3$에서 $y=2x-3$

(4) $x=2y+3$에서 $y=\dfrac{1}{2}x-\dfrac{3}{2}$

(5) $-x=-2y+3$에서 $y=\dfrac{1}{2}x+\dfrac{3}{2}$

05

| 정답 | (1) $(x-2)^2+(y+3)^2=1$ (2) $(x+2)^2+(y-3)^2=1$

(3) $(x+2)^2+(y+3)^2=1$ (4) $(x-3)^2+(y-2)^2=1$

| 풀이 | (1) y 대신 $-y$를 대입하면

   $(x-2)^2+\{(-y)-3\}^2=1$

   $\therefore (x-2)^2+(y+3)^2=1$

(2) x 대신 $-x$를 대입하면

   $\{(-x)-2\}^2+(y-3)^2=1$

   $\therefore (x+2)^2+(y-3)^2=1$

(3) x 대신 $-x$, y 대신 $-y$를 대입하면

   $\{(-x)-2\}^2+\{(-y)-3\}^2=1$

   $\therefore (x+2)^2+(y+3)^2=1$

(4) x 대신 y, y 대신 x를 대입하면

   $(y-2)^2+(x-3)^2=1$

   $\therefore (x-3)^2+(y-2)^2=1$

04 집합과 명제

1. 집합

01	②
02	(1) $A=\{1, 2, 3, 4, 6, 12\}$ (2) $A=\{x \mid x$는 12의 약수$\}$ (3)
03	③
04	(1) 1 (2) 0, 0
05	(1) $\subset$ (2) $\supset$ (3) $\not\subset$ (4) $\subset$
06	(1) $\varnothing$, $\{0\}$, $\{1\}$, $\{2\}$, $\{0, 1\}$, $\{0, 2\}$, $\{1, 2\}$, $\{0, 1, 2\}$ (2) $\varnothing$, $\{1\}$, $\{5\}$, $\{25\}$, $\{1, 5\}$, $\{1, 25\}$, $\{5, 25\}$, $\{1, 5, 25\}$
07	9
08	(1) $A=B$ (2) $A=B$
09	①
10	(1) 4 (2) 16 (3) 15
11	$\varnothing$, $\{b\}$, $\{c\}$, $\{b, c\}$, $\{a\}$, $\{a, b\}$, $\{a, c\}$, $\{a, b, c\}$
12	(1) 8 (2) 8 (3) 4

01

| 정답 | ②
| 풀이 | ① '착한'의 기준이 명확하지 않다.
② 2보다 작은 자연수는 1이므로 원소가 1개인 집합이다.
③ '공부를 잘하는'의 기준이 명확하지 않다.
④ '큰'의 기준이 명확하지 않다.
따라서 집합인 것은 ②이다.

03

| 정답 | ③
| 풀이 | ② $\varnothing$은 원소가 하나도 없는 집합이므로 $n(\varnothing)=0$
③ $n(\{2, 3, 4\})-n(\{3, 4\})=3-2=1$

05

| 정답 | (1) $\subset$ (2) $\supset$ (3) $\not\subset$ (4) $\subset$
| 풀이 | (2) $A=\{1, 2, 3, 4, 6, 12\}$, $B=\{1, 3, 6\}$이므로
$B \subset A$
(4) $A=\{1, 3, 5, \cdots\}$, $B=\{1, 2, 3, 4, 5, \cdots\}$이므로 $A \subset B$

07

| 정답 | 9
| 풀이 | $b=6$이고 $a+2=5$이므로 $a=3$
$\therefore a+b=3+6=9$

09

| 정답 | ①
| 풀이 | $a+2=1$, $3=-b+1$이므로
$a=-1$, $b=-2$
$\therefore a+b=-3$

10

| 정답 | (1) 4 (2) 16 (3) 15
| 풀이 | (2) $2^4=16$
(3) $2^4-1=15$

11

| 정답 | $\varnothing$, $\{b\}$, $\{c\}$, $\{b, c\}$, $\{a\}$, $\{a, b\}$, $\{a, c\}$, $\{a, b, c\}$
| 풀이 | 원소 a를 반드시 포함하는 부분집합은 원소 a를 제외한 집합 $\{b, c\}$의 부분집합 $\varnothing$, $\{b\}$, $\{c\}$, $\{b, c\}$에 각각 원소 a를 넣으면 되므로 $\{a\}$, $\{a, b\}$, $\{a, c\}$, $\{a, b, c\}$의 4개다.

12

| 정답 | (1) 8 (2) 8 (3) 4
| 풀이 | (1) 원소 2, 4를 제외한 집합 $\{1, 8, 16\}$의 부분집합의 개수와 같으므로 $2^3=2 \times 2 \times 2=8$
(2) 원소 1, 2를 제외한 집합 $\{4, 8, 16\}$의 부분집합의 개수와 같으므로 $2^3=2 \times 2 \times 2=8$
(3) 원소 1, 2, 4를 제외한 집합 $\{8, 16\}$의 부분집합의 개수와 같으므로 $2^2=2 \times 2=4$

2. 집합의 연산

01	(1) $A \cup B = \{1, 2, 3, 5, 7\}$, $A \cap B = \{2, 3\}$ (2) $A \cup B = \{1, 2, 3, 4, 6, 8\}$, $A \cap B = \{1, 2\}$
02	$\{b, c, e\}$
03	(1) $\{2, 4, 6, 8, 9\}$ (2) $\{4, 5, 7, 8, 9\}$
04	(1) $\{1, 2, 3\}$ (2) $\{2, 5, 6, 8\}$
05	(1) $\{4, 5\}$ (2) $\{1, 2, 4\}$ (3) $\{1, 2\}$ (4) $\{5\}$
06	(1) A (2) $\varnothing$ (3) A (4) U
07	㉠ 11 ㉡ 4
08	(1) $\varnothing$ (2) U
09	(1) 28 (2) 11 (3) 7 (4) 23

01

| 정답 | (1) $A \cup B = \{1, 2, 3, 5, 7\}$, $A \cap B = \{2, 3\}$
(2) $A \cup B = \{1, 2, 3, 4, 6, 8\}$, $A \cap B = \{1, 2\}$
| 풀이 | (2) $A = \{1, 2, 3, 6\}$, $B = \{1, 2, 4, 8\}$이므로
$A \cup B = \{1, 2, 3, 4, 6, 8\}$, $A \cap B = \{1, 2\}$

02

| 정답 | $\{b, c, e\}$
| 풀이 | $A \cap (B \cup C) = (A \cap B) \cup (A \cap C)$
$= \{b, c\} \cup \{c, e\}$
$= \{b, c, e\}$

03

| 정답 | (1) $\{2, 4, 6, 8, 9\}$ (2) $\{4, 5, 7, 8, 9\}$
| 풀이 | (1) $U = \{1, 2, 3, 4, 5, 6, 7, 8, 9\}$이므로
$A^C = \{2, 4, 6, 8, 9\}$
(2) $B = \{1, 2, 3, 6\}$이므로 $B^C = \{4, 5, 7, 8, 9\}$

04

| 정답 | (1) $\{1, 2, 3\}$ (2) $\{2, 5, 6, 8\}$
| 풀이 | (1) $A - B = \{1, 2, 3, 6\} - \{4, 6\} = \{1, 2, 3\}$
(2) $A - B = \{2, 5, 6, 8\} - \{1, 3, 4, 7, 9\} = \{2, 5, 6, 8\}$

05

| 정답 | (1) $\{4, 5\}$ (2) $\{1, 2, 4\}$ (3) $\{1, 2\}$ (4) $\{5\}$
| 풀이 | (1) $U = \{1, 2, 3, 4, 5\}$, $A = \{1, 2, 3\}$이므로
$A^C = \{4, 5\}$
(2) $U = \{1, 2, 3, 4, 5\}$, $B = \{3, 5\}$이므로
$B^C = \{1, 2, 4\}$
(3) $A - B = \{1, 2, 3\} - \{3, 5\} = \{1, 2\}$
(4) $B - A = \{3, 5\} - \{1, 2, 3\} = \{5\}$

07

| 정답 | ㉠ 11 ㉡ 4
| 풀이 | ㉠ $n(A \cup B) = 5 + 9 - 3 = 11$
㉡ $10 = 6 + 8 - n(A \cap B)$ ∴ $n(A \cap B) = 4$

09

| 정답 | (1) 28 (2) 11 (3) 7 (4) 23
| 풀이 | (1) $n(A^C) = n(U) - n(A)$
$= 40 - 12 = 28$
(2) $n(B - A) = n(B) - n(A \cap B)$
$= 16 - 5 = 11$
(3) $n(A \cap B^C) = n(A) - n(A \cap B)$
$= 12 - 5 = 7$
(4) $n(A \cup B) = n(A) + n(B) - n(A \cap B)$
$= 12 + 16 - 5 = 23$

3. 명제

118쪽

01	②, ④
02	①
03	(1) $\{-3, 1\}$ (2) $\{2, 3, 5, 7\}$
04	(1) $\sqrt{4}$는 무리수가 아니다. (참) (2) 1은 합성수이거나 소수이다. (거짓)
05	(1) 풀이 참조 (2) 풀이 참조
06	(1) 가정: 18의 약수이다.. 결론: 9의 약수이다. (2) 가정: $x=-10$이다.. 결론: $3x-2=-10$이다.
07	(1) 거짓 (2) 참
08	(1) 어떤 실수 x에 대하여 $2x+3 \leq 5$이다. (참) (2) 모든 자연수 x에 대하여 $x^2 \neq 3x$이다. (거짓)
09	(1) 역: $x=10$이면 $x^2=10$이다. 　대우: $x \neq 10$이면 $x^2 \neq 10$이다. (2) 역: $x>30$이면 $x>20$이다. 　대우: $x \leq 30$이면 $x \leq 20$이다. (3) 역: $x=0$이고 $y=0$이면 $x^2+y^2=0$이다. 　대우: $x \neq 0$ 또는 $y \neq 0$이면 $x^2+y^2 \neq 0$이다. (4) 역: $a>0$ 또는 $b>0$이면 $a+b>0$이다. 　대우: $a \leq 0$이고 $b \leq 0$이면 $a+b \leq 0$이다.
10	(1) $x=0$ 또는 $y=0$이면 $xy=0$이다. (2) 참 (3) 참
11	(1) 충분조건 (2) 필요충분조건 (3) 필요조건
12	(1) 필요조건 (2) 필요조건 (3) 필요충분조건
13	③
14	(가) $\geq$ (나) $\geq$
15	(가) $a-b$ (나) $\geq$ (다) $a=b=0$
16	(가) $|ab|-ab$ (나) $ab \geq 0$
17	2
18	최댓값 5, 최솟값 -5

01

|정답| ②, ④

|풀이| ① 거짓인 명제이다.

② '높은'의 기준이 명확하지 않으므로 명제가 아니다.

③ 거짓인 명제이다.

④ x의 값에 따라 참, 거짓이 변하므로 명제가 아니다.

따라서 명제가 아닌 것은 ②, ④이다.

02

|정답| ①

|풀이| ① 참인 명제이다.

② '파랗다.'의 기준이 명확하지 않으므로 명제가 아니다.

③ 거짓인 명제이다.

④ x의 값에 따라 참, 거짓이 변하므로 명제가 아니다.

따라서 참인 명제는 ①이다.

03

|정답| (1) $\{-3, 1\}$ (2) $\{2, 3, 5, 7\}$

|풀이| (1) $x^2+2x-3=0$에서 $(x+3)(x-1)=0$

　　∴ $x=-3$ 또는 $x=1$

　　따라서 조건 p의 진리집합은 $\{-3, 1\}$

(2) 10보다 작은 소수는 2, 3, 5, 7이므로 조건 q의 진리집합은

　　$\{2, 3, 5, 7\}$

05

|정답| (1) 풀이 참조 (2) 풀이 참조

|풀이| (1) $\sim p$: x는 8의 약수가 아니다.

　　8의 약수는 1, 2, 4, 8이므로 조건 $\sim p$의 진리집합은

　　$\{3, 5, 6, 7, 9, 10\}$

(2) $\sim q$: $x^2-5x+6 \neq 0$

　　$x^2-5x+6=0$에서 $(x-2)(x-3)=0$

　　∴ $x=2$ 또는 $x=3$

따라서 조건 $\sim q$의 진리집합은 $\{1, 4, 5, 6, 7, 8, 9, 10\}$

07

|정답| (1) 거짓 (2) 참

|풀이| (1) [반례] $x=0$이면 $x^2=0$이므로 주어진 명제는 거짓

　　이다.

(2) (홀수)×(홀수)=(홀수), (홀수)×(짝수)=(짝수),

　　(짝수)×(홀수)=(짝수), (짝수)×(짝수)=(짝수)

　　이므로 주어진 명제는 참이다.

08

|정답| (1) 어떤 실수 x에 대하여 $2x+3 \leq 5$이다. (참)

(2) 모든 자연수 x에 대하여 $x^2 \neq 3x$이다. (거짓)

|풀이| (1) 주어진 명제의 부정: '어떤 실수 x에 대하여

　　$2x+3 \leq 5$이다.'

　　➡ $x=0$일 때 $2x+3 \leq 5$가 성립하므로 참이다.

(2) 주어진 명제의 부정: '모든 자연수 x에 대하여 $x^2 \neq 3x$이다.'
➡ $x=3$일 때 $x^2=3x$이므로 거짓이다.

11

| 정답 | (1) 충분조건 (2) 필요충분조건 (3) 필요조건
| 풀이 | 두 조건 p, q의 진리집합을 각각 P, Q라고 하면
(1) $P=\{x|0<x<2\}$,
$Q=\{x|x<3\}$
$\therefore P \subset Q$

따라서 p는 q이기 위한 충분조건이다.
(2) $P=\{0\}$, $Q=\{0\}$ $\quad \therefore P=Q$
따라서 p는 q이기 위한 필요충분조건이다.
(3) $P=\{0, 3\}$, $Q=\{3\}$ $\quad \therefore Q \subset P$
따라서 p는 q이기 위한 필요조건이다.

12

| 정답 | (1) 필요조건 (2) 필요조건 (3) 필요충분조건
| 풀이 | (1) $a^2+b^2=0 \iff a=0$, $b=0$
$ab=0 \iff a=0$ 또는 $b=0$
따라서 $ab=0$은 $a^2+b^2=0$이기 위한 필요조건이다.
(2) $a+b=0 \iff a=-b$
따라서 $a+b=0$은 $a^2+b^2=0$이기 위한 필요조건이다.
(3) $|a|+|b|=0 \iff a=0$, $b=0$
따라서 $|a|+|b|=0$은 $a^2+b^2=0$이기 위한 필요충분조건이다.

13

| 정답 | ③
| 풀이 | 명제 $p \longrightarrow \sim q$가 참이므로 반드시 참인 명제는 그 대우인 $q \longrightarrow \sim p$이다.

15

| 정답 | (가) $a-b$ (나) $\geq$ (다) $a=b=0$
| 풀이 | $a^2+2b^2-2ab=a^2-2ab+b^2+b^2$
$=(\boxed{a-b})^2+b^2 \geq 0$
$\therefore a^2+2b^2 \boxed{\geq} 2ab$
이때 등호는 $a-b=0$, $b=0$에서 $\boxed{a=b=0}$일 때 성립한다.

16

| 정답 | (가) $|ab|-ab$ (나) $ab \geq 0$

| 풀이 | $(|a|+|b|)^2-|a+b|^2$
$=(|a|^2+2|a||b|+|b|^2)-(a+b)^2$
$=(a^2+2|ab|+b^2)-(a^2+2ab+b^2)$
$=2(\boxed{|ab|-ab}) \geq 0$ $(\because |ab| \geq ab)$
$\therefore (|a|+|b|)^2 \geq |a+b|^2$
그런데 $|a|+|b| \geq 0$, $|a+b| \geq 0$이므로
$|a|+|b| \geq |a+b|$
(단, 등호는 $|ab|=ab$, 즉 $\boxed{ab \geq 0}$일 때 성립)
$\therefore$ (가) $|ab|-ab$, (나) $ab \geq 0$

17

| 정답 | 2
| 풀이 | $a>0$, $b>0$이므로 산술평균과 기하평균의 관계에 의하여
$$\frac{b}{a}+\frac{a}{b} \geq 2\sqrt{\frac{b}{a} \cdot \frac{a}{b}}=2 \cdot 1=2$$
$\left(\text{단, 등호는 } \dfrac{b}{a}=\dfrac{a}{b}, \text{ 즉 } a=b \text{일 때 성립}\right)$
따라서 $\dfrac{b}{a}+\dfrac{a}{b}$의 최솟값은 2이다.

18

| 정답 | 최댓값 5, 최솟값 -5
| 풀이 | 코시-슈바르츠의 부등식에 의하여
$(2^2+1^2)(x^2+y^2) \geq (2x+y)^2$
$\left(\text{단, 등호는 } \dfrac{x}{2}=y \text{일 때 성립}\right)$
그런데 $x^2+y^2=5$이므로 $5^2 \geq (2x+y)^2$
$\therefore -5 \leq 2x+y \leq 5$
따라서 $2x+y$의 최댓값은 5, 최솟값은 -5이다.

05 함수와 그래프

1. 함수

136쪽

01	(3) 정의역: $\{0, 1, 2, 3\}$, 공역: $\{1, 2, 3, 4\}$, 치역: $\{1, 2, 4\}$		
02	풀이 참조		
03	(1) 서로 같은 함수이다. (2) 서로 같은 함수가 아니다.		
04	일대일함수: ㉡, ㉢, 항등함수: ㉡, 상수함수: ㉣		
05	$a=2$, $b=3$		
06	(1) 7 (2) 5		
07	(1) 0 (2) 1 (3) 1 (4) 3		
08	(1) 3 (2) 6 (3) 2 (4) 8		
09	(1) $y=\dfrac{1}{2}x-\dfrac{3}{2}$ (2) $y=2x+\dfrac{1}{2}$		
10	$g(x)=3x-6$	11	3
12	1	13	$\left(\dfrac{5}{2},\ \dfrac{5}{2}\right)$
14	(1) c (2) b	15	-7

01

| 정답 | (3) 정의역: $\{0, 1, 2, 3\}$, 공역: $\{1, 2, 3, 4\}$, 치역: $\{1, 2, 4\}$

| 풀이 | (1) X의 원소 0에 대응하는 Y의 원소가 없으므로 함수가 아니다.

(2) X의 원소 1에 대응하는 Y의 원소가 2개이므로 함수가 아니다.

(3) X의 모든 원소의 짝이 Y에 오직 하나씩만 있으므로 함수이다. 즉

정의역: $\{0, 1, 2, 3\}$,

공역: $\{1, 2, 3, 4\}$,

치역: $\{1, 2, 4\}$

02

| 정답 | 풀이 참조

| 풀이 | (1) 함수 $y=2x-5$의 정의역과 치역은 모두 실수 전체의 집합이다.

(2) 함수 $y=|x|+1$의 정의역은 실수 전체의 집합이고 치역은 $\{y \,|\, y \geq 1\}$이다.

(3) $y=-\dfrac{6}{x}$의 정의역은 $\{x \,|\, x \neq 0$인 실수$\}$이고

치역은 $\{y \,|\, y \neq 0$인 실수$\}$이다.

03

| 정답 | (1) 서로 같은 함수이다. (2) 서로 같은 함수가 아니다.

| 풀이 | (1) 두 함수 $f(x)$, $g(x)$의 정의역과 공역은 실수 전체의 집합이고

$$f(x)=|x|=\begin{cases} x & (x \geq 0) \\ -x & (x < 0) \end{cases},$$

$$g(x)=\sqrt{x^2}=\begin{cases} x & (x \geq 0) \\ -x & (x < 0) \end{cases}$$

이므로 모든 실수 x에 대하여

$$f(x)=g(x) \qquad \therefore\ f=g$$

(2) $f(x)$의 정의역은 실수 전체의 집합이고, $g(x)$의 정의역은 $\{x \,|\, x \neq -2$인 실수$\}$이므로 f와 g의 정의역이 서로 다르다.

$\therefore\ f \neq g$

04

| 정답 | 일대일함수: ㉡, ㉢, 항등함수: ㉡, 상수함수: ㉣

| 풀이 | (i) ㉡과 ㉢은 직선 $y=k$ (k는 상수)와의 교점이 1개이므로 일대일함수이다.

(ii) ㉡은 $f(2)=2$로 $f(x)=x$가 성립하므로 항등함수이다.

(iii) ㉣은 모든 x에 대하여 $f(x)=c$가 성립하므로 상수함수이다.

05

| 정답 | $a=2$, $b=3$

| 풀이 | $a>0$이므로 함수 $f(x)=ax+b$의 그래프는 증가하는 모양이다.

f가 일대일대응이려면 치역과 공역이 일치해야 하므로 오른쪽 그림과 같이 그래프가 두 점 $(1, 5)$, $(3, 9)$를 지나야 한다.

즉, $f(1)=5$, $f(3)=9$이므로

$a+b=5$, $3a+b=9$

두 식을 연립하여 풀면 $a=2$, $b=3$

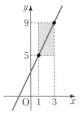

06

| 정답 | (1) 7 (2) 5

| 풀이 | (1) $(g \circ f)(1)=g(f(1))=g(2)=7$

(2) $(g \circ f)(3)=g(f(3))=g(6)=5$

07

| 정답 | (1) 0 (2) 1 (3) 1 (4) 3

| 풀이 | (1) $(g \circ f)(0) = g(f(0)) = g(-1) = 0$
(2) $(f \circ g)(0) = f(g(0)) = f(1) = 1$
(3) $(f \circ f)(1) = f(f(1)) = f(1) = 1$
(4) $(g \circ g)(1) = g(g(1)) = g(2) = 3$

08

| 정답 | (1) 3 (2) 6 (3) 2 (4) 8
| 풀이 | (3) $(f^{-1} \circ f)(2) = f^{-1}(4) = 2$
(4) $(f \circ f^{-1})(8) = f(1) = 8$

09

| 정답 | (1) $y = \dfrac{1}{2}x - \dfrac{3}{2}$ (2) $y = 2x + \dfrac{1}{2}$
| 풀이 | (1) $y = 2x + 3$에서 x를 y에 대한 식으로 나타내면

$2x = y - 3$ $\therefore x = \dfrac{1}{2}y - \dfrac{3}{2}$

x와 y를 서로 바꾸면 구하는 역함수는

$y = \dfrac{1}{2}x - \dfrac{3}{2}$

(2) $y = \dfrac{1}{2}x - \dfrac{1}{4}$에서 x를 y에 대한 식으로 나타내면

$\dfrac{1}{2}x = y + \dfrac{1}{4}$ $\therefore x = 2y + \dfrac{1}{2}$

x와 y를 서로 바꾸면 구하는 역함수는

$y = 2x + \dfrac{1}{2}$

10

| 정답 | $g(x) = 3x - 6$
| 풀이 | $(g \circ f)(x) = x$이므로 함수 g는 함수 f의 역함수이다.

$y = \dfrac{1}{3}x + 2$에서 x를 y에 대한 식으로 나타내면

$x = 3y - 6$

x와 y를 서로 바꾸면 $y = 3x - 6$이므로

$g(x) = 3x - 6$

11

| 정답 | 3
| 풀이 | $(g^{-1} \circ f)(5) = g^{-1}(f(5)) = g^{-1}(7)$
$g^{-1}(7) = k$ (k는 상수)라 하면 $g(k) = 7$이므로
$k + 4 = 7$ $\therefore k = 3$
$\therefore (g^{-1} \circ f)(5) = 3$

12

| 정답 | 1
| 풀이 | $(f \circ (g \circ f)^{-1} \circ f)(2)$
$= (f \circ f^{-1} \circ g^{-1} \circ f)(2)$
$= (g^{-1} \circ f)(2)$
$= g^{-1}(f(2))$
$= g^{-1}(1)$

$g^{-1}(1) = k$라 하면 $g(k) = 1$
$g(k) = 3k - 2 = 1$에서 $3k = 3$ $\therefore k = 1$
$\therefore (f \circ (g \circ f)^{-1} \circ f)(2) = 1$

13

| 정답 | $\left(\dfrac{5}{2}, \dfrac{5}{2} \right)$
| 풀이 | 함수 $y = f(x)$의 그래프와 그 역함수 $y = 3x - 5$의 그래프의 교점은 함수 $y = 3x - 5$의 그래프와 직선 $y = x$의 교점과 같으므로 교점의 x좌표는 $3x - 5 = x$에서 $x = \dfrac{5}{2}$

따라서 교점의 좌표는 $\left(\dfrac{5}{2}, \dfrac{5}{2} \right)$이다.

14

| 정답 | (1) c (2) b
| 풀이 | 오른쪽 그림에서
$f(a) = b$, $f(b) = c$, $f(c) = d$,
$f(d) = e$이므로
(1) $(f \circ f)(a) = f(f(a)) = f(b) = c$
(2) $f(c) = d \rightarrow f^{-1}(d) = c$,
　　$f(b) = c \rightarrow f^{-1}(c) = b$
$\therefore (f^{-1} \circ f^{-1})(d) = f^{-1}(f^{-1}(d))$
　　　　　　　　　$= f^{-1}(c) = b$

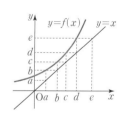

15

| 정답 | -7
| 풀이 | 점 $(6, 1)$은 함수 $f(x) = ax + b$의 그래프와
역함수 $y = f^{-1}(x)$의 그래프의 교점이므로
$f(6) = 1$, $f^{-1}(6) = 1$
$f^{-1}(6) = 1$에서 $f(1) = 6$
$f(6) = 6a + b = 1$ $\cdots\cdots$ ㉠
$f(1) = a + b = 6$ $\cdots\cdots$ ㉡
㉠, ㉡을 연립하여 풀면
$a = -1$, $b = 7$ $\therefore ab = (-1) \times 7 = -7$

2. 유리함수와 무리함수

01	(1) ㉡, ㉢ (2) ㉠, ㉣
02	(1) $\dfrac{3z}{4y}$ (2) $x+2$
03	(1) $\dfrac{4x-7}{(x-3)(x-2)}$ (2) $\dfrac{2}{(x+1)(x+3)}$
04	(1) ㉠, ㉣ (2) ㉡, ㉢
05	풀이 참조
06	풀이 참조
07	$a=2$, $b=16$, $c=4$
08	$a=-3$, $b=-1$, $c=-4$
09	$a=1$, $b=3$, $c=-2$
10	(1) $x \geq -\dfrac{5}{3}$ (2) $x>2$ (3) $-2 \leq x \leq 3$ (4) $2 \leq x < 3$
11	(1) $\{x \mid x \geq -1\}$ (2) $\{x \mid x \leq 2\}$
12	풀이 참조
13	풀이 참조
14	$y=\sqrt{5(x+1)}+1$

02

| 정답 | (1) $\dfrac{3z}{4y}$ (2) $x+2$

| 풀이 | (2) (주어진 식)$=\dfrac{x(x+2)(x-4)}{x(x-4)}=x+2$

03

| 정답 | (1) $\dfrac{4x-7}{(x-3)(x-2)}$ (2) $\dfrac{2}{(x+1)(x+3)}$

| 풀이 | (1) (주어진 식)$=\dfrac{x-3+5}{x-3}-\dfrac{x-2+1}{x-2}$

$$=1+\dfrac{5}{x-3}-\left(1+\dfrac{1}{x-2}\right)$$

$$=\dfrac{5}{x-3}-\dfrac{1}{x-2}$$

$$=\dfrac{5(x-2)-(x-3)}{(x-3)(x-2)}$$

$$=\dfrac{4x-7}{(x-3)(x-2)}$$

(2) (주어진 식)$=\dfrac{1}{x+1}-\dfrac{1}{x+2}+\dfrac{1}{x+2}-\dfrac{1}{x+3}$

$$=\dfrac{x+3-(x+1)}{(x+1)(x+3)}$$

$$=\dfrac{2}{(x+1)(x+3)}$$

05

| 정답 | 풀이 참조

| 풀이 | (1)

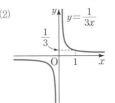

(2)

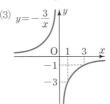

(3) $y=-\dfrac{3}{x}$

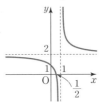

06

| 정답 | 풀이 참조

| 풀이 | (1) $y=\dfrac{1}{x-1}+2$

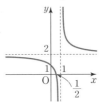

(2) $y=\dfrac{3}{x-1}+2$

(3) $y=-\dfrac{1}{x-1}+2$

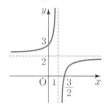

07

| 정답 | $a=2$, $b=16$, $c=4$

| 풀이 | 점근선의 방정식이 $x=-4$, $y=2$이므로 주어진 함수를

$$y=\dfrac{k}{x+4}+2 \qquad \cdots\cdots \text{㉠}$$

로 놓으면 ㉠의 그래프가 점 $(0, 4)$를 지나므로

$$4=\dfrac{k}{0+4}+2 \qquad \therefore k=8$$

$k=8$을 ㉠에 대입하면

$$y=\dfrac{8}{x+4}+2=\dfrac{2x+16}{x+4}$$

$$\therefore a=2,\ b=16,\ c=4$$

08

| 정답 | $a=-3$, $b=-1$, $c=-4$

| 풀이 | $y=\dfrac{4x-1}{2x+3}$로 놓고 x와 y를 서로 바꾸면

$$x=\dfrac{4y-1}{2y+3}$$

$$2xy+3x=4y-1,\ (2x-4)y=-3x-1$$

$$\therefore y=\dfrac{-3x-1}{2x-4}$$

$$\therefore a=-3,\ b=-1,\ c=-4$$

09

| 정답 | $a=1$, $b=3$, $c=-2$

| 풀이 | $y=\dfrac{2x+3}{x-1}$으로 놓고 x와 y를 서로 바꾸면

$$x=\dfrac{2y+3}{y-1}$$

$$xy-x=2y+3,\ (x-2)y=x+3$$

$$\therefore y=\dfrac{x+3}{x-2}$$

$$\therefore a=1,\ b=3,\ c=-2$$

10

| 정답 | (1) $x\geq-\dfrac{5}{3}$ (2) $x>2$

(3) $-2\leq x\leq3$ (4) $2\leq x<3$

| 풀이 | (1) $3x+5\geq0$이므로

$$x\geq-\dfrac{5}{3}$$

(2) $x-2>0$ $\therefore x>2$

(3) $3-x\geq0$, $3x+6\geq0$이므로

$$x\leq3,\ x\geq-2$$

$$\therefore -2\leq x\leq3$$

(4) $x-2\geq0$, $3-x>0$이므로

$$x\geq2,\ x<3$$

$$\therefore 2\leq x<3$$

11

| 정답 | (1) $\{x\,|\,x\geq-1\}$ (2) $\{x\,|\,x\leq2\}$

| 풀이 | (1) $x+1>0$에서 $x>-1$

따라서 주어진 함수의 정의역은 $\{x\,|\,x\geq-1\}$

(2) $-x+2\geq0$에서 $x\leq2$

따라서 주어진 함수의 정의역은 $\{x\,|\,x\leq2\}$

12

| 정답 | 풀이 참조

| 풀이 | (1)

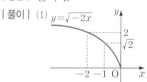

(2)

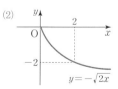

(3)

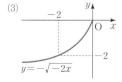

13

| 정답 | 풀이 참조

| 풀이 | (1)

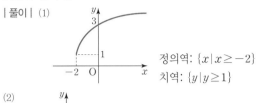

정의역: $\{x | x \geq -2\}$
치역: $\{y | y \geq 1\}$

(2)

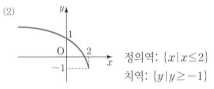

정의역: $\{x | x \leq 2\}$
치역: $\{y | y \geq -1\}$

14

| 정답 | $y = \sqrt{5(x+1)} + 1$

| 풀이 | $y = \sqrt{5x}$ 의 그래프를 x축의 방향으로 -1만큼, y축의 방향으로 1만큼 평행이동한 그래프의 식은

$$y - 1 = \sqrt{5\{x - (-1)\}} \qquad \therefore y = \sqrt{5(x+1)} + 1$$

06 순열과 조합

1. 순열과 조합

160쪽

01	9
02	(1) 14 (2) 21
03	④
04	③
05	④
06	(1) 60 (2) 24
07	①
08	240
09	336
10	(1) 15 (2) 121
11	(1) 36 (2) 45
12	84
13	③

01

| 정답 | 9

| 풀이 | 두 주사위에서 나오는 눈의 수를 순서쌍으로 나타내면
(ⅰ) 눈의 수의 합이 4가 되는 경우는
   (1, 3), (2, 2), (3, 1)의 3가지
(ⅱ) 눈의 수의 합이 7이 되는 경우는
   (1, 6), (2, 5), (3, 4), (4, 3), (5, 2), (6, 1)의 6가지
두 사건은 동시에 일어날 수 없으므로 구하는 경우의 수는
$3 + 6 = 9$

02

| 정답 | (1) 14 (2) 21

| 풀이 | (1) 5의 배수가 적힌 공은 5, 10, 15, …, 50의 10개
   11의 배수가 적힌 공은 11, 22, 33, 44의 4개
   두 사건은 동시에 일어날 수 없으므로 구하는 경우의 수는
   $10 + 4 = 14$
(2) 3의 배수가 적힌 공은 3, 6, 9, …, 48의 16개
   7의 배수가 적힌 공은 7, 14, 21, …, 49의 7개
   3과 7의 최소공배수인 21의 배수가 적힌 공은 21, 42의 2개
   따라서 구하는 경우의 수는 $16 + 7 - 2 = 21$

03

| 정답 | ④

| 풀이 | 샌드위치 하나를 주문하는 경우의 수는 빵 3가지 중에서 하나를 선택하고 야채 토핑 2가지 중에서 하나를 선택한 후 고기 토핑 4가지 중에서 하나를 선택하는 경우의 수와 같으므로 곱의 법칙에 의하여 $3 \times 2 \times 4 = 24$

04

| 정답 | ③

| 풀이 | 175를 소인수분해하면 $175 = 5^2 \times 7$
이때 5^2의 약수는 3개, 7의 약수는 2개이므로 175의 약수의 개수는 곱의 법칙에 의하여 $3 \times 2 = 6$

05

| 정답 | ④

| 풀이 | 백의 자리에 올 수 있는 숫자는 0을 제외한 5개, 십의 자리에 올 수 있는 숫자는 백의 자리에 온 숫자를 제외한 5개, 일의 자리에 올 수 있는 숫자는 백의 자리와 십의 자리에 온 숫자를 제외한 4개이므로 구하는 정수의 개수는 $5 \times 5 \times 4 = 100$

06

| 정답 | (1) 60 (2) 24

| 풀이 | (1) 5장의 카드 중에서 3장을 뽑는 순열의 수이므로
$${}_5\mathrm{P}_3 = 5 \cdot 4 \cdot 3 = 60$$
(2) (i) 일의 자리에 2가 오는 경우
　　2가 적힌 카드를 제외한 나머지 4장의 카드 중에서 2장을 뽑는 순열의 수이므로 ${}_4\mathrm{P}_2 = 4 \cdot 3 = 12$
(ii) 일의 자리에 4가 오는 경우
　　4가 적힌 카드를 제외한 나머지 4장의 카드 중에서 2장을 뽑는 순열의 수이므로 ${}_4\mathrm{P}_2 = 4 \cdot 3 = 12$
(i), (ii)에서 구하는 짝수의 개수는 $12 + 12 = 24$

07

| 정답 | ①

| 풀이 | 백의 자리에 올 수 있는 숫자는 0을 제외한 3개, 십의 자리에 올 수 있는 숫자는 백의 자리에 온 숫자를 제외한 3개, 일의 자리에 올 수 있는 숫자는 백의 자리와 십의 자리에 온 숫자를 제외한 2개이므로 구하는 정수의 개수는
$(4-1) \times (4-1) \times (4-2) = 3 \times 3 \times 2 = 18$

08

| 정답 | 240

| 풀이 | 영철이와 지희를 한 사람으로 생각하면 모두 5명이고, 5명이 일렬로 서는 경우의 수는 5!이다.
이때 각 경우에 대하여 영철이와 지희가 자리를 바꾸는 경우의 수가 2!이므로 구하는 경우의 수는 $5! \times 2! = 120 \times 2 = 240$

09

| 정답 | 336

| 풀이 | 인원이 8명인 동창회 모임에서 모임 대표 1명, 부대표 1명, 총무 1명을 뽑는 경우의 수는 8명 중에서 서로 다른 3명을 택하여 일렬로 세우는 순열의 수와 같다.
따라서 구하는 경우의 수는
$${}_8\mathrm{P}_3 = \frac{8!}{(8-3)!} = \frac{8!}{5!} = 8 \times 7 \times 6 = 336$$

10

| 정답 | (1) 15 (2) 121

| 풀이 | (1) ${}_4\mathrm{P}_2 + {}_3\mathrm{P}_1 = \frac{4!}{(4-2)!} + \frac{3!}{(3-1)!} = 12 + 3 = 15$

(2) ${}_5\mathrm{P}_5 + {}_5\mathrm{P}_0 = 120 + 1 = 121$

11

| 정답 | (1) 36 (2) 45

| 풀이 | (1) ${}_9\mathrm{C}_2 = \frac{{}_9\mathrm{P}_2}{2!} = \frac{9 \cdot 8}{2 \cdot 1} = 36$

(2) ${}_{10}\mathrm{C}_8 = {}_{10}\mathrm{C}_2 = \frac{{}_{10}\mathrm{P}_2}{2!} = \frac{10 \cdot 9}{2 \cdot 1} = 45$

12

| 정답 | 84

| 풀이 | ${}_9\mathrm{C}_6 = {}_9\mathrm{C}_3 = \frac{9 \cdot 8 \cdot 7}{3 \cdot 2 \cdot 1} = 84$

13

| 정답 | ③

| 풀이 | 구하는 경우의 수는 할미꽃을 제외한 7종류의 꽃 중에서 5종류를 택하는 경우의 수와 같으므로
$${}_7\mathrm{C}_5 = \frac{7 \times 6}{2 \times 1} = 21$$

쏙딱 **TEST** ⊕ 엔드노트

01 다항식 28쪽

01	④	02	③	03	②	04	②	05	①
06	④	07	①	08	②	09	③	10	②
11	①	12	④	13	④	14	③	15	①
16	③	17	④	18	④	19	③	20	③
21	②	22	④	23	①	24	①	25	③

01 ④

| 풀이 |
$$2A-B=2(x^2-x+2)-2x^2$$
$$=2x^2-2x+4-2x^2$$
$$=-2x+4$$

02 ③

| 풀이 |
$$A+2B=x^2+2+2(x-1)$$
$$=x^2+2x+2-2=x^2+2x$$

03 ②

| 풀이 |
$$A-B=x^2-x+1-(x^2+x)$$
$$=-2x+1$$

04 ②

| 풀이 |
$$A+2B=(2x^2-x+2)+2(2x^2-x+3)$$
$$=2x^2-x+2+4x^2-2x+6$$
$$=(2+4)x^2+(-1-2)x+(2+6)$$
$$=6x^2-3x+8$$

05 ①

| 풀이 | $AB=x(x-3)=x^2-3x$

06 ④

| 풀이 |
$$(-x+1)(-x-1)=(-x)^2-1^2$$
$$=x^2-1$$

07 ①

| 풀이 |
$$(x-1)(x+1)(x^2+1)(x^4+1)$$
$$=(x^2-1)(x^2+1)(x^4+1)$$
$$=(x^4-1)(x^4+1)$$
$$=x^8-1=50-1=49$$

08 ②

| 풀이 | $x+\dfrac{1}{x}=2$에서 양변을 제곱하면

$\left(x+\dfrac{1}{x}\right)^2=2^2$이므로 전개하면

$$x^2+2\times x\times\dfrac{1}{x}+\dfrac{1}{x^2}=4$$
$$x^2+2+\dfrac{1}{x^2}=4$$
$$\therefore x^2+\dfrac{1}{x^2}=2$$

09 ③

| 풀이 | $x^2+y^2=(x+y)^2-2xy$에서

$5=1^2-2xy, 2xy=-4$ $\therefore xy=-2$

$\therefore x^3+y^3=(x+y)^3-3xy(x+y)$
$$=1^3-3\cdot(-2)\cdot1=7$$

10 ②

| 풀이 | $x^2-xy+y^2=(x+y)^2-3xy=4^2-3\cdot3=7$

11 ①

| 풀이 |

$$
\begin{array}{r}
2x-1 \\
x+1\overline{)2x^2+x-3} \\
\underline{2x^2+2x} \\
-x-3 \\
\underline{-x-1} \\
-2
\end{array}
$$

12 ④

| 풀이 |

$$
\begin{array}{r|rrrr}
2 & 1 & 1 & -1 & 1 \\
  &   & 2 & 6 & 10 \\
\hline
  & 1 & 3 & 5 & \boxed{11=R}
\end{array}
$$

13 ④

| 풀이 |

$$
\begin{array}{r|rrr}
1 & 2 & -1 & -3 \\
  &   & 2 & 1 \\
\hline
  & 2 & 1 & \boxed{-2}
\end{array}
$$

몫: $2x+1$, 나머지: -2

14 ③

| 풀이 |

$$
\begin{array}{r|rrrr}
-2 & 1 & 0 & -1 & 5 \\
   &   & -2 & 4 & -6 \\
\hline
   & 1 & -2 & 3 & \boxed{-1}
\end{array}
$$

$\therefore a=-2$, $b=0$, $c=-2$, $d=4$

15 ①

| 풀이 | $x^2+2x-1=x^2-2x+1+4x+a$

$x^2+2x-1=x^2+2x+a+1$

$-1=a+1$이므로 $a=-2$

16 ③

| 풀이 | $2(x^2+x+2)=ax^2+2x+b$

$2x^2+2x+4=ax^2+2x+b$

$a=2$, $b=4$

$\therefore a+b=6$

17 ④

| 풀이 | 양변에 $x=1$을 대입하면

$b=2$

양변에 $x=0$을 대입하면

$1-a+2=2$

$\therefore a=1$

$\therefore a+b=1+2=3$

18 ④

| 풀이 | 항등식은 문자를 포함하는 등식에서 그 문자에 어떤 값을 대입해도 항상 성립하는 등식을 말한다. 따라서 항등식은 ④ 이다.

19 ③

| 풀이 | 주어진 다항식을 $f(x)$라고 두었을 때,

$f(x)=x^3+2x^2-x+1$을 나머지정리에 의하여

$(x-1)$로 나누면 나머지의 값은 $f(1)$이다.

$\therefore f(1)=1+2-1+1=3$

20 ③

| 풀이 | 주어진 다항식을 $f(x)$라고 두었을 때,

$f(x)=x^2-x+5$

나머지정리에 의하여 $x-2$로 나누었을 때, 나머지의 값은 $f(2)$이다.

$\therefore f(2)=4-2+5=7$

21 ②

| 풀이 | $f(x)=x^3-3x^2+ax+5$

$f(1)=1^3-3\times1^2+a\times1+5=0$

$f(1)=1-3+a+5=0$ $\therefore a=-3$

22 ④

| 풀이 | $f(x)=x^2+ax+3=(x+1)Q(x)$라 하면

$f(x)$가 $x+1$로 나누어떨어지므로 $f(-1)=0$

$f(-1)=1-a+3=0$ $\therefore a=4$

23 ①

| 풀이 | $f(x)=2x^2+x+a$라 하면

$x-1$로 나누어떨어지므로 $f(1)=0$

$f(1)=2+1+a=0$ $\therefore a=-3$

24 ①

| 풀이 | 인수분해 공식에 의하여

$x^3-2^3=(x-2)(x^2+2x+4)$로 인수분해되므로

$(x-2)(x^2+2x+4)=(x-a)(x^2+2x+4)$

$\therefore a=2$

25 ③

| 풀이 | 인수분해 공식에 의하여
x^3+3x^2+3x+1
$=x^3+3\times x^2\times 1+3\times x\times 1^2+1^3$
$=(x+1)^3$
으로 인수분해되므로
$x^3+3x^2+3x+1=(x+1)^3$
$\therefore a=1$

엔드노트 33쪽

01	④
02	$x^3+5x^2-3x-8=(x+1)(x^2+4x-7)-1$
03	몫: $3x^2-x+1$, 나머지: 7
04	③
05	$a=1, b=1$
06	-2

01 ④

| 풀이 | $A-2B=(3x+2y)-2(x-3y)$
$\qquad\qquad =3x+2y-2x+6y$
$\qquad\qquad =x+8y$

02 $x^3+5x^2-3x-8=(x+1)(x^2+4x-7)-1$

| 풀이 |

$$\begin{array}{r}x^2+4x-7\\x+1{\overline{\smash{\big)}\,x^3+5x^2-3x-8}}\\\underline{x^3+x^2}\\4x^2-3x\\\underline{4x^2+4x}\\-7x-8\\\underline{-7x-7}\\-1\end{array}$$

따라서 몫은 x^2+4x-7, 나머지는 -1
$\therefore x^3+5x^2-3x-8=(x+1)(x^2+4x-7)-1$

03 몫: $3x^2-x+1$, 나머지: 7

| 풀이 | 다음과 같이 조립제법을 이용하면

$$\begin{array}{r|rrrr}-1 & 3 & 2 & 0 & 8\\ & & -3 & 1 & -1\\\hline & 3 & -1 & 1 & 7\end{array}$$

$3x^3+2x^2+8$을 $x+1$로 나누었을 때의 몫은 $3x^2-x+1$이고 나머지는 7이다.

04 ③

| 풀이 | $(x+2y)(Ax+5y)=Ax^2+(2A+5)xy+10y^2$
이므로 $A=2$, $2A+5=B$
$\therefore A=2, B=9$ $\qquad \therefore A+B=11$

05 $a=1, b=1$

| 풀이 |
i) 수치대입법 이용
$\quad x=1, y=0$일 때 성립하므로
$\quad (2\cdot 1-0)a+(1-0)b=3\cdot 1-2\cdot 0$
$\quad 2a+b=3$ $\quad\cdots\cdots$ ㉠
또, $x=1, y=1$일 때 성립하므로
$\quad (2\cdot 1-1)a+(1-1)b=3\cdot 1-2\cdot 1$
$\quad a=1$ $\quad\cdots\cdots$ ㉡
㉠, ㉡을 연립하여 풀면 $a=1, b=1$
ii) 계수비교법 이용
좌변을 전개하여 x, y에 대하여 정리하면
$\quad (2a+b)x-(a+b)y=3x-2y$
$\quad 2a+b=3, a+b=2$
두 식을 연립하여 풀면 $a=1, b=1$

06 -2

| 풀이 | $P(x)$가 $x+2$로 나누어떨어지려면 인수정리에 의하여
$P(-2)=0$이어야 하므로
$P(-2)=(-2)^3+a\times(-2)^2-5\times(-2)+6$
$\qquad\quad =4a+8=0$
따라서 $a=-2$

01	③	02	③	03	④	04	③	05	②
06	①	07	④	08	③	09	③	10	①
11	③	12	③	13	④	14	④	15	②
16	①	17	②	18	③	19	②	20	①
21	④	22	②	23	③	24	③	25	③
26	④	27	①	28	④	29	③	30	④
31	④	32	④	33	②	34	①	35	②
36	①	37	③						

01 ③

| 풀이 | 주어진 식을 정리하면
$4+2i=4+ai$이므로 $a=2$

02 ③

| 풀이 | 주어진 식을 정리하면
$3i-2i^2=a+3i$
$2+3i=a+3i$ ($\because i^2=-1$)
$\therefore a=2$

03 ④

| 풀이 | $(1+2i)-(3-i)=-2+ai$
$(1-3)+(2+1)i=-2+ai$
$\therefore a=3$

04 ③

| 풀이 | 등식이 성립하므로 복소수가 서로 같을 조건에 의해
실수부분과 허수부분이 모두 0이므로
$x-3=0$, $y+2=0$에서 $x=3$, $y=-2$
$\therefore x+y=3+(-2)=1$

05 ②

| 풀이 | $\dfrac{1-2i}{2+3i}=\dfrac{(1-2i)(2-3i)}{(2+3i)(2-3i)}$
$\qquad =\dfrac{2-3i-4i+6i^2}{4-9i^2}=\dfrac{-4-7i}{13}$
$-\dfrac{4}{13}-\dfrac{7}{13}i=a+bi$에서 $a=-\dfrac{4}{13}$, $b=-\dfrac{7}{13}$
$\therefore a+b=\left(-\dfrac{4}{13}\right)+\left(-\dfrac{7}{13}\right)=-\dfrac{11}{13}$

06 ①

| 풀이 | $\overline{3-2i}=3+2i$이므로 $a=3$, $b=2$
$\therefore a-b=3-2=1$

07 ④

| 풀이 | 켤레복소수는 복소수의 실수부분은 그대로, 허수부분의
부호는 바꿔준다.
$\therefore \overline{2+i}=2-i$

08 ③

| 풀이 | $\overline{a+bi}=a-bi$, $\overline{5-3i}=5+3i$
복소수가 서로 같을 조건에 의하여
$a=5$, $b=-3$
$\therefore a^2-b^2=5^2-(-3)^2=16$

09 ③

| 풀이 | $(6+3i)+(-2+4i)$
$\qquad =(6-2)+(3+4)i=4+7i$

10 ①

| 풀이 | $(13+5i)+(7i-11)-2i$
$\qquad =(13-11)+(5+7-2)i$
$\qquad =2+10i$

11 ③

| 풀이 | ① $(6+4i)+(4-2i)=10+2i$
② $(i-5)-(2i-10)=5-i$
③ $(2-i)(2+i)=2^2-i^2=4-(-1)=5$
④ $\dfrac{1+i}{1-i}+\dfrac{1-i}{1+i}=\dfrac{(1+i)^2+(1-i)^2}{(1-i)(1+i)}=\dfrac{2i-2i}{2}=0$

12 ③

| 풀이 | $D=b^2-4ac=0$이면 중근을 갖는다.
$2^2-4\cdot 1\cdot(m-3)=0$
$4-4(m-3)=0$
$4-4m+12=0$
$16=4m$
$\therefore m=4$

13 ④

| 풀이 | 이차방정식 $x^2+kx+2k=0$의 판별식을 D라 하면
$D=k^2-4\cdot1\cdot2k=0$, $k^2-8k=0$
$k(k-8)=0$
$\therefore k=8$ $(\because k\neq0)$

14 ④

| 풀이 | $\alpha+\beta=-\dfrac{-5}{1}=5$

15 ②

| 풀이 | 이차방정식 $ax^2+bx+c=0$의 두 근을 α, β라 하면
$\alpha+\beta=-\dfrac{b}{a}$, $\alpha\beta=\dfrac{c}{a}$
이것을 $x^2+x-2=0$에 적용하면
$\alpha+\beta=-1$, $\alpha\beta=-2$
$\therefore \dfrac{1}{\alpha}+\dfrac{1}{\beta}=\dfrac{\alpha+\beta}{\alpha\beta}=\dfrac{-1}{-2}=\dfrac{1}{2}$

16 ①

| 풀이 | $x^2+2x-1=0$의 두 근을 α, β라 하면
$\alpha+\beta=-2$, $\alpha\beta=-1$
$\therefore (\alpha+\beta)-\alpha\beta=(-2)-(-1)=-2+1=-1$

17 ②

| 풀이 | 주어진 범위에서의 그래프를 보면 $x=2$일 때 최솟값 -1을 갖고, $x=4$일 때 최댓값 3을 가짐을 알 수 있다.
따라서 최솟값은 -1이다.

18 ③

| 풀이 | 주어진 범위에서의 그래프를 보면 $x=-1$일 때 최댓값 4를 갖고, $x=-3$일 때 최솟값 0을 가짐을 알 수 있다.
따라서 최댓값은 4이다.

19 ②

| 풀이 | 주어진 범위에서의 그래프를 보면 $x=-1$일 때 최솟값 3을 갖고, $x=1$일 때 최댓값 7을 가짐을 알 수 있다.
따라서 최솟값은 3이다.

20 ①

| 풀이 | 주어진 이차함수의 식에서
$y=x^2-2x+5=(x-1)^2+4$
$y=(x-1)^2+4$는 이차항의 계수가 양수이므로 아래로 볼록한 그래프가 된다.
즉, 꼭짓점의 x좌표일 때, y좌표의 값이 최솟값이 된다.
꼭짓점의 좌표가 $(1, 4)$이므로 $x=1$일 때 최솟값은 4이다.
$\therefore a=1$

21 ④

| 풀이 | 주어진 이차함수의 그래프의 꼭짓점이 $(2, 5)$이므로
$y=x^2-ax+b=(x-2)^2+5$
$\therefore x^2-ax+b=x^2-4x+9$
양변의 계수를 비교하면
$a=4$, $b=9$
$\therefore a+b=13$

22 ②

| 풀이 | $x=3$을 일차방정식에 대입하여 b의 값을 구하면
$3-y=1$에서 $y=2$
$\therefore b=2$
$x=3$, $y=2$를 $x^2-y^2=a$에 대입하면
$a=3^2-2^2=5$
$\therefore a+b=5+2=7$

23 ③

| 풀이 | $x=4$, $y=b$를 주어진 연립방정식에 각각 대입하면
$xy=4$에서 $4\times b=4$ $\therefore b=1$
$x-y=a$에서 $4-1=a$ $\therefore a=3$
$\therefore a-b=3-1=2$

24 ③

| 풀이 | $x+y=-2$에서 $x=2$이므로 $y=b=-4$
$xy=a=2\cdot(-4)=-8$
$\therefore a=-8$, $b=-4$
$\therefore a+b=-12$

25 ③

| 풀이 | $|x-3|\leq1$을 풀어보면

$-1 \le x-3 \le 1$에서

$-1+3 \le x \le 1+3$

$\therefore 2 \le x \le 4$

따라서 정수 x의 개수는 2, 3, 4의 3개이다.

26 ④

| 풀이 | $|x-1| \le 3$을 풀어보면

$-3 \le x-1 \le 3$

$-3+1 \le x \le 3+1$

$\therefore -2 \le x \le 4$

따라서 부등식을 수직선 위에 나타내면

27 ①

| 풀이 | $|x| \le 2 \Rightarrow -2 \le x \le 2$

위의 범위에 맞게 그려진 것은 ①이다.

28 ④

| 풀이 | $|x-a| \le 2$에서 $-2 \le x-a \le 2$

$\therefore a-2 \le x \le a+2$

주어진 부등식의 해가 $-1 \le x \le b$이므로

$a-2=-1$, $a+2=b$

$a=1$, $b=3$

$\therefore a+b=4$

29 ③

| 풀이 | $(x-1)(x-2) \le 0$의 해를 그래프로 나타내면 다음과 같으므로

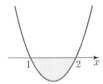

색칠된 부분을 부등식으로 나타내면 $1 \le x \le 2$이다.

30 ①

| 풀이 | 주어진 수직선이 나타내는 해의 범위는

$x \le 1$ 또는 $x \ge 3$이므로 $(x-1)(x-3) \ge 0$이다.

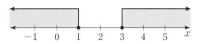

$\therefore a=-1$, $b=-3$ 또는 $a=-3$, $b=-1$

$\therefore a+b=-4$

31 ④

| 풀이 | $(x+1)(x-3) \le 0$의 해 $-1 \le x \le 3$을 수직선 위에 나타내면

32 ④

| 풀이 | $x^2-5x+4 \le 0$에서

$(x-4)(x-1) \le 0$ $\therefore 1 \le x \le 4$

따라서 자연수 x는 1, 2, 3, 4의 4개이다.

33 ②

| 풀이 | $x(x-3) \le 0$ $\therefore 0 \le x \le 3$

34 ①

| 풀이 | $x^3-2x^2+ax+4=0$의 한 근이 2이므로

$x=2$를 대입하면 $2^3-2 \times 2^2+a \times 2+4=0$

$8-8+2a+4=0$ $\therefore a=-2$

35 ②

| 풀이 | $x^3-x^2+3x+a=0$의 한 근이 1이므로

$x=1$을 대입하면 $1-1+3+a=0$

$3+a=0$ $\therefore a=-3$

36 ①

| 풀이 | $\begin{cases} x>2 \\ x<5 \end{cases}$의 해를 수직선을 이용하여 구하면

2 < x < 5이다.

따라서 $a=5$이다.

37 ③

| 풀이 | $\begin{cases} 2x-5<3 & \cdots\cdots\ ① \\ 3x+2\ge5 & \cdots\cdots\ ② \end{cases}$

부등식 ①을 풀면 $2x<8$, $x<4$
부등식 ②를 풀면 $3x\ge3$, $x\ge1$
두 부등식 ①, ②의 해를 수직선 위에
나타내면 오른쪽 그림과 같다.

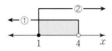

따라서 주어진 연립부등식의 해는
$1\le x<4$이므로 $a=1$, $b=4$
$\therefore a+b=5$

엔드노트 75쪽

| 01 | ④ | 02 | ① | 03 | ③ | 04 | $-4<k<0$ |
| 05 | ① | 06 | ③ | | | | |

01 ④

| 풀이 | $\dfrac{x}{1-i}+\dfrac{y}{1+i}=\dfrac{x(1+i)+y(1-i)}{(1-i)(1+i)}$
$=\dfrac{x+y}{2}+\dfrac{x-y}{2}i=2+3i$

$\dfrac{x+y}{2}=2$, $\dfrac{x-y}{2}=3$에서 $x+y=4$, $x-y=6$

두 식을 연립하여 풀면 $x=5$, $y=-1$
$\therefore x+y=4$

02 ①

| 풀이 | 주어진 이차방정식이 중근을 가지려면
$D=(a+2)^2-4=0$이므로
$a^2+4a+4-4=a^2+4a=0$
따라서 $a=0$ 또는 $a=-4$
따라서 상수 a의 값의 합은 -4

03 ③

| 풀이 | $y=(x-1)^2+2$ $\therefore$ 꼭짓점: $(1,\ 2)$
꼭짓점의 x좌표 1이 $-1\le x\le2$에 포함된다.
$x=1$일 때, $y=2$
$x=-1$일 때, $y=6$
$x=2$일 때, $y=3$
$\therefore x=-1$일 때 최댓값 6, $x=1$일 때 최솟값 2
따라서 최댓값과 최솟값의 합은 $6+2=8$이다.

04 $-4<k<0$

| 풀이 | 모든 실수 x에 대하여 $-x^2-kx+k<0$이 항상 성립하려면 이차방정식 $-x^2-kx+k=0$의 판별식을 D라 할 때,
$D<0$이어야 한다.
$D=(-k)^2-4\cdot(-1)\cdot k<0$에서 $k^2+4k<0$
$k(k+4)<0$ $\therefore -4<k<0$

05 ①

| 풀이 | $-1\le\dfrac{1}{3}x\le1$

각변에 3을 곱하면 $-3\le x\le3$
이때 x는 정수이므로 -3, -2, -1, 0, 1, 2, 3이다.
따라서 7개이다.

06 ③

| 풀이 | $x^2-3x+2>0$에서 $(x-1)(x-2)>0$
$\therefore x<1$ 또는 $x>2$ $\cdots\cdots$ ㉠
$x^2-x-12\le0$에서 $(x+3)(x-4)\le0$
$\therefore -3\le x\le4$ $\cdots\cdots$ ㉡
㉠, ㉡의 공통부분을 구하면
$-3\le x<1$ 또는 $2<x\le4$
따라서 정수 x는 -3, -2, -1, 0, 3, 4의 6개이다.

01	③	02	②	03	②	04	④	05	②
06	②	07	③	08	②	09	②	10	①
11	①	12	④	13	②	14	③	15	②
16	④	17	②	18	①	19	③	20	①
21	②	22	④	23	④	24	②	25	②
26	②	27	③	28	①	29	③	30	③
31	③	32	②	33	④	34	③	35	④
36	①	37	①	38	①	39	④	40	③
41	②	42	②	43	④	44	③	45	①

01   ③

| 풀이 | 좌표평면 위의 두 점 $A(1, -2)$, $B(4, 2)$ 사이의 거리를 구하면
$$\overline{AB} = \sqrt{(4-1)^2 + (2+2)^2}$$
$$= \sqrt{9+16} = \sqrt{25} = 5$$
$$\therefore \overline{AB} = 5$$

02   ②

| 풀이 | 좌표평면 위의 두 점 $A(-4, 2)$, $B(2, 10)$ 사이의 거리를 구하면
$$\overline{AB} = \sqrt{(2+4)^2 + (10-2)^2}$$
$$= \sqrt{36+64} = \sqrt{100} = 10$$
$$\therefore \overline{AB} = 10$$

03   ②

| 풀이 | 좌표평면 위의 두 점 $A(1, 1)$, $B(3, 2)$ 사이의 거리를 구하면
$$\overline{AB} = \sqrt{(3-1)^2 + (2-1)^2}$$
$$= \sqrt{4+1} = \sqrt{5}$$
$$\therefore \overline{AB} = \sqrt{5}$$

04   ④

| 풀이 | 두 점 사이의 거리 공식에 의하여
$$\overline{AB} = \sqrt{(3-1)^2 + (2+1)^2}$$
$$= \sqrt{4+9} = \sqrt{13}$$

- 좌표평면 위의 두 점 $A(x_1, y_1)$, $B(x_2, y_2)$ 사이의 거리
$$\overline{AB} = \sqrt{(x_2-x_1)^2 + (y_2-y_1)^2}$$
- 원점과 점 $A(x_1, y_1)$ 사이의 거리
$$\overline{OA} = \sqrt{{x_1}^2 + {y_1}^2}$$

05   ②

| 풀이 | 좌표평면 위의 두 점 $A(-5, 7)$, $B(1, 1)$에 대하여 선분 AB의 중점을 구하면
$$\left(\frac{-5+1}{2}, \frac{7+1}{2}\right) = \left(\frac{-4}{2}, \frac{8}{2}\right) = (-2, 4)$$

06   ②

| 풀이 | 중점의 공식을 이용하면
$$x = \frac{-1+3}{2} = 1, \ y = \frac{1+5}{2} = 3$$
$$\therefore (1, 3)$$

07   ③

| 풀이 | 공식에 대입하면
$$\left(\frac{-2+4}{2}, \frac{0+6}{2}\right) = \left(\frac{2}{2}, \frac{6}{2}\right)$$
$$= (1, 3)$$

08   ②

| 풀이 | 내분점의 공식을 이용하면
$$x = \frac{2\cdot6 + 3\cdot1}{2+3} = 3, \ y = \frac{2\cdot3 + 3\cdot(-2)}{2+3} = 0$$
$$\therefore (3, 0)$$

09   ②

| 풀이 | $\frac{1\cdot5 + 3\cdot(-2)}{1+3} = a$이므로 $a = -\frac{1}{4}$

10   ①

| 풀이 | 내분점: $P\left(\frac{3\cdot6 + 2\cdot1}{3+2}, \frac{3\cdot7 + 2\cdot(-3)}{3+2}\right)$
$$\therefore P(4, 3)$$
외분점: $Q\left(\frac{3\cdot6 - 2\cdot1}{3-2}, \frac{3\cdot7 - 2\cdot(-3)}{3-2}\right)$

$\therefore Q(16, 27)$

따라서 선분 PQ의 중점의 좌표는

$\left(\dfrac{4+16}{2}, \dfrac{3+27}{2}\right)=(10, 15)$

11 ①

|풀이| $y=-\dfrac{1}{2}x+3$에 수직이므로 기울기는 2이고, 지나는 한 점 $(0, 1)$은 y절편을 나타내므로

$y=2x+1$

12 ④

|풀이| $y=-\dfrac{1}{2}x+1$에 수직이므로 기울기는 2이다.

원점을 지나는 직선이므로 y절편은 0이다.

$\therefore y=2x$

13 ②

|풀이| 직선을 y에 대한 식으로 정리하면 $y=2x$가 된다.

$y=2x$와 수직인 직선의 방정식은 기울기의 곱이 -1이므로

$y=-\dfrac{1}{2}x$이다.

14 ③

|풀이| 평행하므로 기울기는 3으로 같고, 지나는 한 점 $(0, -1)$은 y절편을 나타내므로

$y=3x-1$

15 ②

|풀이| 평행하므로 기울기는 2로 같고, 지나는 점 $(0, 3)$은 y절편을 나타내므로

$y=2x+3$

16 ④

|풀이| $2x-y-1=0$ ➡ 직선 $y=2x-1$과 평행하므로 기울기는 2이다.

$x=0$, $y=5$를 $y=2x+b$에 대입하면

$5=2\cdot0+b$ $\therefore b=5$

$\therefore y=2x+5$

17 ②

|풀이| $y=-2x+1$에 평행하므로 구하는 직선의 기울기는 -2이다.

$x=2$, $y=-1$을 $y=-2x+b$에 대입하면

$-1=-2\cdot2+b$ $\therefore b=3$

$\therefore y=-2x+3$

18 ①

|풀이| 두 점을 지나는 직선의 방정식은

$y-1=\dfrac{-3-1}{0-2}(x-2)$

$\therefore y=2x-3$

19 ③

|풀이| 두 점의 x좌표의 값이 2로 같고, y좌표의 값은 서로 다르므로 y축에 평행한 직선의 방정식임을 알 수 있다.

따라서 직선의 방정식은 $x=2$이다.

20 ①

|풀이| 두 점을 지나는 직선의 방정식은

$y-0=\dfrac{4-0}{0+2}(x+2)$

$\therefore y=2x+4$

21 ②

|풀이| 중심의 좌표가 $(1, 0)$이고, 반지름의 길이는 2이므로

$(x-1)^2+y^2=4$

22 ④

|풀이| 중심의 좌표가 $(3, 2)$이고, 반지름의 길이는 1이므로

$(x-3)^2+(y-2)^2=1$

23 ④

|풀이| 중심이 (a, b)이고, 반지름의 길이가 r인 원의 방정식은 $(x-a)^2+(y-b)^2=r^2$이다.

따라서 중심이 $(-1, 3)$이고, 반지름의 길이가 2인 원의 방정식은 $(x+1)^2+(y-3)^2=4$이다.

24 ②

|풀이| 원점 $(0, 0)$과 점 $(4, 0)$을 지나고 중심이 x축 위에 있으며, 지름의 길이가 4인 원의 방정식은 중심의 x좌표가 2이고 반지름의 길이가 2이다.

$\therefore (x-2)^2+y^2=4$

25 ②

|풀이| 중심의 좌표가 $C(2, 1)$이므로

$(x-2)^2+(y-1)^2=r^2$

$x=0, y=0$을 대입하면 $r^2=5$

$\therefore (x-2)^2+(y-1)^2=5$

26 ③

|풀이| 중심의 좌표가 $(2, 1)$이고, x축에 접하는 원의 방정식의 반지름의 길이는 중심의 y좌표의 절댓값과 같으므로 반지름의 길이는 1이다.

$\therefore (x-2)^2+(y-1)^2=1$

27 ③

|풀이| 중심의 좌표가 $(-2, 1)$이고 y축에 접하므로 반지름의 길이가 x좌표인 -2의 절댓값인 2이다. 이 원의 방정식은 $(x+2)^2+(y-1)^2=2^2$이고 이것을 전개하여 나타내면

$\therefore x^2+y^2+4x-2y+1=0$

28 ①

|풀이| 중심의 좌표가 $(2, -3)$이고 y축에 접하므로 반지름의 길이가 x좌표인 2의 절댓값인 2이다.

$\therefore (x-2)^2+(y+3)^2=4$

29 ③

|풀이| 주어진 식을 정리하면

$x^2-2x+1+y^2=8+1$

$(x-1)^2+y^2=9$

$r^2=9$

$\therefore r=3 \ (\because r>0)$

30 ③

|풀이| $x^2+y^2-2x+4y=0$에서

$(x-1)^2+(y+2)^2=5$

따라서 중심의 좌표가 $(1, -2)$이고, x축에 접하는 원의 반지름의 길이는

$|-2|=2$

31 ③

|풀이| 원의 중심과 직선 사이의 거리 $d=0$ (직선이 원의 중심을 지나므로)이고 반지름의 길이 $r=2$이므로

$0<2$ ➡ 서로 다른 두 점에서 만난다.

32 ②

|풀이| 원 $x^2+y^2=8$의 반지름의 길이가 $\sqrt{8}=2\sqrt{2}$이므로 직선 $x+y-10=0$과 원의 중심 $(0, 0)$ 사이의 거리를 구하면

$\dfrac{|-10|}{\sqrt{1^2+1^2}}=5\sqrt{2}$

따라서 $5\sqrt{2}>2\sqrt{2}$이므로 만나지 않는다.

33 ④

|풀이| 원의 중심의 좌표 $(1, -3)$과 직선 $x-3y-k=0$ 사이의 거리는

$\dfrac{|1-9+k|}{\sqrt{1^2+3^2}}=\dfrac{|-8+k|}{\sqrt{10}}$

원의 반지름의 길이가 $\sqrt{10}$이므로 원과 직선이 접하려면

$\dfrac{|-8+k|}{\sqrt{10}}=\sqrt{10}, |-8+k|=10$

$-8+k=\pm10 \quad \therefore k=18 \ (\because k>0)$

34 ③

|풀이| 좌표평면 위의 점 $P(x, y)$를 x축의 방향으로 a만큼, y축의 방향으로 b만큼 평행이동한 점을 Q라 하면 $Q(x+a, y+b)$이다.

즉, $A(-1, 3)$ ➡ $B(-1+3, 3+2)=(2, 5)$

$\therefore B(2, 5)$

35 ④

|풀이| x축의 방향으로 5만큼, y축의 방향으로 2만큼 평행이동한 점은

$(-1+5, 0+2)=(4, 2)$

36 ①

|풀이| P(a, b)라 하면 P′$(a-2, b+3)$
$$\therefore \overline{\text{PP}'}=\sqrt{(a-2-a)^2+(b+3-b)^2}$$
$$=\sqrt{(-2)^2+3^2}=\sqrt{13}$$

37 ①

|풀이| P(a, b)라 하면 P′$(a+1, b+3)$
$$\therefore \overline{\text{PP}'}=\sqrt{(a+1-a)^2+(b+3-b)^2}$$
$$=\sqrt{1^2+3^2}=\sqrt{10}$$

38 ①

|풀이| 점 $(3, 4)$를 원점에 대하여 대칭이동하면
x좌표 ➡ $-x$, y좌표 ➡ $-y$가 되므로 점 $(-3, -4)$가 된다.

39 ④

|풀이| 점을 원점에 대하여 대칭이동하면 x, y의 부호를 각각
바꾸면 된다.
$$(5, -4) \longrightarrow (-5, 4)$$

40 ③

|풀이| 점 A$(1, -3)$을 x축에 대하여 대칭이동하면
점 B$(1, 3)$이므로
$$\overline{\text{OB}}=\sqrt{(1-0)^2+(3-0)^2}$$
$$=\sqrt{1+9}=\sqrt{10}$$

41 ②

|풀이| 점 $(-2, 5)$를 x축에 대하여 대칭이동하면
y좌표 ➡ $-y$가 되므로 점 $(-2, -5)$가 된다.

42 ②

|풀이| 점 $(3, 2)$를 y축에 대하여 대칭이동하면 x좌표는 부호
가 바뀌므로 점 $(-3, 2)$가 된다.

43 ④

|풀이| 점 $(4, 5)$를 직선 $y=x$에 대하여 대칭이동하면 x좌표
와 y좌표가 서로 바뀌므로 점 $(5, 4)$가 된다.

44 ③

|풀이| $(x-3)^2+(y-2)^2=2$는 중심의 좌표가 $(3, 2)$이므로
$(3, 2)$를 y축에 대하여 대칭이동시키면 점 $(-3, 2)$가 된다.
$$\therefore (x+3)^2+(y-2)^2=2$$

45 ①

|풀이| y 대신 $-y$를 대입하면
$$(x-2)^2+\{(-y)-3\}^2=1$$
$$\therefore (x-2)^2+(y+3)^2=1$$
원의 반지름의 길이는 변화가 없다.
원의 중심의 좌표를 각각 x축, y축,
원점, 직선 $y=x$에 대하여 대칭이
동한 원의 방정식의 반지름의 길이
는 모두 같다.

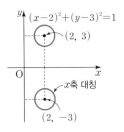

엔드노트   105쪽

01	④	02	①	03	③	04	①	05	③
06	③								

01 ④

|풀이| $\overline{\text{AB}}=\sqrt{(-3)^2+9^2}=3\sqrt{10}$
$\overline{\text{CD}}=\sqrt{3^2+1^2}=\sqrt{10}$
따라서 $\overline{\text{AB}}+\overline{\text{CD}}=4\sqrt{10}$

02 ①

|풀이| $\dfrac{1\times a+2\times 3}{1+2}=-2$ $\therefore a=-12$

03 ③

|풀이| 직선 $y=3x-2$에 수직인 직선의 기울기는 $-\dfrac{1}{3}$
그러므로 구하는 직선의 방정식은
$$y-2=-\frac{1}{3}(x+3), \text{ 즉 } y=-\frac{1}{3}x+1$$
$a=-\dfrac{1}{3}$, $b=1$이므로 $a+b=\dfrac{2}{3}$

04 ①

| 풀이 | 원의 중심의 좌표가 (a, b)이고, 반지름의 길이가 r인 원의 방정식은 $(x-a)^2+(y-b)^2=r^2$이므로
$(x-2)^2+(y+1)^2=16$

05 ③

| 풀이 | 원 $(x+2)^2+(y-1)^2=r^2$과 직선 $3x-4y-10=0$이 서로 만나지 않으려면 원의 중심 $(-2, 1)$과 직선 $3x-4y-10=0$ 사이의 거리 d가 원의 반지름의 길이 r보다 커야 한다.

$$d=\frac{|3\times(-2)-4\times1-10|}{\sqrt{3^2+(-4)^2}}>r$$

즉, $r<4$
따라서 원과 직선이 서로 만나지 않도록 하는 양의 정수 r의 개수는 1, 2, 3의 3이다.

06 ③

| 풀이 | $2+a=-1$, $5+b=3$에서 $a=-3$, $b=-2$
이 평행이동에 의해서 원점으로 옮겨지는 점의 좌표를 (p, q)라고 하면
$p-3=0$, $q-2=0$
$\therefore p-3$, $q-2$
따라서 구하는 점의 좌표는 $(3, 2)$

01	②	02	④	03	①	04	②	05	④
06	②	07	③	08	③	09	④	10	④
11	①	12	②	13	②	14	②	15	③
16	①	17	③	18	③	19	①	20	④
21	①	22	②	23	②	24	③	25	③
26	①	27	①	28	①	29	③	30	④
31	④	32	④	33	②				

01 ②

| 풀이 | 벤다이어그램에서 색칠한 곳은 두 집합 A, B에 모두 속해 있는 부분이므로 A와 B의 교집합을 뜻한다.
$A=\{2, 3, 5, 7\}$, $B=\{1, 2, 4\}$
$\therefore A\cap B=\{2\}$

개념 플러스 교집합

집합 A에도 속하고 집합 B에도 속하는 원소로 이루어진 집합을 A와 B의 교집합이라 하고, 기호 $A\cap B$로 나타낸다.
$A\cap B=\{x\,|\,x\in A$ 그리고 $x\in B\}$

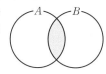

02 ④

| 풀이 | $A=\{2, 3, 5, 6, 7\}$,
$B=\{1, 2, 3, 4, 6, 12\}$이므로 주어진 집합을 벤다이어그램으로 나타내면 오른쪽 그림과 같다.

따라서 색칠한 부분이 나타내는 집합은 $\{1, 4, 5, 7, 12\}$이다.

03 ①

| 풀이 | $A\cap B=\varnothing$은 집합 A, B의 공통되는 원소가 하나도 없다는 뜻이다.
② $A\cap B=\{c\}$이므로 공집합이 아니다.
③ $B=\{1, 2, 3, 6\}$, $A\cap B=\{1, 2\}$이므로 공집합이 아니다.
④ $A=\{2, 4\}$, $A\cap B=\{2\}$이므로 공집합이 아니다.

04 ②

| 풀이 | ① 원소가 1개 있으므로 공집합이 아니다.
③ $\{1, 2, 3, \cdots, 9\}$이므로 공집합이 아니다.
④ $\{3\}$이므로 공집합이 아니다.

05 ④

| 풀이 | $A=B$이므로 $a+1=7$, $a-1=5$이어야 한다.

$\therefore a=6$

06 ②

| 풀이 | $A \subset B$이고 $B \subset A$이면 $A=B$이므로

$\{a+4, 2, 3\}=\{1, 2, b+1\}$

$a+4=1$이므로 $a=-3$

$b+1=3$이므로 $b=2$

$\therefore a-b=-3-2=-5$

07 ③

| 풀이 | $A=\{1, 2, 4, 8\}$이므로 $A=B$이기 위해서는

$a=4$, $2a=8$이어야 한다. 즉, $a=4$

08 ③

| 풀이 | $A \cap B=\{x \mid x \in A$ 그리고 $x \in B\}$이므로

$A=\{1, 2, 3, 4, 6, 12\}$, $B=\{1, 2, 4, 5, 10, 20\}$에 대하여

$A \cap B=\{1, 2, 4\}$

09 ④

| 풀이 | $B=\{1, 2, 5, 10\}$이므로 $A \cup B=\{1, 2, 3, 5, 6, 10\}$

10 ④

| 풀이 | $U=\{1, 2, 3, 4, 5, 6\}$

$A=\{1, 2, 3, 6\}$, $B=\{2, 3\}$에서

$A-B=A-(A \cap B)=\{1, 2, 3, 6\}-\{2, 3\}=\{1, 6\}$

11 ①

| 풀이 | $U=\{1, 2, 3, 4, 5, 6, 7\}$

$A=\{1, 2, 3, 4\}$, $B=\{3, 4, 5, 6\}$

$A \cap B^C=A-B=A-(A \cap B)$

$\qquad =\{1, 2, 3, 4\}-\{3, 4\}=\{1, 2\}$

12 ②

| 풀이 | $A \cap B=\{x \mid x \in A$ 그리고 $x \in B\}$이므로

$A \cap B=\{1, 3, 5, 7\} \cap \{2, 3, 5\}=\{3, 5\}$

$A-B=A-(A \cap B)=\{1, 3, 5, 7\}-\{3, 5\}=\{1, 7\}$

13 ②

| 풀이 | $A=\{1, 3, 5, 7\}$, $B=\{2, 3, 5\}$, $A \cap B=\{3, 5\}$

$B-A=B-(A \cap B)$

$\qquad =\{2, 3, 5\}-\{3, 5\}=\{2\}$

14 ②

| 풀이 | $U=\{1, 2, 3, 4, 5, 6\}$

$A=\{1, 3, 5\}$, $B=\{3, 6\}$, $A \cap B=\{3\}$

$A \cap B^C=A-B=A-(A \cap B)$

$\qquad =\{1, 3, 5\}-\{3\}=\{1, 5\}$

15 ③

| 풀이 | $A=\{1, 2, 3, 6\}$, $B=\{2, 4, 6\}$이므로

$B^C=\{1, 3, 5\}$

$\therefore A-B^C=\{1, 2, 3, 6\}-\{1, 3, 5\}=\{2, 6\}$

따라서 집합 $A-B^C$의 모든 원소의 합은

$2+6=8$

16 ①

| 풀이 | $A=\{1, 2, 5, 10\}$, $B=\{2, 3, 5, 7\}$

$A \cap B=\{2, 5\}$

$\therefore n(A \cap B)=2$

17 ④

| 풀이 | $A=\{1, 2, 3, 6\}$, $B=\{2, 5, 7\}$, $(A \cap B)=\{2\}$

$n(A \cup B)=n(A)+n(B)-n(A \cap B)$

$\qquad =4+3-1=6$

18 ③

| 풀이 | $A=\{5, 10, 15, 20\}$, $B=\{1, 2, 3, 6, 9, 18\}$이므로

$A \cup B=\{1, 2, 3, 5, 6, 9, 10, 15, 18, 20\}$

$n(A \cup B)=10$

19 ①

| 풀이 | $n(A \cap B)=n(A)+n(B)-n(A \cup B)$

$\qquad =20+15-29=6$

20 ④

| 풀이 | $n(A^c \cap B^c) = n(U) - n(A \cup B)$
$\qquad\qquad\qquad = 30 - n(A \cup B)$
$n(A^c \cap B^c) = 4$이므로 $n(A \cup B) = 26$이다.
$n(A \cap B) = n(A) + n(B) - n(A \cup B)$
$\qquad\qquad\quad = 20 + 15 - 26 = 9$

21 ①

| 풀이 | x의 값에 따라 참과 거짓이 달라지므로 명제가 아니다.

22 ②

| 풀이 | ① 거짓
② '높은'의 기준이 명확하지 않으므로 명제가 아니다.
③ 거짓　　④ 참

23 ②

| 풀이 | ① 정사각형은 직사각형의 성질을 모두 갖고 있으므로
참인 명제이다.
② 12의 약수는 6의 약수가 아니다.
$\{1, 2, 3, 4, 6, 12\} \not\subset \{1, 2, 3, 6\}$
따라서 거짓인 명제이다.
③ 두 유리수의 합은 항상 유리수이므로 참인 명제이다.
④ 정삼각형의 세 내각의 크기는 모두 $60°$로 같으므로 참인 명제이다.

24 ③

| 풀이 | ① $7 < 5$ (거짓)
② x의 값에 따라 참, 거짓이 달라지므로 명제가 아니다.
④ $x^2 = 1$이면 $x = \pm 1$이다. (거짓)

25 ③

| 풀이 | ① $3 > 5$ (거짓)
② x의 값에 따라 참, 거짓이 달라지므로 명제가 아니다.
④ 2의 배수: 2, 4, 6, 8, 10 $\cdots$
4의 배수: 4, 8, 12, 16 $\cdots$ (거짓)

26 ①

| 풀이 | 가정: $x = 0$이다., 결론: $x^2 = 0$이다.
$\therefore$ 역: $x^2 = 0$이면 $x = 0$이다.

27 ①

| 풀이 | 가정: a가 짝수이다., 결론: a는 4의 배수이다.
$\therefore$ 역: a가 4의 배수이면 a는 짝수이다.

28 ①

| 풀이 | 가정: x가 4의 약수이다., 결론: x는 8의 약수이다.
$\therefore$ 역: x가 8의 약수이면 x는 4의 약수이다.

29 ③

| 풀이 | ① 역: 동물이면 사람이다. (거짓)
② 역: x가 홀수이면 $x = 1$이다. (거짓)
(반례) $x = 3, 5, 7, \cdots\cdots$
③ 역: $x = 0$이면 $x^2 - x = 0$이다. (참)
④ 역: $xy = 0$이면 $x + y = 0$이다. (거짓)
(반례) $x = 0, y = 1$
따라서 그 역이 참인 명제는 ③이다.

30 ④

| 풀이 | ① 역: $xy = 0$이면 $x = 0$이다.
(반례) $x = 3, y = 0$이면 $xy = 0$이지만 $x \neq 0$이다.
② 역: $x > 2$이면 $3x - 7 > 0$이다.
(반례) $x = \dfrac{7}{3}$이면 $x > 2$이지만 $3x - 7 = 0$이다.
③ 역: xy가 짝수이면 x, y는 짝수이다.
(반례) $x = 2, y = 3$이면 $xy = 6$은 짝수이지만 y는 홀수이다.

31 ④

| 풀이 | 명제 '$x > 1$이면 $x^2 > 1$이다.'의 대우는 가정과 결론을 각각 부정하여 서로 바꾼 명제이므로 '$x^2 \leq 1$이면 $x \leq 1$이다.'이다.

32 ④

| 풀이 | $p \longrightarrow q$의 대우는 $\sim q \longrightarrow \sim p$이다.
즉, 명제 '정사각형이면 직사각형이다.'의 대우는 '직사각형이 아니면 정사각형이 아니다.'이다.

33 ②

| 풀이 | 'x가 소수이면 x는 홀수이다.'의 대우는 'x가 홀수가 아니면 x는 소수가 아니다.'이다.

01	③	02	①	03	③	04	④	05	①

| 06 | (가) $\dfrac{b}{2}$ (나) $a=b=0$ | | | | | | | | |

---

01   ③

| 풀이 | $A=\{1,\ 2,\ 3\}$, $B=\{0,\ 1,\ 2,\ 3,\ 4\}$
③ $\{1,\ 2,\ 3\}\subset B$

---

02   ①

| 풀이 | $A\subset B$, $B\subset A$이므로 $A=B$
$x+1=3$ $\therefore\ x=2$

---

03   ③

| 풀이 | $A\cap B=\{2\}$이므로 $a-3=2$ $\therefore\ a=5$
집합 $A=\{1,\ 2,\ 6\}$, $B=\{2,\ 5\}$이므로
$A\cup B=\{1,\ 2,\ 5,\ 6\}$

---

04   ④

| 풀이 | $n(A^{C}\cup B^{C})$
$\qquad =n((A\cap B)^{C})$
$\qquad =n(U)-n(A\cap B)$
$\qquad =n(U)-\{n(A)+n(B)-n(A\cup B)\}$
$\qquad =20-(10+13-17)=14$

---

05   ①

| 풀이 | ① '$|x|<2$'는 참, 거짓을 판별할 수 없어 명제가 아니다.
② 거짓인 문장이므로 명제이다.
③ 참인 문장이므로 명제이다.
④ 참인 문장이므로 명제이다.

---

06   (가) $\dfrac{b}{2}$ (나) $a=b=0$

| 풀이 | $a^{2}+b^{2}-ab=\left(a-\boxed{\dfrac{b}{2}}\right)^{2}+\dfrac{3}{4}b^{2}\geq 0$

따라서 $a^{2}+b^{2}\geq ab$이고, 등호는 $a-\dfrac{b}{2}=0$, $b=0$
즉, $\boxed{a=b=0}$일 때 성립한다.

---

05 함수와 그래프   150쪽

01	②	02	③	03	①	04	④	05	①
06	④	07	④	08	②	09	②	10	①
11	①	12	①	13	①	14	④	15	②
16	③	17	③	18	①	19	②	20	①
21	①	22	④	23	②	24	④	25	①
26	③	27	③	28	④	29	④	30	③
31	③	32	④	33	③				

---

01   ②

| 풀이 | ② 원 그래프는 x의 원소에 대응하는 y의 원소가 2개인
점들 때문에 함수의 그래프가 아니다.

---

02   ③

| 풀이 | y축에 평행한 직선을 그었을 때, 오직 한 점에서만 만나
는 것을 찾으면 된다.

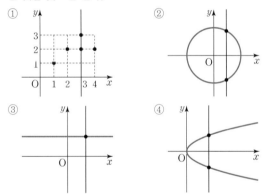

따라서 함수의 그래프인 것은 ③이다.

---

03   ①

| 풀이 | $X=\{1,\ 2,\ 3\}$, $Y=\{4,\ 5,\ 6,\ 7\}$에 대하여
함수 $f:X\longrightarrow Y$가 상수함수이고 $f(3)=4$이므로 $f(1)$도 마찬
가지로 함숫값 4를 갖는다.

---

04   ④

| 풀이 | ④ 정의역 X의 모든 원소가 공역 Y의 한 원소 2에만
대응하므로 상수함수이다.

05 ①

| 풀이 | $(g \circ f)(2) = g(f(2)) = g(c) = 5$

06 ④

| 풀이 | $(g \circ f)(5) = g(f(5)) = g(6) = 25$

07 ④

| 풀이 | $(g \circ f)(2) = g(f(2)) = g(6) = 10$

08 ②

| 풀이 |

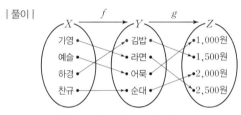

$(g \circ f)(하경) = g(f(하경)) = g(김밥) = 1,500원$

09 ②

| 풀이 | $(g \circ f)(1) = g(f(1))$
$= g(3 \times 1^2 + 1) = g(4)$
$= \dfrac{1}{2} \times 4 + 3 = 5$

10 ①

| 풀이 | $(f \circ g)(1) = f(g(1))$
$= f(1^2 - 1) = f(0)$
$= 2 \times 0 + 1 = 1$

11 ①

| 풀이 | $(f \circ g)(3) = f(g(3)) = f(12) = 2 \times 12 - 1 = 23$

12 ①

| 풀이 | f^{-1}는 f의 역함수이므로 $f^{-1} : y \longrightarrow x$이다.
$f^{-1}(a) = 4$이므로 $f(4) = a$를 그림을 보고 구하면
$f(4) = a = 2$ $\therefore a = 2$

13 ①

| 풀이 | $f^{-1}(a) = b$는 $f(b) = a$이므로
$f^{-1}(1) = k$로 놓으면 $f(k) = 1$이다.
$f(k) = k + 3 = 1$ $\therefore k = -2$

14 ④

| 풀이 | $f(2) = 5$, $f(3) = 7$, $f(4) = 6$, $f(5) = 4$
$f^{-1}(4) = k$라고 하면 $f(k) = 4$이므로 $k = 5$이다.
$\therefore f(4) + f^{-1}(4) = 6 + 5 = 11$

15 ②

| 풀이 | 어떤 함수와 그 역함수를 합성하면 항등함수이므로 x에 어떤 값을 넣어도 x의 값이 나온다.
$\therefore (f^{-1} \circ f)(1) = 1$
| 다른풀이 |
$f(1) = 4$이므로 $f^{-1}(f(1)) = f^{-1}(4)$
$f^{-1}(4) = k$라고 할 때,
$f(k) = 4$
$\therefore k = 1$

16 ④

| 풀이 | 어떤 함수와 그 역함수를 합성하면 항등함수이므로 x에 어떤 값을 넣어도 x의 값이 나온다.
$\therefore (f^{-1} \circ f)(4) = 4$
| 다른풀이 |
$f(4) = 8$이므로 $f^{-1}(f(4)) = f^{-1}(8)$
$f^{-1}(8) = k$라고 할 때
$f(k) = 8$
$\therefore k = 4$

17 ③

| 풀이 | 어떤 함수와 그 역함수를 합성하면 항등함수이므로 x에 어떤 값을 넣어도 x의 값이 나온다.
$\therefore (f^{-1} \circ f)(3) = 3$
| 다른풀이 |
$f(3) = 2 \times 3 + 3 = 9$이므로 $f^{-1}(f(3)) = f^{-1}(9)$
$f^{-1}(9) = k$라고 할 때,
$f(k) = 9$, $2k + 3 = 9$, $2k = 6$
$\therefore k = 3$

18 ①

| 풀이 | 유리함수 $y=\dfrac{1}{x-2}+3$의 그래프의

정의역은 $\{x\,|\,x\neq2$인 실수$\}$,
치역은 $\{y\,|\,y\neq3$인 실수$\}$이다.
이때 점근선은 $x=2$, $y=3$이고, 점
$(2, 3)$에 대하여 대칭이다.
따라서 그래프로 나타내면 오른쪽
그림과 같다.

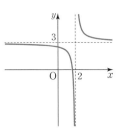

19 ②

| 풀이 | 분수함수 $y=-\dfrac{1}{x-2}+a$의 점근선의 방정식은
$x=2$, $y=-1$이다.
$\therefore a=-1$

20 ③

| 풀이 | 점근선의 방정식이 $x=-1$, $y=-2$이므로
$b=-2$
또한 원점을 지나므로 $(0, 0)$을 대입하면
$0=\dfrac{a}{0+1}-2$ $\therefore a=2$
$\therefore a-b=2-(-2)=4$

21 ①

| 풀이 | 주어진 유리함수 $y=\dfrac{2}{x}$의 그래프를 x축의 방향으로
1만큼, y축의 방향으로 -2만큼 평행이동한 그래프의 식은
$y=\dfrac{2}{x-1}-2$이다.
$\therefore a=-1$, $b=-2$
$\therefore a+b=-1-2=-3$

22 ④

| 풀이 | 주어진 유리함수가 $y=\dfrac{1}{x-2}+1$이 되기 위해서는
x축의 방향으로 2만큼, y축의 방향으로 1만큼 평행이동해야
한다.
$a=2$, $b=1$ $\therefore a+b=3$

23 ②

| 풀이 | 분수함수 $y=\dfrac{a}{x-p}+q$는 $y=\dfrac{a}{x}$의 그래프를 x축의 방
향으로 p만큼, y축의 방향으로 q만큼 평행이동한 그래프이므로
세로 방향의 점근선 $x=-1$이고 이 값은 p와 같고, 가로 방향
의 점근선 $y=2$이고 이 값은 q와 같다. 즉
$y=\dfrac{a}{x-p}+q=\dfrac{a}{x+1}+2$
위 그래프가 $(0, 1)$을 지나므로 대입하면
$1=\dfrac{a}{0+1}+2$ ➡ $a=-1$, $y=\dfrac{-1}{x+1}+2$이다.
$\therefore a+p+q=(-1)+(-1)+2=0$

24 ④

| 풀이 | 무리함수 $y=\sqrt{x+2}-1$의 그래프는 시작점이
$(-2, -1)$이고, 정의역: $\{x\,|\,x\geq-2\}$, 치역: $\{y\,|\,y\geq-1\}$
이므로 그래프로 나타내면 ④와 같다.

25 ①

| 풀이 | 무리함수 $y=\sqrt{x-2}$의 정의역은 $\{x\,|\,x\geq2\}$,
치역은 $\{y\,|\,y>0\}$이므로 알맞은 그래프는 ①이다.

26 ③

| 풀이 | $y=\sqrt{x-a}+b$는 $y=\sqrt{x}$를 x축의 방향으로 a만큼, y축
의 방향으로 b만큼 평행이동한 그래프이다.
따라서 주어진 그래프는 $y=\sqrt{x}$를 x축의 방향으로 2만큼, y
축의 방향으로 3만큼 평행이동한 그래프이므로 $y=\sqrt{x-2}+3$
$a=2$, $b=3$ $\therefore a+b=5$

27 ③

| 풀이 | $y=\sqrt{2(x-2)}-1$의 그래프는 점 $(2, -1)$을 출발해
$y=\sqrt{2x}$의 그래프와 같은 방향으로 뻗어가는 그래프이다.
따라서 주어진 함수의 그래프는 ③이다.

28 ④

| 풀이 | x축의 방향으로 1만큼, y축의 방향으로 2만큼 평행이동
한 그래프이므로 $a=1$, $b=2$ $\therefore a+b=3$

29 ④

| 풀이 |

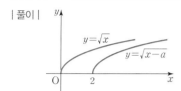

$y=\sqrt{x}$의 시작점은 $(0,\ 0)$이고 $y=\sqrt{x-a}$의 시작점은 $(2,\ 0)$이다.
$y=\sqrt{x}$의 그래프를 x축의 방향으로 a만큼 평행이동하면
$y=\sqrt{x-a}$의 그래프가 되므로 $a=2$이다.

30 ③

| 풀이 | $y=\sqrt{2x}$의 그래프를 x축의 방향으로 a만큼 평행이동하면 $y=\sqrt{2(x-a)}$의 그래프가 되므로
$y=\sqrt{2(x-a)}\Leftrightarrow y=\sqrt{2(x-1)}$
$\therefore a=1$

31 ③

| 풀이 | $y=\sqrt{x}$를 x축의 방향으로 p만큼, y축의 방향으로 q만큼 평행이동하면
$y=\sqrt{x-p}+q=\sqrt{x-1}+2$
$p=1,\ q=2$ $\therefore p+q=3$

32 ④

| 풀이 | $y=-\sqrt{x-5}+2$이므로 이 함수의 그래프는
$y=-\sqrt{x}$의 그래프를 x축의 방향으로 5만큼, y축의 방향으로 2만큼 평행이동한 것이다.
즉, $a=5,\ b=2$이므로 $ab=10$

33 ③

| 풀이 | $y=\sqrt{a(x-1)}+3$의 그래프를 x축의 방향으로 b만큼, y축의 방향으로 c만큼 평행이동한 그래프의 식은
$y=\sqrt{a(x-b-1)}+3+c$
이 함수의 그래프가
$y=\sqrt{6-3x}=\sqrt{-3(x-2)}$의 그래프와 일치하므로
$a=-3,\ -b-1=-2,\ 3+c=0$
즉, $a=-3,\ b=1,\ c=-3$
$\therefore abc=9$

엔드노트 157쪽

01	①	02	㉡, ㉣
03	$a=5,\ b=-3$	04	$a=3,\ b=4$
05	$a=-5,\ b=3,\ k=9$	06	$a=-3,\ b=9,\ c=-2$

01 ①

| 풀이 | ② X의 원소 4에 대응하는 Y의 원소가 없으므로 함수가 아니다.
③ X의 원소 1에 대응하는 Y의 원소가 $a,\ b$의 2개이므로 함수가 아니다.
④ X의 원소 4에 대응하는 Y의 원소가 $b,\ c$의 2개이므로 함수가 아니다.
따라서 함수인 것은 ①

02 ㉡, ㉣

| 풀이 | 〈보기〉의 그래프 중 임의의 실수 k에 대하여 직선 $y=k$와 오직 한 점에서 만나는 그래프는 ㉡, ㉣이다.
따라서 일대일대응인 것은 ㉡, ㉣이다.

03 $a=5,\ b=-3$

| 풀이 | $f^{-1}(-8)=-1$에서
$f(-1)=-8$이므로
$-a+b=-8$ …… ㉠
$f^{-1}(2)=1$에서 $f(1)=2$이므로
$a+b=2$ …… ㉡
㉠, ㉡을 연립하여 풀면
$a=5,\ b=-3$

04 $a=3,\ b=4$

| 풀이 | $y=\dfrac{4x+2}{x+a}$
$=\dfrac{4(x+a)+2-4a}{x+a}$
$=\dfrac{2-4a}{x+a}+4$
이므로 그래프의 점근선의 방정식은
$x=-a,\ y=4$
따라서 $a=3,\ b=4$

05 $a=-5,\ b=3,\ k=9$

| 풀이 | 유리함수 $y=\dfrac{k}{x+a}+b$는 점근선이 $x=5,\ y=3$이고

점 $(2,\ 0)$을 지나므로

$y=\dfrac{k}{x-5}+3$에 $(2,\ 0)$을 대입하면

$\dfrac{k}{2-5}+3=0,\ k=9$이다.

따라서 $y=\dfrac{9}{x-5}+3$이며 $a=-5,\ b=3$이다.

06 $a=-3,\ b=9,\ c=-2$

| 풀이 | 주어진 함수의 그래프는 함수 $y=\sqrt{ax}\ (a<0)$의 그래프를 x축의 방향으로 3만큼, y축의 방향으로 -2만큼 평행이동한 그래프와 같으므로 $y=\sqrt{a(x-3)}-2$

이 그래프가 점 $(0,\ 1)$을 지나므로

$1=\sqrt{-3a}-2,\ \sqrt{-3a}=3,\ -3a=9$에서 $a=-3$

따라서 $a=-3,\ b=9,\ c=-2$

---

06 순열과 조합

166쪽

01	④	02	③	03	④	04	②	05	④
06	②	07	②	08	①	09	③	10	③
11	③								

01 ④

| 풀이 | 과자가 3가지, 빵이 2가지, 아이스크림이 4가지가 있으므로 간식 하나를 택하는 경우의 수는 합의 법칙에 의하여

$3+2+4=9$

02 ③

| 풀이 | 1부터 15까지의 자연수 중에서 3의 배수는 3, 6, 9, 12, 15의 5개

1부터 15까지의 자연수 중에서 7의 배수는 7, 14의 2개

이때 1부터 15까지의 자연수 중에서 3과 7의 공배수, 즉 21의 배수는 없으므로 1부터 15까지의 자연수 중에서 3의 배수 또는 7의 배수의 개수는 합의 법칙에 의하여 $5+2=7$

03 ④

| 풀이 | P에서 Q로 가는 경우의 수: 3

Q에서 R로 가는 경우의 수: 2

P에서 Q를 거쳐 R로 가는 사건은 두 사건이 동시에 일어나야 하므로 곱의 법칙에 의해 $3\times2=6$(가지)

04 ②

| 풀이 | 두 사건 A, B에 대하여 동시에 일어나는 경우의 수는 곱의 법칙이 적용된다.

과일을 선택할 수 있는 경우의 수: 3가지

채소를 선택할 수 있는 경우의 수: 2가지

$\therefore\ 3\times2=6$

05 ④

| 풀이 | 주사위 A에서 짝수가 나오는 경우: 2, 4, 6의 3가지

주사위 B에서 3의 배수가 나오는 경우: 3, 6의 2가지

두 개의 주사위를 동시에 던질 때의 사건이므로 곱의 법칙에 의하여 $3\times2=6$

06 ②

| 풀이 | 두 주사위에서 나오는 눈의 수가 모두 홀수이면 되므로 구하는 경우의 수는 $3\times3=9$

07 ②

| 풀이 | 3장의 글자 카드 중에서 서로 다른 2장의 카드를 택하여 일렬로 나열하는 경우의 수는 순열의 수와 같다.

따라서 구하는 경우의 수는 $_3P_2 = \dfrac{3!}{(3-2)!} = 3 \times 2 = 6$

08 ①

| 풀이 | 세 장의 카드 중 서로 다른 두 장의 카드를 택하여 만드는 두 자리 정수의 개수는 순열의 수와 같다.

따라서 구하는 경우의 수는 $_3P_2 = \dfrac{3!}{(3-2)!} = 3 \times 2 = 6$

09 ③

| 풀이 | 희연이네 학교가 여행 장소를 택하는 경우의 수는 거제, 부산, 김해, 경주, 포항의 5가지 중에서 3곳을 택하여 나열하는 순열의 수와 같다.

따라서 구하는 경우의 수는 $_5P_3 = \dfrac{5!}{(5-3)!} = 5 \times 4 \times 3 = 60$

10 ③

| 풀이 | 4개의 민속놀이 중 2개의 민속놀이를 선택하는 경우의 수는 4개 중에서 서로 다른 2개를 뽑는 조합의 수와 같다.

따라서 구하는 경우의 수는 $_4C_2 = \dfrac{4!}{2!(4-2)!} = \dfrac{4 \times 3}{2} = 6$

11 ③

| 풀이 | 회원이 7명인 과학 동아리에서 대표 2명을 뽑는 경우의 수는 7명 중에서 서로 다른 2명을 뽑는 조합의 수와 같다.

따라서 구하는 경우의 수는 $_7C_2 = \dfrac{7!}{2!(7-2)!} = 21$

엔드노트

169쪽

01	20	02	7
03	④	04	(1) 90 (2) 12 (3) 78
05	55	06	②

01 20

| 풀이 | (i) A → B → C로 가는 방법의 수 4·2=8
(ii) A → D → C로 가는 방법의 수 3·4=12
(i), (ii)에서 구하는 방법의 수 8+12=20

02 7

| 풀이 | 두 주사위에서 나오는 눈의 수를 순서쌍으로 나타내면
(i) 눈의 수의 합이 5가 되는 경우는
　　(1, 4), (2, 3), (3, 2), (4, 1)의 4가지
(ii) 눈의 수의 합이 10이 되는 경우는
　　(4, 6), (5, 5), (6, 4)의 3가지
두 사건은 동시에 일어날 수 없으므로 구하는 경우의 수는
4+3=7

03 ④

| 풀이 | 4종류의 일간 신문과 3종류의 월간 잡지에서 동시에 하나씩 택하는 방법의 수는 곱의 법칙에 의하여
$4 \times 3 = 12$

04 (1) 90 (2) 12 (3) 78

| 풀이 | (1) 10명의 학생 중에서 2명을 뽑아 일렬로 세우는 방법의 수와 같으므로
　　$_{10}P_2 = 90$
(2) 남학생 4명 중에서 2명을 뽑아 일렬로 세우는 방법의 수와 같으므로
　　$_4P_2 = 12$
(3) 모든 방법의 수에서 반장, 부반장 모두 남학생을 뽑는 방법의 수를 뺀 것과 같으므로
　　$90 - 12 = 78$

05 55

| 풀이 | 의사 7명 중에서 3명을 뽑는 방법의 수는
$_7C_3 = 35$
간호사 6명 중에서 3명을 뽑는 방법의 수는
$_6C_3 = 20$
따라서 구하는 경우의 수는
$35 + 20 = 55$

06 ②

| 풀이 | 12명 중에서 4명을 뽑는 방법의 수는
$_{12}C_4 = 495$
남자만 4명을 뽑는 방법의 수는 $\quad _6C_4 = {}_6C_2 = 15$
여자만 4명을 뽑는 방법의 수는 $\quad _6C_4 = {}_6C_2 = 15$
따라서 구하는 방법의 수는
$495 - (15 + 15) = 465$

실전 모의고사

01	③	02	③	03	①	04	②	05	②
06	③	07	①	08	①	09	④	10	③
11	③	12	③	13	②	14	①	15	①
16	①	17	②	18	④	19	②	20	②

01   ③

| 풀이 |
$$\begin{aligned}
A+B &= (x^2-xy+2y)+(3x^2-2xy+3y)\\
&= x^2-xy+2y+3x^2-2xy+3y\\
&= (1+3)x^2+(-1-2)xy+(2+3)y\\
&= 4x^2-3xy+5y
\end{aligned}$$

02   ③

| 풀이 | $(x+3)(x-1)=x^2+ax-3$에서 좌변을 전개시키면
$x^2+2x-3=x^2+ax-3$이다.
계수비교법에 의해 좌변과 우변을 비교하면
$a=2$

03   ①

| 풀이 | $f(x)=x^2-2x+1$에서
$f(x)$를 $x-1$로 나눈 나머지는 $f(1)$이다.
따라서 $f(1)=1-2+1=0$이다.

04   ②

| 풀이 |
$$\begin{aligned}
(-2+4i)+(4-3i) &= (-2+4)+(4-3)i\\
&= 2+i
\end{aligned}$$

05   ②

| 풀이 | 근과 계수의 관계에 의하여
$\alpha+\beta=-1$, $\alpha\beta=-\dfrac{3}{2}$
$\therefore \alpha^2+\beta^2=(\alpha+\beta)^2-2\alpha\beta=(-1)^2-2\cdot\left(-\dfrac{3}{2}\right)=4$

06   ③

| 풀이 | $f(-1)=7$, $f(2)=-11$이므로 이차함수 $y=f(x)$의
최댓값은 7이다.

07   ①

| 풀이 | $x^2-5x+6<0$에서 $(x-2)(x-3)<0$이므로
$2<x<3$ 즉, $a=2$, $b=3$
$\therefore b-a=1$

08   ①

| 풀이 | $\dfrac{|1\cdot3+1\cdot1-2|}{\sqrt{1^2+1^2}}=\dfrac{2}{\sqrt{2}}=\sqrt{2}$

09   ④

| 풀이 | 중심의 좌표가 $(a,\ b)$이고, 반지름의 길이가 r인 원의
방정식은 $(x-a)^2+(y-b)^2=r^2$이다.
즉, 중심의 좌표가 $(1,\ 3)$이고, 반지름의 길이가 2인 원의 방정
식은 $(x-1)^2+(y-3)^2=4$

10   ③

| 풀이 | 평행한 직선은 서로 기울기가 같으므로 기울기가 $\dfrac{1}{2}$이
고, 점 $(-2,\ 3)$을 지나는 직선의 방정식은
$y-3=\dfrac{1}{2}\{x-(-2)\}$
$\therefore y=\dfrac{1}{2}x+4$

11 ③

| 풀이 | 점 (x, y)를 원점에 대하여 대칭이동한 점의 좌표는 $(-x, -y)$이므로 점 $(3, -2)$를 원점에 대하여 대칭이동한 점의 좌표는 $(-3, 2)$이다.

12 ③

| 풀이 | $a=2+3=5$, $b=1-3=-2$
$\therefore a+b=5+(-2)=3$

13 ②

| 풀이 | $A \cap B=\{2, 4\}$에서 $4 \in B$이므로
$a+2=4$
$\therefore a=2$

14 ①

| 풀이 | 명제의 역은 가정과 결론을 바꾼 명제이다.
➡ 가정: x가 2의 약수이다., 결론: x는 4의 약수이다.
$\therefore$ 역: x가 4의 약수이면 x는 2의 약수이다.

15 ①

| 풀이 | $f^{-1}(-9)=k$라 하면 $f(k)=-9$이므로
$f(k)=7k-2=-9$
$\therefore k=-1$

16 ①

| 풀이 | $f(1)=3$, $f(2)=4$, $f(3)=2$, $f(4)=1$이므로
$(f \circ f)(2)=f(f(2))=f(4)=1$
$\therefore f(1)+(f \circ f)(2)=3+1=4$

17 ②

| 풀이 | 무리함수 $y=\sqrt{x-1}$의 그래프는 시작점이 $(1, 0)$이고
정의역: $\{x|x \geq 1\}$, 치역: $\{y|y \geq 0\}$이므로 그래프로 나타내면
②이다.

18 ④

| 풀이 | 유리함수 $y=\dfrac{1}{x+2}-3$의 그래프의 정의역은
$\{x|x \neq -2$인 실수$\}$, 치역은 $\{y|y \neq -3$인 실수$\}$이다.
이때, 점근선은 $x=-2$, $y=-3$이고 이 그래프는
점 $(-2, -3)$에 대하여 대칭이다.
따라서 그래프로 나타내면 ④와 같다.

19 ②

| 풀이 | 배편이 3가지, 비행기편이 2가지가 있으므로 구하는 경우의 수는 $3 \times 2=6$

20 ②

| 풀이 | 케이크가 3가지, 쿠키가 4가지, 마카롱이 2가지가 있으므로 디저트 하나를 택하는 경우의 수는 합의 법칙에 의하여
$3+4+2=9$

01	④	02	②	03	④	04	②	05	④
06	①	07	④	08	①	09	②	10	①
11	③	12	③	13	③	14	④	15	④
16	②	17	④	18	①	19	②	20	③

01 ④

| 풀이 |
$$A+B=(2x^2+3xy)+(x^2-2xy)$$
$$=(2+1)x^2+(3-2)xy$$
$$=3x^2+xy$$

02 ②

| 풀이 | $f(x)=x^3+ax^2-4$라 하면 $f(x)$가 $x-2$로 나누어떨어지므로 $f(2)=0$
$$8+4a-4=0$$
$$\therefore a=-1$$

03 ④

| 풀이 |

$$\begin{array}{r|rrrr} -1 & 2 & 5 & 0 & 3 \\ & & -2 & -3 & 3 \\ \hline & 2 & 3 & -3 & \boxed{6}=R \end{array}$$

04 ②

| 풀이 | $\overline{3+2i}=3-2i$

05 ④

| 풀이 | $|x-1|\leq 2$에서 $-2\leq x-1\leq 2$
$$-2+1\leq x\leq 2+1$$
$$\therefore -1\leq x\leq 3$$
따라서 해를 수직선 위에 나타낸 것은 ④이다.

06 ①

| 풀이 | $\begin{cases} x^2+6x+5\geq 0 & \cdots\cdots \text{㉠} \\ x^2-x-6\leq 0 & \cdots\cdots \text{㉡} \end{cases}$
㉠에서 $(x+5)(x+1)\geq 0$이므로
$$x\leq -5 \text{ 또는 } x\geq -1 \cdots\cdots \text{㉢}$$

㉡에서 $(x-3)(x+2)\leq 0$이므로
$$-2\leq x\leq 3 \cdots\cdots \text{㉣}$$
㉢, ㉣에 의해 $-1\leq x\leq 3$

07 ④

| 풀이 |
$$\overline{AB}=\sqrt{(6-1)^2+\{9-(-3)\}^2}$$
$$=\sqrt{169}=13$$

08 ①

| 풀이 | 중심의 y좌표의 절댓값이 반지름의 길이이므로 구하는 원의 방정식은
$$(x-2)^2+(y+3)^2=9$$

09 ②

| 풀이 | 점 $(2, 1)$을 직선 $y=x$에 대하여 대칭이동한 점은 x와 y좌표를 서로 바꾼 것과 같다.
따라서 점 $(2, 1)$을 직선 $y=x$에 대하여 대칭이동한 점의 좌표는 $(1, 2)$이다.

10 ①

| 풀이 | 다른 한 근이 $2+2\sqrt{3}$이므로 근과 계수의 관계에 의하여
$$k=(2-2\sqrt{3})(2+2\sqrt{3})=-8$$

11 ③

| 풀이 | 이차방정식 $x^2+ax+3a=0$이 허근을 가지므로 판별식 $D<0$이다.
$$D=a^2-12a<0$$
$$a(a-12)<0$$
$$\therefore 0<a<12$$

12 ③

| 풀이 | 수직인 두 직선은 기울기의 곱이 -1이므로 이 직선의 기울기는 2이다.
따라서 점 $(3, 5)$를 지나고 기울기가 2인 직선의 방정식은
$$y-5=2(x-3)$$
$$\therefore y=2x-1$$

13 ③

| 풀이 | $n(A-B)=n(A)-n(A\cap B)=15-6=9$

14 ④

| 풀이 | '모든'의 부정은 '어떤'이므로 주어진 명제의 부정은 '어떤 학생들은 수학을 좋아하지 않는다.'이다.

15 ④

| 풀이 | $(g\circ g^{-1})(9)=g(g^{-1}(9))=g(4)=9$

16 ②

| 풀이 | f가 상수함수이므로 $f(x)=2$
$\therefore f(3)=2$

17 ④

| 풀이 | $(f\circ f)(2)=f(f(2))=f(5)=26$

18 ①

| 풀이 | 무리함수 $y=\sqrt{x+2}+1$의 그래프는
시작점이 $(-2, 1)$이고, 정의역: $\{x|x\geq -2\}$,
치역: $\{y|y\geq 1\}$이므로 그래프로 나타내면 ①과 같다.
따라서 정답은 ①이다.

19 ②

| 풀이 | 유리함수 $y=\dfrac{k}{x+a}+b$의 점근선은

$x=-a$, $y=b$이므로 그래프가 나타내는 점근선이 세로 방향의 점근선 $x=6$이고, 가로 방향의 점근선 $y=4$이므로

$x=-a=6$ $\therefore a=-6$

$y=4=b$ $\therefore b=4$

$y=\dfrac{k}{x+a}+b \blacktriangleright y=\dfrac{k}{x-6}+4$

위 그래프가 점 $(3, 0)$을 지나므로 대입하면

$0=\dfrac{k}{3-6}+4$에서 $4=\dfrac{k}{3}$, $k=12$

$\therefore k+a+b=12+(-6)+4=10$

20 ③

| 풀이 | 남학생이 6명, 여학생이 3명이므로 구하는 방법의 수는
$6\times 3=18$

memo

정답과 해설

2025 최신판

에듀윌
고졸 검정고시
기본서 수학

고객의 꿈, 직원의 꿈, 지역사회의 꿈을 실현한다

펴낸곳 (주)에듀윌　　**펴낸이** 양형남　　**출판총괄** 오용철　　**에듀윌 대표번호** 1600-6700

주소 서울시 구로구 디지털로 34길 55 코오롱싸이언스밸리 2차 3층　　**등록번호** 제25100-2002-000052호

협의 없는 무단 복제는 법으로 금지되어 있습니다.

에듀윌 도서몰	• 부가학습자료 및 정오표: 에듀윌 도서몰 > 도서자료실
book.eduwill.net	• 교재 문의: 에듀윌 도서몰 > 문의하기 > 교재(내용, 출간) / 주문 및 배송

꿈을 현실로 만드는
에듀윌

DREAM

공무원 교육
- 선호도 1위, 신뢰도 1위! 브랜드만족도 1위!
- 합격자 수 2,100% 폭등시킨 독한 커리큘럼

종합출판
- 온라인서점 베스트셀러 1위!
- 출제위원급 전문 교수진이 직접 집필한 합격 교재

학점은행제
- 99%의 과목이수율
- 16년 연속 교육부 평가 인정 기관 선정

어학 교육
- 토익 베스트셀러 1위
- 토익 동영상 강의 무료 제공

자격증 교육
- 8년간 아무도 깨지 못한 기록 합격자 수 1위
- 가장 많은 합격자를 배출한 최고의 합격 시스템

대학 편입
- 편입 교육 1위!
- 최대 200% 환급 상품 서비스

콘텐츠 제휴·B2B 교육
- 고객 맞춤형 위탁 교육 서비스 제공
- 기업, 기관, 대학 등 각 단체에 최적화된 고객 맞춤형 교육 및 제휴 서비스

직영학원
- 직영학원 수 1위
- 표준화된 커리큘럼과 호텔급 시설 자랑하는 전국 22개 학원

부동산 아카데미
- 부동산 실무 교육 1위!
- 상위 1% 고소득 창업/취업 비법
- 부동산 실전 재테크 성공 비법

국비무료 교육
- '5년우수훈련기관' 선정
- K-디지털, 산대특 등 특화 훈련과정
- 원격국비교육원 오픈

에듀윌 교육서비스 **공무원 교육** 9급공무원/7급공무원/소방공무원/계리직공무원 **자격증 교육** 공인중개사/주택관리사/감정평가사/노무사/전기기사/경비지도사/검정고시/소방설비기사/소방시설관리사/사회복지사1급/건축기사/토목기사/직업상담사/전기기능사/산업안전기사/위험물산업기사/위험물기능사/유통관리사/물류관리사/행정사/한국사능력검정/한경TESAT/매경TEST/KBS한국어능력시험/실용글쓰기/ITx자격증/국제무역사/무역영어 **어학 교육** 토익 교재/토익 동영상 강의 **세무/회계** 회계사/세무사/전산세무회계/ERP정보관리사/재경관리사 **대학 편입** 편입 교재/편입 영어·수학/경찰대/의치대/편입 컨설팅/면접 **직영학원** 공무원학원/소방학원/공인중개사 학원/주택관리사 학원/전기기사학원/세무사·회계사 학원/편입학원 **종합출판** 공무원·자격증 수험교재 및 단행본 **학점은행제** 교육부 평가인정기관 원격평생교육원(사회복지사2급/경영학/CPA)/교육부평가인정기관 원격 사회교육원(사회복지사2급/심리학) **콘텐츠 제휴·B2B 교육** 교육 콘텐츠 제휴/기업 맞춤 자격증 교육/대학 취업역량 강화 교육 **부동산 아카데미** 부동산창업CEO/부동산 경매 마스터/부동산 컨설팅 **국비무료 교육 (국비교육원)** 전기기능사/전기(산업)기사/소방설비(산업)기사/IT(빅데이터/자바프로그램/파이썬)/게임그래픽/3D프린터/실내건축디자인/웹퍼블리셔/그래픽디자인/영상편집(유튜브)디자인/온라인 쇼핑몰광고 및 제작(쿠팡, 스마트스토어)/전산세무회계/컴퓨터활용능력/ITQ/GTQ/직업상담사

교육
문의 **1600-6700** www.eduwill.net

eduwill